Karlheinz Lipp

Berliner Friedenspfarrer und der Erste Weltkrieg

Reihe Geschichtswissenschaft

Band 61

Karlheinz Lipp

Berliner Friedenspfarrer und der Erste Weltkrieg

Ein Lesebuch

Centaurus Verlag & Media UG

Zum Autor:

Dr. Karlheinz Lipp studierte Geschichte sowie Evangelische Theologie und ist seit 1985 im Schuldienst tätig. Er ist Studienrat und Historiker mit Schwerpunkt Historische Friedensforschung. Zahlreiche Veröffentlichungen zum Thema.

Bibliografische Informationen der Deutschen Nationalbibliothek

Die Deutsche Nationalbibliothek verzeichnet diese Publikation in der Deutschen Nationalbibliografie; detaillierte bibliografische Daten sind im Internet über http://dnb.d-nb.de abrufbar.

Gedruckt auf säurefreiem und chlorfrei gebleichtem Papier.

ISBN 978-3-86226-197-0   **ISBN 978-3-86226-957-0 (eBook)**
DOI 10.1007/978-3-86226-957-0
ISSN 0177-2767

© *CENTAURUS Verlag & Media KG, Freiburg 2013*
www.centaurus-verlag.de

Umschlagabbildung: Otto Pankok, Christus zerbricht das Gewehr. © Eva Pankok.
Umschlaggestaltung: Jasmin Morgenthaler
Satz: Vorlage des Autors

Inhaltsverzeichnis

Einleitung

Im Krieg von 1870/71 wurden die theologischen Standpunkte von 1914-1918 – und darüber hinaus – vorweggenommen. Militarismus, Kriegsbegeisterung, Nationalismus und Monarchismus erfuhren eine deutliche, christliche Legitimation und das verhängnisvolle Bündnis von Thron und Altar erhielt den kirchlichen Segen. Dabei erwiesen sich sowohl die lutherische Zwei-Reiche-Lehre als auch die gängige Interpretation von Römer 13 als besonders wirksam. Gott als Lenker des siegreichen Deutschland gehörte zum festen Bestandteil der meisten Predigten. Viele protestantische Pfarrer und Theologen vertraten völlig unreflektiert diesen Standpunkt und unterstützen damit hemmungslos das Militär und den Kriegskurs des imperialistischen Kaiserreichs.

Viele, aber nicht alle.

Die politische Mentalität des größten Teils der meisten protestantischen Theologen des Kaiserreichs ist bereits seit geraumer Zeit gut erforscht und leicht zugänglich. Demgegenüber sind die Positionen der Friedenspfarrer nur sehr bedingt Gegenstand von geschichtswissenschaftlichen und kirchengeschichtlichen Untersuchungen. Eine Aufgabe der Historischen Friedensforschung ist es, gerade diese Ausnahmen von der weit verbreiteten Denkhaltung zu erforschen und einer breiten Öffentlichkeit zugänglich zu machen.

Protestantische Pfarrer und die Deutsche Friedensgesellschaft

Die Deutsche Friedensgesellschaft (DFG), die 1892 von Bertha von Suttner und Alfred Hermann Fried in Berlin gegründet wurde, umfasste bis 1914 in ca. 100 Ortsgruppen ca. 10.000 Menschen. Dass der regionale Schwerpunkt dieser bürgerlich-liberalen Friedensorganisation in Württemberg lag, ist vor allem das große Verdienst des sehr aktiven Stuttgarter Stadtpfarrers Otto Umfrid. Dieser Friedenspfarrer verfasste ca. 600 Publikationen, wurde für den Friedensnobelpreis 1914 vorgeschlagen und wirkte seit 1900 als Vizepräsident der DFG.

Der Thüringer Pfarrer Ernst Böhme (Kunitz bei Jena) trat im gleichen Jahr wie Umfrid, 1894, noch als Diakonus der DFG bei. Auch er entwickelte eine rege publizistische Tätigkeit, unterzeichnete viele Friedensresolution und organisierte den ersten deutschen Friedenskongress in Jena 1908.

Ebenfalls noch in seiner Zeit als Diakonus, also vor seinem Wechsel nach Berlin, trat Hans Francke der DFG bei. Francke stammte aus Breslau, einer Hochburg der DFG dank des aktiven Leiters der Ortsgruppe, des jüdischen

Rechtsanwalts Adolf Heilberg. Francke und Walther Nithack-Stahn gehörten sowohl der DFG als auch dem Protestantenverein an, der wichtigsten Organisation des protestantischen Liberalismus.

1910 – Das Jahr des Aufbruchs

Das Jahr 1910 muss als ein wichtiges Jahr des Aufbruchs der Berliner Friedenspfarrer angesehen werden. Der Fünfte Weltkongress für Freies Christentum in Berlin im Sommer 1910 bot im Rahmen einer Sonderveranstaltung eine öffentliche Plattform für den christlichen Pazifismus. Friedrich Siegmund-Schultze, Walther Nithack-Stahn und Hans Francke beteiligten sich aktiv an einer Friedenssektion, die von Martin Rade geleitet wurde.

Siegmund-Schultze, der nur ein Jahr als Gemeindepfarrer wirkte, verfügte bereits seit 1908 über Erfahrungen in der deutsch-britischen Freundschaftsarbeit. Nithack-Stahn (Pfarrer an der Kaiser-Wilhelm-Gedächtnis-Kirche in Berlin-Charlottenburg) veröffentlichte ab dem Sommer 1910 zahlreiche Schriften und Artikel zum Pazifismus. Daneben publizierte dieser Friedenspfarrer eine Vielzahl literarischer Werke und Theaterstücke, die nur begrenzt Aufnahme in dieses Lesebuch fanden – dies würde den Umfang sprengen. Hans Francke (Pfarrer an der Heilig-Kreuz-Kirche in Berlin-Kreuzberg) begann ebenfalls 1910 seine unermüdliche inhaltliche und organisatorische Arbeit für den Frieden im Vorstand der Berliner Ortsgruppe der DFG und wirkte bis weit in die Zeit der Weimarer Republik in dieser Friedensorganisation. Beim V. Deutschen Friedenskongress, der 1912 in Berlin stattfand, hielt Nithack-Stahn eines der Hauptreferate.

Die große Vielfalt des friedenspolitischen und friedenstheologischen Spektrums des Charlottenburger Pfarrers zeigte sich in seinen kritischen Äußerungen zu seinen vielen militaristischen Kollegen, der Forderung nach einem jährlichen Friedenssonntag sowie seinen skeptischen Stellungnahmen zu den Kulturwidrigkeiten Krieg, Duell und Jagd als Vergnügen.

Der Friedensaufruf von 1913

Eine wichtige, reichsweite Bedeutung kam der Friedensresolution von 1913 zu, die Nithack-Stahn verfasste, und von den Friedenspfarrern Francke, Umfrid, Böhme, Wagner, Wielandt und dem Neutestamentler Weinel als Erstunterzeichner mitgetragen wurde. Dieser Aufruf *An die Geistlichen und theologischen Hochschulehrer der evangelischen deutschen Landeskirchen* kritisierte vehement die wachsende Aufrüstung Deutschlands und die dadurch bedingte Kriegsgefahr.

Die Rückmeldung dieses Aufrufes wirft allerdings ein bezeichnendes Bild auf weite Teile des deutschen Protestantismus. Bis Ende Juni 1913 schlossen sich insgesamt 395 Geistliche, darunter elf Professoren, der Friedensresolution an. Allein aus Elsass-Lothringen stammten 108 Unterzeichner, Preußen mit ca. 18.000 Pfarrern blieb absolut unterrepräsentiert.

Im gleichen Jahr gründete Siegmund-Schultze mit der Zeitschrift *Die Eiche* ein bis 1933 vierteljährlich erscheinendes, wichtiges Organ der internationalen ökumenischen und pazifistischen Bewegung.

1914 – Letzte Warnungen vor dem Weltkrieg

Unter der Ägide des bekanntesten Friedenspfarrers des Kaiserreichs, Otto Umfrid, kritisierten Francke und Nithack-Stahn u. a. im Frühjahr 1914 in einer Schrift die dreiste militaristische Propaganda des Deutschen Wehrvereins. Es waren ebenfalls Francke und Nithack-Stahn, die im Rahmen der Berliner Kreissynoden im Mai des gleichen Jahres die vaterländische, nationalistische Grundposition vieler, nicht nur Berliner, Pfarrer deutlich zurückwiesen. In den publizistischen Kontroversen trat Francke seinem Kollegen Nithack-Stahn stets hilfreich und verteidigend zur Seite – eine beachtliche Solidarität.

Es war vor allem das große Verdienst von Siegmund-Schultze und des britischen Quäkers Josef Allen Baker, dass Anfang August in Konstanz eine große, internationale, kirchliche Friedenskonferenz stattfand, die durch den Beginn des Ersten Weltkrieges allerdings erheblich überschattet wurde. Aus Deutschland nahmen daher nur drei Theologen an dieser Tagung teil. Die Abschlusserklärung der leicht verkürzten Konstanzer Friedenstagung markiert den Beginn der Arbeit des Weltbundes für Freundschaftsarbeit der Kirchen, der Siegmund-Schultze über Jahrzehnte verbunden war.

1914 – Reaktionen auf den Kriegsbeginn

Zwischen christlichem Pazifismus und Patriotismus – so lassen sich treffend die Positionen von Nithack-Stahn und Siegmund-Schultze in der Zeit nach dem Kriegsbeginn bezeichnen. Die beiden Predigtbände von Nithack-Stahn aus den Jahren 1914 und 1915 bieten hierzu aufschlussreiche Quellen. Ab 1915 ließ die publizistische Tätigkeit des Charlottenburger Friedenspfarrers zwar nach, seine Position wurde aber wieder pazifistischer.

Siegmund-Schultze gründete 1911 die Soziale Arbeitsgemeinschaft Berlin-Ost, nach dem Vorbild der englischen Settlement-Bewegung, und erlebte die deutsche

Klassengesellschaft im Krieg in einem sozialen Brennpunkt. Seine Artikel, er gründete während des Krieges zwei weitere Zeitschriften, vermitteln wichtige Aspekte einer Alltagsgeschichte Berlins.

Hans Francke behielt bei Kriegsbeginn seinen konsequenten Friedensstandpunkt bei und verurteilte die militaristische Gesinnung vieler Pfarrer.

Gründungen pazifistischer Organisationen während des Ersten Weltkriegs

Die pazifistische Arbeit wurde durch die häufigen Schikanen der Militärbehörden und die unablässige Kriegspropaganda vieler Presseorgane eingeschränkt, aber dennoch ging sie weiter – es kam sogar zu Gründungen neuer Friedensorganisationen: Der Bund Neues Vaterland, die Zentralstelle Völkerrecht und die Vereinigung Gleichgesinnter. Francke (Bund und Zentralstelle), Nithack-Stahn (Zentralstelle) und Siegmund-Schultze (Bund, Zentralstelle und Vereinigung) gehörten diesen Organisationen an und unterschrieben pazifistische Resolutionen.

1917 – Im Zeichen weltpolitischer Umbrüche

Im Epochenjahr 1917 (zwei Revolutionen in Russland, Kriegseintritt der USA) veränderten sich die politischen Rahmenbedingungen teilweise. Stimmte im Dezember 1914 mit Karl Liebknecht nur ein Abgeordneter im Reichstag gegen die Kriegskredite, so votierten in den folgenden Jahren mehrere Sozialdemokraten gegen die Kriegskredite. Ferner versuchte die Mehrheit des Reichstages durch eine Resolution vom 19. Juli 1917, die Friedensbemühungen zu beleben.

Im Sommer des Jahres veröffentlichte der galizische Pfarrer Seeberg einen Aufruf zum Frieden. Karl Aner, Pfarrer an der Trinitatiskirche in Berlin-Charlottenburg und bis dato antipazifistisch eingestellt, unterstützte durch einen Artikel das wichtige Friedensmanifest des Papstes Benedikt XV. – für nicht wenige Protestanten ein Affront. In den folgenden Monaten entwickelte sich Aner zu einem wichtigen Berliner Friedenspfarrer. So trieb er (zusammen mit Martin Rade) die Centralstelle bzw. die „lose Vereinigung" evangelischer Friedensfreunde inhaltlich und organisatorisch voran.

Einen friedenstheologischen Höhepunkt bildete der Aufruf von fünf Berliner Friedenspfarrern anlässlich des Jubiläums der Reformation im Herbst 1917. Diese Friedensresolution erregte reichsweit großes Aufsehen und wurde kontrovers diskutiert – eine militaristische Gegenerklärung unterzeichneten in kurzer Zeit 160 Berliner Pfarrer!

In der zweiten Kriegshälfte nahmen die Hungerunruhen und Teuerungsproteste gegen die akuten Engpässe in der Versorgung und die zunehmende Verteuerung von Lebensmitteln zu – als deren Ursachen der Erste Weltkrieg erkannt wurde. Ebenfalls stieg die Zahl der Streiks, auch in der Rüstungsindustrie, besonders nach den Revolutionen in Russland an. Zu diesen diversen Protesten gegen den Weltkrieg konnten (noch) keine Stellungnahmen der Berliner Friedenspfarrer gefunden werden.

Auch in den letzten Kriegsjahren erlahmte die pazifistische Arbeit von Francke innerhalb der Berliner Ortsgruppe der DFG nicht. Im Gegensatz zu ihm traf das Kriegsende viele monarchistische Theologen und Pfarrer völlig unvorbereitet.

Bei den Quellen handelt es sich überwiegend um Archivalien und um Artikel aus der pazifistischen sowie kirchlichen Presse. Die Gemeindearchive der Kaiser-Wilhelm-Gedächtnis-Kirche und der Heilig-Kreuz-Kirche erwiesen sich als wenig ergiebig.

Die Zusammenstellung der Quellen orientiert sich meist an der historischen Chronologie, Überschneidungen sind in der Thematik begründet. Bei den Quellen wurde die Rechtschreibung nicht modernisiert, lediglich grobe Fehler erfuhren eine behutsame Korrektur. Hervorhebungen folgen sehr oft dem Original.

Für das Layout gilt mein besonderer herzlicher Dank Jürgen Walther.

Das vorliegende Lesebuch erhebt keinen Anspruch auf Vollständigkeit, bietet aber einen aussagekräftigen Querschnitt des vielfältigen Friedensdenkens und Friedensengagements von Berliner Friedenspfarrern und der Geschichte Berlins im Ersten Weltkrieg. Hier sind die Quellen.

Zeittafeln

Die nachfolgenden Daten sollen erste, einführende Informationen über die wichtigsten Berliner Friedenspfarrer (in alphabetischer Reihenfolge) vermitteln. Aufgelistet werden auch einige Schriften der Geistlichen, die kursiv gesetzt sind.

Karl Aner

1879 11. April Geburt in Greiz (Thüringen) als Sohn des Steuerinspektors Karl Aner und seiner Frau Marie, geb. Schlichting. Kindheit und Jugend in Greiz und Schleiz.
Studium der Evangelischen Theologie und Philosophie an den Universitäten Leipzig und Greifswald. Erstes Theologisches Examen in Leipzig

1900/01 Lehrer an der Knabenanstalt der Brüdergemeine in Königsfeld (Baden). Danach Hilfsgeistlicher in Gera

1902 Zweites Theologisches Examen. Ordination und Diakonus in Gera, bis 1904

1904 Hilfslehrer in Gera

1905 Examen für das Lehramt an höheren Schulen

1905 Lehrer in Essen in den Fächern Hebräisch, Religion, Deutsch und Latein

1909 Heirat mit Else Kurth, zwei Kinder. Promotion zum Dr. phil. an der Universität Bonn mit der Dissertation *Gottfried Ploucquets Leben und Lehren*

1910 *Goethes Religiosität*

1911 Erfolgreiche Übernahmeprüfung beim Berliner Konsistorium

1912 Pfarrer des kirchlichen Liberalismus an der Trinitatis-Kirche in Berlin-Charlottenburg, bis 1930. Begründung einer katholizismuskritischen Schriftenreihe: Huttenus redivivus, der wiedererwachte Hutten. *Rom und die deutsche Religion; Der Aufklärer Friedrich Nicolai*

1912/13 Mehrere Beiträge für das protestantische Standardlexikon *Die Religion in Geschichte und Gegenwart* (1. Auflage)

1913 Herausgabe einer populären Reihe von praktischen Bibelerklärungen. *Aus den Briefen des Paulus nach Korinth*

1915 *Die Apostelgeschichte in Auswahl.* Verherrlichung des ehemaligen Reichskanzlers mit *Bismarck*. Kriegsbegeisterung in *Kriegsbilder aus der Bibel*.

1916 Promotion zum Lic. theol. mit einer Untersuchung über *Sozinianismus und Aufklärung* (Gutachter: Adolf von Harnack). Widerstände seitens des Konsistoriums und einiger Professoren mit seiner geplanten Habilitation in Berlin, daher Habilitation im Fach Kirchengeschichte in Halle/Saale

1917 Unterstützung der Friedensnote des Papstes. Erstunterzeichner der Friedenserklärung von fünf Berliner Pfarrern. Kritik an den Alldeutschen in *Hammer oder Kreuz?* (2. Auflage 1918). Koordinator der Centralstelle evangelischer Kirchenfreunde. Beginn der Publikationstätigkeit in Martin Rades *Die Christliche Welt; Das Luthervolk*

1918 Auf der Rednerliste der Deutschen Friedensgesellschaft. Anhörung durch das Konsistorium wegen der Erstunterzeichnung der Friedenserklärung der fünf Berliner Pfarrer

1918/19 Parteimitglied in der linksliberalen Deutschen Demokratischen Partei bzw. der SPD

1919 Beteiligung an der Gründung des Bundes Neue Kirche im April. Mitglied im Bund sozialistischer Kirchenfreunde. Vorstand im Bund religiöser Sozialisten, bis mindestens 1921

1920 *Herders Botschaft an unsere Zeit*

1923 Privatdozent für Kirchengeschichte in Halle/Saale. Gescheiterte Berufungen in den Jahren 1926 und 1928 an dieser Universität. Gescheiterte Bewerbung auf eine Pfarrstelle im Raum Halle. Berufliche Doppelbelastung als Pfarrer in Berlin und Dozent in Halle/Saale

1924 *Das Vaterunser in der Geschichte der evangelischen Frömmigkeit*

1927-30 Zahlreiche Beiträge für *Die Religion in Geschichte und Gegenwart* (2. Auflage)

1928-31 Vierbändige Gesamtdarstellung der *Kirchengeschichte*

1929 Fürbitte für den Kaiser in einem Gottesdienst. Außerordentlicher Professor in Halle/Saale. *Die Theologie der Lessingzeit*

1930 Professur für Kirchengeschichte in Kiel

1931 Engagement für die Forschungs- und Lehrfreiheit in der Theologie

1933 8. Juni Tod in Kiel

Hans Francke

1864   19. Januar Geburt in Breslau als Sohn des Zivilingenieurs Friedrich Francke und seiner Frau Cäcilie, geb. Freudenberg

1883   Abitur in Breslau und Beginn des Studiums der Evangelischen Theologie in Breslau und Berlin

1889   Militärzeit als Einjährig-Freiwilliger

1890   Ordination

1892   Heirat mit Ella Pauline Charlotte Francke. Diakonus in Bernstadt

1897   Diakonus in Görlitz

1904   Pfarrer in Berlin an der Zions-Gemeinde

1908   Auf der Liste der Friedenspfarrer der Deutschen Friedensgesellschaft

1909   Pfarrer an der Heilig-Kreuz-Kirche

1910   In der Sektion „Die Religion und der Friede" auf dem Fünften Weltkongress für Freies Christentum und Religiösen Fortschritt in Berlin (5.–10. August). Vorsitzender der Ortsgruppe Berlin der Deutschen Friedensgesellschaft

1913   Erstunterzeichner der theologischen Friedenserklärung

1914   Mitautor von *Der Wehrverein – eine Gefahr für das deutsche Volk*. Kritik am Kriegskurs vieler Theologen nach Beginn des Ersten Weltkrieges. Mitglied im pazifistischen Bund Neues Vaterland

1915   Unterstützung der Auskunfts- und Hilfsstelle für Deutsche im Ausland und Ausländer in Deutschland (Siegmund-Schultze)

1916   Mitglied in der pazifistischen Zentralstelle Völkerrecht

1917   Erstunterzeichner der Friedenserklärung der fünf Berliner Pfarrer

1918   Mitglied der USPD bzw. SPD. Auf der Rednerliste der Deutschen Friedensgesellschaft. Auf der Liste der Pazifisten der Berliner Landespolizei. Anhörung durch das Konsistorium wegen der Unterzeichnung der Friedenserklärung der fünf Berliner Pfarrer

1919   Mitglied im Bund Neue Kirche (Karl Aner) und im Bund sozialistischer Kirchenfreunde (Günther Dehn). Führendes Mitglied der Berliner religiösen Sozialisten, bis 1933. Vorsitzender des VIII. Deutschen Pazifistenkongresses in Berlin. Mitglied im Reichsvorstand der Deutschen Friedensgesellschaft, bis 1929

1921   Kandidatur zum Preußischen Landtag auf der Liste der SPD

1923   Hauptredner (mit Otto Nuschke) auf einer Protestveranstaltung in Berlin gegen den Antisemitismus

1929   Ruhestand

1933   6. März Verhaftung und Inhaftierung in einem provisorischen KZ

1938   31. August Tod in Berlin

Walther Nithack-Stahn

1866 23. Oktober Geburt in Berlin als Sohn des Eislebener Oberpfarrers Eduard Nithack und seiner Frau Clara, geb. Stahn. Kindheit und Jugend in Eisleben

1884-88 Studium der Theologie und klassischen Sprachen an den Universitäten Berlin, Tübingen, Leipzig, Greifswald und Halle/Saale. Erstes Theologisches Examen in Halle/Saale

1890 Zweites Theologisches Examen in Magdeburg

1892 Philologische Staatsprüfung zum Oberlehrer. Beginn einer umfangreichen Belletristik mit der Tragödie *Brutus*

1893 Ordination in Magdeburg. Provinzialvikar in Friedeburg und Halberstadt. Hilfsprediger und Oberlehrer am Militärwaisenhaus in Potsdam

1896 *Deutsche Weihnacht*

1897 Pfarrer in Görlitz

1898 *Jakob Böhme*

1899 Heirat mit Elisabeth Becker, drei Kinder

1902 *Der Prozeß der römischen Kirche gegen Galileo Galilei; Die Christen*

1904 *Über das Leben nach dem Tode. Luther in Oppenheim*

1906 Pfarrer an der Kaiser-Wilhelm-Gedächtnis-Kirche in Berlin. *Der Mittler*

1908 Auf der Liste der Friedenspfarrer der Deutschen Friedensgesellschaft. *Das apostolische Glaubensbekenntnis in Predigten*

1910 Fünfteilige Artikelserie *Das Evangelium und der Krieg* in Martin Rades *Die Christliche Welt* als Beginn der umfangreichen pazifistischen Publizistik. Referent in der Sektion „Die Religion und der Friede" auf dem Fünften Weltkongress für Freies Christentum und Religiösen Fortschritt in Berlin (5.–10. August). *Zwei Frauen; Ahasver*

1911 Beginn der Kritik der konservativen Gemeinde an den politischen Predigten

1912 Referent auf dem V. Deutschen Friedenskongress in Berlin. *Goethes Religion; Das Christusdrama; Völkerfriede*

1913 Verfasser und Erstunterzeichner einer theologischen Friedenserklärung. Vorstandsmitglied im Deutschen Hilfsverein für die politischen Gefangenen und Verbannten Russlands. *Der Christus und der Völkerfriede; Barbareien; Kirche und Krieg*

1914 Beginn nervöser Beschwerden. Mitautor von *Der Wehrverein – eine Gefahr für das deutsche Volk; Kriegsandachten*

1915 Tod der Ehefrau. *Höhengänge. Kriegsandachten 2. Folge*

1916 Mitglied der pazifistischen Zentralstelle Völkerrecht

1917	Erstunterzeichner der Friedenserklärung von fünf Berliner Pfarrern. Mitglied der Centralstelle evangelischer Friedensfreunde (Pfarrer Karl Aner). *Martin Luther; Jahrbuch einer Seele*
1920	Einschränkung der publizistischen Tätigkeit durch Krankheitszustände
1922	Heirat mit Annie Hahn. *An Alle*
1923	*Dies illa*
1924	*Feiertage*
1925	Dauerhafte ärztliche Betreuung
1926	*Totentanz*
1929	Ruhestand
1936	Fliegerroman *Vom „Häs'chen" zum Sturzflieger*
1939	Dauerhaft in Pflege
1942	22. Dezember Tod in Berlin
1950	30. März Umbenennung der Oranienstraße (gegenüber dem Schloss Charlottenburg) in Nithack-Straße. Keine Hinweise auf das pazifistische Engagement Nithack-Stahns auf dem Straßenschild

Friedrich Rittelmeyer

1872	5. Oktober Geburt in Dillingen an der Donau als Sohn des lutherischen Pfarrers Heinrich Rittelmeyer und seiner Frau Ida, geb. Enzian
1874	Umzug der Familie nach Schweinfurt. Volksschule und Gymnasium
1890	Beginn des Studiums der Theologie und Philosophie in Erlangen und Berlin
1895	Vikar in Würzburg
1902	Nachmittagsprediger, dann Pfarrer in Nürnberg (Heilig-Geist-Kirche)
1903	Promotion zum Dr. phil. bei Oswald Külpe in Würzburg, Thema der Dissertation: *Friedrich Nietzsche und das Erkenntnisproblem*. Beginn der Freundschaft und Zusammenarbeit mit dem Nürnberger Kollegen Christian Geyer (Dialog: Theologie und Moderne). Heftige theologische Diskussionen in Bayern über die Predigtbände (1906 *Gott und die Seele* und 1911 *Leben aus Gott)* der beiden Pfarrer
1904	Heirat mit der tief religiösen Julie Kerler (1885–1964), sechs Kinder
1905	*Tolstois religiöse Botschaft*
1909	*Der Pfarrer* (Aphorismen, der theologischen Fakultät der Universität Gießen als Dank für die Verleihung der theologischen Lizentiatenwürde)
1910	Herausgabe (mit Geyer) der Zeitschrift *Christentum und Gegenwart* (bis 1923). Beginn der Beschäftigung mit der Anthroposophie
1911	Erste Begegnung mit Rudolf Steiner
1912	*Jesus*
1914	Kriegsbegeisterung und militaristische Gesinnung, so etwa in der ersten Kriegspredigt vom 7. August
1915	Kritik am Pazifismus des religiösen Sozialisten Leonhard Ragaz. *Für den Lazarettdienst*
1916	*Christ und Krieg. Predigten aus der Kriegszeit.* Berufung an die Neue Kirche in Berlin (Gendarmenmarkt): Etablierung einer stattlichen Personalgemeinde, Distanz zu Konservativen und Liberalen, zunehmende Annäherung an Steiner
1917	Erstunterzeichner der Friedenserklärung der fünf Berliner Pfarrer. Keine Verleihung der Ehrendoktorwürde der Theologischen Fakultät der Universität Jena wegen der Unterzeichnung der Friedenserklärung. *Das Hohe Lied der Liebe; Luther unter uns!*
1918	Publizistische Verteidigung der Friedenserklärung. Kritik am militaristischen und obrigkeitlichen Denken vieler evangelischer Theologen. *Von der Theosophie Rudolf Steiners; Das Vaterunser*
1919	*Totenfeier*
1921	*Tatchristentum* (sieben Kanzelreden)

1922   Ende der Tätigkeit an der Neuen Kirche und Abschied vom Pfarramt. Mitbegründer der anthroposophischen Christengemeinschaft als Bewegung für religiöse Erneuerung in Stuttgart und deren Leiter bis zu seinem Tod

1923   Herausgabe der monatlichen Zeitschrift *Tatchristentum* (ab 1924 *Die Christengemeinschaft*), bis 1938

1930   *Theologie und Anthroposophie*

1932   *Der Deutsche in seiner Weltaufgabe zwischen Rußland und Amerika*

1934   *Ausgewählte Predigten aus der Nürnberger Zeit*

1935   Verbot der Anthroposophischen Gesellschaft, verschärfter Druck auf die Christengemeinschaft (Verbot 1941)

1936   *Christus*

1937   *Aus meinem Leben*

1938   23. März Tod in Hamburg während einer Vortragsreise

Friedrich Siegmund-Schultze

1885 14. Juni Geburt in Görlitz als Sohn eines Pfarrers

1903 Abitur in Magdeburg

1903-08 Studium der Philosophie und Theologie in Tübingen, Breslau, Marburg, Halle/Saale und Berlin, Lizentiat der Theologie in Marburg

1908/09 Geschäftsführender Sekretär des Komitees für den Austausch zwischen den Vertretern der christlichen Kirchen Großbritanniens und Deutschlands

1909-14 Sekretär des Kirchlichen Komitees zur Pflege freundschaftlicher Beziehungen zwischen Großbritannien und Deutschland

1910 Heirat mit Maria von Maltzahn, sechs Kinder. Referent in der Sektion „Die Religion und der Friede" auf dem Fünften Weltkongress für Freies Christentum und Religiösen Fortschritt in Berlin (5.–10. August)

1910/11 Pfarrer an der Potsdamer Friedenskirche

1911 Gründung der Sozialen Arbeitsgemeinschaft Berlin-Ost (eine Nachbarschaftssiedlung von Arbeiterinnen und Arbeitern sowie Studierenden nach dem Vorbild der englischen Settlement-Bewegung), Leiter bis 1933

1912 Gründung des Akademisch-Sozialen Vereins in Berlin

1912-14 Sekretär des Christlichen Studentenweltbundes für Sozialarbeit und Ausländermission

1913 Beginn der Herausgabe der Vierteljahresschrift *Die Eiche*, bis 1933. Vorsitzender der Deutschen Zentrale für Jugendfürsorge (Abteilung Groß-Berlin), bis 1925

1914 Organisator der Weltkirchenkonferenz in Konstanz (1.–3. August), auf der der Weltbund für Freundschaftsarbeit der Kirchen gegründet wird. Schriftführer dieses Weltbundes bis 1946. Gründung des Internationalen Versöhnungsbundes und Veröffentlichung der englisch-deutschen Erklärung gegen den Ersten Weltkrieg (zusammen mit Henry Hodgkin). Gründer und Leiter der Auskunft- und Hilfsstelle für Deutsche im Ausland und Ausländer in Deutschland (Caritas inter arma), bis 1918. Gründer und Leiter der Deutschen Kriegsgefangenenhilfe, bis 1918. Mitglied im pazifistischen Bund Neues Vaterland

1915 Obmann der englischen Gefangenenseelsorge in Deutschland, bis 1919. Mitarbeiter der Bewegung für Praktisches Christentum (life and work), bis 1938

1916 Mitglied in den pazifistischen Organisationen Zentralstelle Völkerrecht sowie der Vereinigung Gleichgesinnter

1917/18 Erster Direktor des Berliner Jugendamtes

1918   Vorsitzender des Deutschen Vereins zur Fürsorge für jugendliche
Psychopathen. Präsident des Internationalen Kongresses für
Heilpädagogik, bis 1933

1919   Präsident des Internationalen Versöhnungsbundes Deutscher Zweig, bis
1932. Mitglied, später Präsident des Rates des Internationalen
Versöhnungsbundes. *Ver sacrum*

1920   Ehrendoktor der Evangelisch-Theologischen Fakultät der Universität
Tübingen. Mitglied des Fortsetzungsausschusses der Weltkonferenz für
Glauben und Kirchenverfassung (faith and order), bis 1937

1921   Geschäftsführer des Deutschen Komitees der Internationalen
Volkshochschule in Helsingör (Dänemark), bis 1930. Vorsitzender des
Akademisch-Sozialen Verbandes in Deutschland. Internationaler
Schriftführer der Kirchenkomitees für die Minoritäten der baltischen und
südosteuropäischen Länder, bis 1939

1925   Teilnehmer an der Ökumenischen Weltkirchenkonferenz in Stockholm.
Honorar-Professor an der Philosophischen Fakultät der Universität Berlin
(Jugendkunde und Jugendwohlfahrt, später: Sozialpädagogik und
Sozialethik)

1927   Schriftführer des Deutschen Ausschusses für Glaube und
Kirchenverfassung, bis 1933

1928   Sekretär des Internationalen Komitees des Weltbundes für
Freundschaftsarbeit der Kirchen, bis 1948. *Um den Weltfrieden*

1933   Emigration in die Schweiz. Geschäftsführer des Internationalen
Kirchenkomitees für Flüchtlingshilfe, bis 1939

1934   Berater für Studierende der Züricher Hochschulen, bis 1937.
Gastprofessuren und Aktivitäten im Bereich der internationalen
Friedensarbeit in verschiedenen Ländern, bis 1941

1941   Versuch zu Friedensverhandlungen für den deutschen Widerstand mit den
Alliierten

1942   Geschäftsführender Präsident des Internationalen Versöhnungsbundes,
danach Ratspräsident dieses Bundes, bis 1946

1946   Deutscher Vertreter in der Commission of the Churches on International
Affairs, bis 1950. Ruf auf eine Professur für Sozialethik und
Sozialpädagogik an der Berliner Humboldt-Universität. Ablehnung des
Rufs wegen der Unmöglichkeit, die Arbeit der Sozialen
Arbeitsgemeinschaft in Berlin-Ost fortzusetzen. *Die Überwindung des
Hasses*

1947   Honorarprofessor für Sozialethik und Sozialpädagogik an der Universität
Münster. Leiter der Sozialpädagogischen Abteilung der

Sozialforschungsstelle dieser Universität mit Sitz in Dortmund. *Die deutsche Widerstandsbewegung im Spiegel der ausländischen Literatur*

1948 Gründung der Jugend-Wohlfahrtsschule in Dortmund, Direktor bis 1954. Ansprache *Unser Bekenntnis zum Frieden* zur 300-Jahrfeier des Westfälischen Friedens

1949 Vorarbeiten zum Kriegsdienstverweigerungs-Paragraphen des Grundgesetzes (Art. 4,3) der Bundesrepublik Deutschland. Präsident des Deutschen Friedenskartells. Präsident der Arbeitsgemeinschaft Deutscher Friedensverbände

1950 Vorsitzender des Deutschen Ausschusses für Fragen der Kriegsdienstverweigerung aus Gewissensgründen

1951 Mitglied im Programmausschuss der Notgemeinschaft für den Frieden Europas (Gustav Heinemann). Kritik an der Politik der Wiederbewaffnung des Bundeskanzlers Adenauer

1955 Präsident der Zentralstelle für Recht und Schutz der Kriegsdienstverweigerer aus Gewissensgründen. Ehrenamtliche Mitgliedschaft im Präsidium des Internationalen Versöhnungsbundes und des Europäischen Komitees des Internationalen Versöhnungsbundes

1958 Gründer und Geschäftsführender Vorsitzender des Ökumenischen Archivs in Soest (Heute Teil des Evangelischen Zentralarchivs in Berlin), bis 1968

1969 11. Juli Tod in Soest

1994 Erstmalige Verleihung des „Friedrich Siegmund-Schultze Förderpreises" für gewaltfreies Handeln durch die Evangelische Arbeitsgemeinschaft für Kriegsdienstverweigerung und Frieden

Rudolf Wielandt

1875　26. Mai Geburt in Mannheim als Sohn des Reichsgerichtsrats Karl
Wielandt und seiner Frau Sophie, geb. Roth. Schulbesuch in Schulpforta
und Leipzig.
Studium der Evangelischen Theologie in Tübingen, Leipzig, Berlin und
Heidelberg

1899-1908 Vikar in Nassig, Weisweil, Gernsbach und Heidelberg

1903　Lic. theol in Heidelberg mit der Arbeit *Herders Theorie von der Religion
und den religiösen Vorstellungen*

1904　*Heidelbergs kirchliche Vergangenheit*

1905　Heirat mit Elisabeth Treiber

1906　*Die Arbeit an den Suchenden aller Stände: Anleitung zur Tätigkeit in
Vorträgen und Presse; Die Abweichungen der Orthodoxie von den
Bekenntnissen*

1908　Auf der Liste der Friedenspfarrer der Deutschen Friedensgesellschaft. *Die
Frauenbewegung und der Liberalismus*

1909　Pfarrer in Niedereggenen (Kreis Lörrach)

1910　*Das Programm der Religionspsychologie*

1913　Erstunterzeichner des theologischen Friedensaufrufs

1914　Pfarrer an der Lutherkirche in Berlin-Schöneberg

1915　*Unser Niedereggenen: ein schlichtes Dorfbild aus dem Markgräflerland.*
Völlige Verherrlichung von Wilhelm II. mit *Unser Kaiser und sein Volk.*

1917　Erstunterzeichner des Friedensaufrufs der fünf Berliner Friedenspfarrer

1918　Auf der Rednerliste der Deutschen Friedensgesellschaft. Anhörung durch
das Konsistorium wegen der Erstunterzeichnung der Friedenserklärung der
fünf Berliner Pfarrer

1918/19 Mitarbeit im Bund zum Schutze des Kaisers

1925　*Fort mit dem Alten Testament?*

1939/40 Keine Erwähnung des Friedensengagements in *Die Berliner
Luthergemeinde von 1894 bis 1939*

1947　Ruhestand

1948　Tod in Berlin

Anfänge vor 1910

Bereits in seiner Zeit als Diakonus in Görlitz betätigte sich Hans Francke pazifistisch in der Deutschen Friedensgesellschaft bevor er 1904 nach Berlin wechselte.

Die internationale Friedensbewegung und die evangel. Geistlichkeit.
Ueber dieses zeitgemäße Thema hielt am 3. März d. J. in Görlitz der dortige Diakonus F r a n c k e ein Referat vor der Quartalsversammlung des „Evang. Pfarrervereins der Schles. Oberlausitz".

Er nannte es eine Unterlassungssünde, daß sich der evangel. Geistlichenstand bisher so wenig aktiv an der Bekämpfung des Krieges beteiligt habe; der Krieg sei in jedem Falle eine der ärgsten Geißeln der Menschheit, eines der größten Uebel auf Erden, wenngleich natürlich der Referent die Berechtigung des Verteidigungskrieges unter gewissen Bedingungen anerkannte.

Den Krieg für unabwendlich und unentbehrlich erklären, sich mit ihm abfinden, weil er nun einmal da sei, heiße an einem der großen Ziele des Christentums verzweifeln, und der evangelische Geistliche sollte doch an Glaubensfreudigkeit allen anderen vorangehen. Das laisser aller dem Kriege gegenüber sei Kleingläubigkeit und Schwäche.

Es müßte ferner Ehrensache sein für den Prediger der christlichen Demut und Selbstverleugnung, die vorurteilsfreie Würdigung der Vorzüge auch andrer Nationen im deutschen Volke zu fördern und nicht im Kultus der nationalen Selbstliebe, im absichtlichen Sich-selbst-schätzen (der sogen. Preußischen Schneidigkeit!) das Heil suchen.

Es war interessant, zu bemerken, daß in der nachfolgenden Diskussion ein großer Teil der Versammlung sich mindestens mit den Zielen des Referenten einverstanden erklärte und einem Versuch der Verherrlichung des Krieges energisch widersprach.

Andrerseits erklärte gerade ein bisheriger Anhänger der Friedensbewegung seinen Austritt aus der Gesellschaft, weil er sich mit den Mitteln, die die Deutsche Friedensgesellschaft anwendete, nicht befreunden könne. Er meinte, daß die vom Christentum ausgehende Bekehrung der Menschen eher zur Abschaffung der Kriege führen würde, als die Arbeiten der Friedensvereine.

Das nennen die Herren praktisches Christentum, wenn sie eine Bewegung, in der mehr wahrer Christusgeist lebt, als in ihrem gesamten Dogmensystem und Erbauungseifer, im Stich lassen, bloß um deßwillen, weil die Aeußerungen dieser Bewegung nicht das Gepräge der „Kirchlichkeit", der christlichen Exclusivität tragen!

Es ist ihnen anstößig, in der Verfolgung eines hohen und heiligen Zieles sich mit Juden und Freireligiösen einig zu sehen, während so viele „approbierte Gläubige" verständnislos bei Seite stehen! Wie würde Christus diesen Mut der Konsequenz beurteilen, Christus, der sich seine Helfer und Jünger aus den Zöllnern und Sündern holte, nicht aus dem Kreis der „Frommen seiner Zeit"!?

Görlitz. Die Friedensgesellschaft veranstaltete am 5. März im Englischen Garten einen Diskussionsabend, als dessen Thema die D u e l l f r a g e gewählt worden war. Die Aussprache war recht lebhaft und knüpfte an folgende drei von Herrn Diakonus F r a n c k e aufgestellte und in einem kurzen Referate begründete Thesen an:

1. Die Friedensgesellschaft hat keine Ursache, ihre Bekämpfung des Krieges auch auf das Duell auszudehnen, da dieses nicht das Gesamtwohl berührt, sondern nur die Lebenshaltung vereinzelter Stände.

2. Der Gefahr, daß das schlechte Beispiel der duellgläubigen Stände einen verderblichen Einfluß auf weitere Kreise gewinnt, steht die wachsende Intelligenz und das erstarkende Rechtsgefühl der Massen entgegen.

3. Die Empfindlichkeit, Streitsucht und Rachsucht könnten im Privatleben wie im Völkerverkehr bedeutend verringert werden, wenn unsere Erzieher den inhaltlich anfechtbaren Ehrbegriff weniger als Erziehungsfaktor verwenden und ihn mehr durch die Begriffe Recht und Pflichten ersetzen wollten.

Seiner grundsätzlich gegnerischen Stellung gegen das Duell gab der Referent sehr entschieden Ausdruck, doch meinte er, daß die Friedensgesellschaft wie auch die Parlamente noch so viele unendlich wichtigere Aufgaben zu bewältigen haben, daß der ungewöhnliche Aufwand an Mitteln und die Kraftvergeudung gegen die Duellunsitte wirklich nicht lohne, dazu habe diese Frage viel zu geringe Bedeutung und stehe viel zu niedrig.

In der Diskussion kamen die verschiedensten Ansichten zur Geltung. [...]

Friedensblätter, 1904, 53-55. Hervorhebungen im Original.

Die Deutsche Friedensgesellschaft veröffentlichte im Jahr 1908 ein Verzeichnis von 42 Personen, die sich bereit erklärten, Vorträge über Friedensfragen zu halten. Zu den 21 Geistlichen, die auf dieser Liste standen, gehörten auch Hans Francke und Walter Nithack-Stahn. Wielandt wechselte 1914 nach Berlin.

Württemberg:
Pfarrer Dr. Gmelin (Großgartach, O.-A. Heilbronn), Rabbiner Dr. M. Kahn (Eßlingen), Kirchenrat Dr. Kröner (Stuttgart), Vikar L. Merz (Aichelberg), Pfarrer

Th. Rohleder (Haßfelden, O.-A. Schwäbisch Hall), Stadtpfarrer O. Umfrid (Stuttgart), Pfarrer Wagner (Neuhengstett, O.-A. Calw).
Übriges Deutschland:
Pastor E. Baumecker (Leopoldshall i. Anhalt), Pfarrer Böhme (Kunitz b. Jena), Pastor Francke (Berlin), Pastor O. Fritze (Gerbstedt b. Mannsfeld), Pfarrvikar Willy Hoffmann (Büdingen), Pfarrer Lic. und Oberlehrer W. Kapp (Mühlhausen i. Elsaß), Pfarrer Kühnen (Bonn), Pfarrer Lic. Gotth. Naumann (Leipzig-Reudnitz), Pfarrer Nithack-Stahn (Berlin), Dr. jur. Pfarrer Nordbeck (Ostfriesland), Pastor prim. G. Rost (Buxtehude), Pfarrer Ewald Stier (Alten bei Dessau), Pfarrer Tribukeit (Tilsit), Stadtvikar Lic. Wielandt (Heidelberg).

Zusammenstellung nach Friedensblätter, 1908, 82f.

In Berlin avancierte Hans Francke bald zum 2. Vorsitzenden der Ortsgruppe Berlin der Deutschen Friedensgesellschaft.

Berlin. (Unlieb verspätet.) Die hies. Ortsgruppe der Deutschen Friedensgesellschaft hielt am 23. April d. J. im Rathaussaal eine Mitgliederversammlung ab, in der zunächst des verstorbenen Vorsitzenden, Dr. E. Herter, ehrend gedacht wurde. Herr Ludwig Siemering trug einige Gedichte vor. Der stellvertretende Vorsitzende, Pastor Francke, widmete ihm einen Nachruf, in welchem er seinen hingebenden Eifer für die Friedensidee aus seiner dreifachen Eigenschaft als Arzt, als Naturforscher und Philosoph zu erklären unternahm. Endlich sprach Herr Justizrat Wolf als persönlicher Freund des Verstorbenen von seinem bescheidenen, selbstlosen und opferwilligen Charakter.

Im Sinn und Geiste des gefeierten Toten wurde sodann alsbald wieder zur gewohnten Arbeit übergegangen und folgte ein gut orientierter, aufklärender Vortrag des Herrn Bernhard Florian aus Hamburg über „Die Friedensbewegung im Rahmen der Geschichte". [...]

Friedensblätter, 1908, 90. Hervorhebungen im Original bleiben unberücksichtigt.

Die **Ortsgruppe Berlin** begann ihre diesjährige Wintertätigkeit am 12. Oktober mit einer von über 600 Personen besuchten öffentlichen Versammlung, in der Prof. Walter Schücking aus Marburg über die „Organisation der Welt" sprach. […]

Stürmischer Beifall dankte dem Redner für seine glanzvollen Ausführungen. Sie wirkten ebenso durch ihre wissenschaftliche Originalität und Einzigartigkeit, durch die überraschenden Schlaglichter, die der Gelehrte den von ihm behandelten Partien der Weltgeschichte abzugewinnen wußte, wie durch die zwingende

Beweiskraft und Konsequenz für die Gegenwartsforderungen, die er aus der Vergangenheit und Jetztzeit herzuleiten wußte.

Eine anregende Diskussion hielt die frohgestimmte Versammlung beinahe noch bis gegen Mitternacht zusammen; an derselben beteiligte sich neben Herrn [Hellmut] v. Gerlach Dr. R. Breitscheid, Pastor Francke (dem Leiter der Versammlung) u. a. auch Professor Dr. Stein aus Bern, der als Vertreter des internationalen Friedensbureaus zufällig in Berlin anwesend, mit seinen begeisternden Ausführungen der Versammlung hochwillkommen war.

Schließlich wurde der Dresdner Anregung auf schleunigste Protesterhebung gegen die Schamlosigkeit der gegenwärtigen europäischen Balkanpolitik zugestimmt und folgende Resolution angenommen:

„Die heutige Versammlung spricht die Erwartung aus, daß das Deutsche Reich den Friedensreden der maßgebenden Personen auch Friedenstaten folgen lassen wird, sich nicht mehr wie bisher den Friedensbestrebungen anderer Völker entgegenstellen und mehr Wohlwollen für die internationale Verständigung und Abrüstung finden wird."

Die Berliner Ortsgruppe wird ihre nächste Mitgliederversammlung voraussichtlich am Montag, den 9. Nov. abends 8 ½ Uhr in den Industriefestsälen (Beuthstr. 19/20) abhalten.

Bei derselben will Pfarrer Lic. Neveling von der hiesigen Paulskirche über „Die Englandfahrt der deutschen Geistlichen" berichten, an der er selbst teilgenommen hat.

Außerdem wird eine Besucherin des Londoner Weltfriedenskongresses ihre Eindrücke von demselben schildern. Eine freie Erörterung soll sich anknüpfen, die eventuell die Verhandlungen und Ergebnisse der letzten internationalen Kongresse überhaupt zum Gegenstand nehmen wird. Der Zutritt zu dieser Versammlung ist unentgeltlich. Gäste, Damen wie Herren, willkommen!

Friedensblätter, 1908, 135f. Hervorhebungen im Original bleiben unberücksichtigt.

Die Berliner Ortsgruppe hielt ihre zweite Vortragsversammlung im diesjährigen Winterhalbjahr am 9. November. Pfarrer Lic. Neveling aus Berlin berichtete in sehr anregender Weise über „Die Englandfahrt der deutschen Geistlichen und ihre Ergebnisse". [...]

An diese sehr beifällig aufgenommenen Ausführungen des Vortragenden knüpfte der Leiter der Versammlung, Pastor Francke, einen kurzen Bericht über die letzten Zeitereignisse und unsere Stellungnahme dazu. Eine angeregte Diskussion füllte den Rest des Abends aus.

Der nächste Vortragsabend wird am Sonntag, den 12. Dezember, stattfinden, und zwar wiederum in den Industriesälen, Beuthstraße 19/20 (nahe am Spittelmarkt), abends halb 9 Uhr. Herr R. L. Berendsohn aus Hamburg hat einen Vortrag mit dem Thema „Mehr Patriotismus" zugesagt, das vielleicht auch Gegnern Veranlassung gibt, sich an der Debatte zu beteiligen und ihren Begriff von Vaterlandsliebe mit dem unsrigen zu messen. Jedenfalls steht der Zutritt jedermann frei und sind Damen und Herren als Gäste willkommen. [...]

Den Vorsitz der Berliner Ortsgruppe, den seit dem Tode des Hrn. Dr. Herter Hr. Pastor Francke vertretungsweise geführt hatte, hat nunmehr Herr Justizrat Dr. Wolff in Berlin N., Friedrichstraße 138, definitiv übernommen. Es steht zu hoffen, daß sich die Gruppe unter seiner tatkräftigen Leitung erfreulich weiter entwickeln und kräftigen wird.

Friedensblätter, 1908, 150. Hervorhebungen im Original bleiben unberücksichtigt.

Der Fünfte Weltkongress für Freies Christentum in Berlin 1910

In Berlin fand vom 5. bis 10. August 1910 der Fünfte Weltkongress für Freies Christentum und Religiösen Fortschritt statt. Einen bemerkenswerten Aspekt stellten die vier Sonderversammlungen dar, die am 6. August durchgeführt wurden: Die Religion und der Sozialismus, Die Religion und die Enthaltsamkeit, Die Religion und die Frau sowie Die Religion und der Friede.

Der Marburger Theologe Martin Rade, der der Friedensbewegung nahe stand, leitete als Vorsitzender die friedenstheologische Sektion. Die Berliner Friedenspfarrer Walther Nithack-Stahn, Hans Francke und Friedrich Siegmund-Schultze beteiligten sich aktiv an dieser Sonderversammlung.

Pfarrer *Nithack-Stahn* entwickelte, warum Deutschland so spät erst für die Friedensidee sich interessiert hat, und verweilte bei Rousseau, Herder und Kant, die die autonomen Völker zum ewigen Frieden aufgerufen haben im Namen der Natur, der sittlichen Weltordnung und der inneren Vernunft in der Geschichte.

In ¾ stündiger Rede bewies Professor *Ruyssen*, der Vertreter Frankreichs, wie viel Veranlassung wir haben, als Völker Frieden zu halten, nachdem wir auf allen geistigen Gebieten des Gesamtlebens, wie auf dem Naturboden uns international verbunden fühlen. Sind Richard Wagner und Tolstoi, Kipling und Corregio Kräfte der Menschheit, so muß allmählich der Krieg weichen chrlichem Frieden.

Pastor *Siegmund-Schultze* führte aus, wie der klare Wille Christi in bezug auf Krieg und Frieden, der in dem Verhältnis der Christen der ersten drei Jahrhunderte seinen sprechenden Kommentar finde, in den nachfolgenden Jahrhunderten allmählich in sein Gegenteil verkehrt worden sei, so daß man sogar aus Christentum Kriege zu führen meinte.

Die erst neuerdings wieder dem christlichen Gewissen sich einprägende Verpflichtung, den organisierten Massenmord einzudämmen, hat – philosophisch betrachtet – hauptsächlich mit der Behauptung zu kämpfen, daß für die Staaten eine andere Ethik gelte als für die Individuen. Demgegenüber sei das wachsende Verantwortlichkeitsgefühl der verschiedensten „Gemeinwesen", vor allem auch der Kirchen, und andererseits die steigende Persönlichkeitsentwickelung der christlichen Staaten der praktische und moralische Beweis für die Verpflichtung auch der Staaten zu einem ethischen Verhalten.

Die christlichen Kirchen, die natürlich in erster Linie verpflichtet sind, den Willen Christi unter den Völkern durchzusetzen, hätten den ersten Schritt in dieser

Richtung durch den Besuchsaustausch zwischen den Kirchen Großbritanniens und Deutschlands getan, der in der Friedensarbeit der damals entstandenen kirchlichen Vereinigungen seine Fortsetzung gefunden hat. –

Als Vertreter dieser Arbeit auf englischer Seite sprach der Parlamentarier *J. Allen Baker*, der Präsident des englischen kirchlichen Komitees, der als „der Vater des Friedens der Völker" durch seine feinen und zugleich energischen Ausführungen den begeisterten Beifall der Versammlung erweckte.

Er schilderte zunächst, wie der Gedanke des kirchlichen Besuchsaustauschs entstanden sei und wie sich dann auf Grund der beiderseits empfangenen Eindrücke die Friedensvereinigungen gebildet hätten. Das englische Komitee, das sich jetzt unter dem Vorsitz des Erzbischofs von Canterbury konstituiert habe und die einflussreichsten Männer aller Kirchen, u. a. sämtliche Erzbischöfe und fast alle Bischöfe, als Vize-Präsidenten, dazu bereits über 5000 Geistliche als Mitglieder umfasse, sei die einflussreichste Vereinigung, die je in Großbritannien zu irgend einem Zwecke zusammengetreten sei.

Glücklicherweise begännen alle Völker mehr und mehr zu fühlen, wie schwer die Rüstungsaufgaben auf ihnen lasten und ihnen die Möglichkeit sozialer Fürsorge nehmen oder beschneiden. Die zehn Milliarden, die die europäischen Völker jährlich für ihre Rüstungen ausgeben, seien dafür bestimmt, die Industrie dieser Völker und die Zivilisation der Welt zu vernichten. Man solle die himmlische Friedensbotschaft, die bei der Geburt des Friedensfürsten erklungen sei, ihrer Erfüllung näher führen. […]

Pastor *Francke* stellte fest, daß all die erwähnten Bestrebungen mit denen der Deutschen Friedensgesellschaft übereinstimmten und forderte zum Beitritt zur Berliner Ortsgruppe auf. […]

Einstimmig angenommen wurde die folgende Resolution, die Jesse Holmes (Swarthmore College, Pennsylvania) einbrachte:

Der Weltkongreß erklärt seine Gesinnungsgemeinschaft mit der weitumfassenden Bewegung, die eine internationale Gerechtigkeit und einen internationalen Völkerfrieden verlangt. Wir betrachten es als eine tragische Verirrung, daß die christlichen Völker im 20. Jahrhundert des Christentums noch immer sittliche Fragen durch physische Gewalt entscheiden wollen, die doch nie über Recht und Unrecht entscheiden kann.

Wir hoffen von Herzen, daß die religiöse Kraft, die sich bisher in Allerweltsfeindschaft verzehrt hat, jetzt das Ziel durchführen wird, ein höheres Gemeinschaftsgefühl zu schaffen, eine Vaterlandsliebe der ganzen Menschheit, die der Eifersucht und den Kämpfen der Völker entgegenwirkt.

Wir fordern alle Kirchen auf, einen solchen Glauben an die Kraft der Gerechtigkeit zu entwickeln, auch einen solchen Haß gegen die Grausamkeit des Krieges, daß sie auf der Beilegung aller Schwierigkeiten zwischen den Nationen durch freundschaftliche Mittel bestehen.

Wir fühlen tief in unserm Herzen, daß alle religiösen Völkerschaften diese Regelung als ihre spezielle Aufgabe ansehen sollen, um ein gegenseitiges Vertrauen zwischen allen Völkern zu schaffen. Wir freuen uns, daß eine internationale rechtsprechende Organisation im Haag geschaffen worden ist und bereits ihre Wirkungskraft und ihren Wert gezeigt hat. Wir wünschen, daß alle Nationen die Kraft und das Ansehen dieses ersten Gerichtshofes so stärken, daß die veraltete und unwirksame Maschinerie von Gewalttaten aus der Welt verschwindet.

Fünfter Weltkongress für Freies Christentum und Religiösen Fortschritt. Berlin, 5. bis 10. August. Protokoll der Verhandlungen. Herausgegeben von Max Fischer und Friedrich Michael Schiele. Berlin 1910, 38-40. Hervorhebungen im Original.

Das Referat von Siegmund-Schultze ist vollständig abgedruckt in: Monatsschrift für Pastoraltheologie, 1910, 102-106 und teilweise in Siegmund-Schultze, Friedenskirche, 178-185

Nithack-Stahns Ansprache enthielt u. a. folgende Aspekte:

Es ist klar, daß ein religiöser Mensch – und in allen entwickelten Religionen heißt dies am Ende „frommsein" – d e n Krieg verwerfen muß, der auf auf die Vernichtung des Mitmenschen abzielt: den Krieg im eigentlichen Sinne. [...]

Man mag manchen Krieg verherrlichen als einen Kampf ums Recht: der religiöse Mensch wird dennoch die Form dieses Kampfes mißbilligen als inhaltlose Schwärmerei belächeln: so wird der religiöse Mensch sich nicht irre machen lassen, zu verwerfen, was er aus Religion verwerfen muß – so gut wie er die Lüge verdammt, mag auch bis ans Ende der Tage gelogen werden. [...]

Es ist wahr: in der Bibel fehlt das Gebot: „Du sollst nicht Krieg führen". Aber das ganze Christentum ist ein Obersatz, aus dem dieser zweite stillschweigend und unbedingt folgt. Daß die christlichen Völker fast zwei Jahrtausende gebraucht haben, um den einfachen Schluß zu ziehen, wird der verstehen, der die menschliche Natur kennt. Das Nächstliegende ist oft das Schwerste.

Und der Krieg schien seit Anbeginn der Menschheit etwas so Allgemeines und Selbstverständliches, er war ein so unentbehrliches Werkzeug in der Hand der Machthaber, auch derer, die ein Kreuz auf der Krone trugen, daß man ihn hinnahm wie ein Naturgesetz, ja, wie eine Schickung Gottes selber. [...]

In der Heimatstadt K a n t s wurde 1850 die erste deutsche Friedensgesellschaft gegründet, im selben Jahre fand in der denkwürdigen Paulskirche zu Frankfurt a.M. ein internationaler Friedenskongreß statt. Seitdem ist besonders Süddeutschland, das von jeher in den Künsten des Friedens dem militärgewaltigen Norden voranging, der Hauptsitz der weitverzweigten deutschen Friedensvereine geworden.

Und der vor zwei Jahren in Berlin tagende und von unsrer Regierung begrüßte interparlamentarische Kongreß; nicht minder der Besuch deutscher Kirchenmänner in England und dessen Erwiderung im vorigen Jahre sind Anzeichen dafür, daß sich die Fäden internationaler Verbrüderung auch von uns aus über alle Grenzpfähle hinüberspinnen. [...]

Noch haben wir Deutsche keine große politische Partei, außer der sozialistischen, die den Völkerfrieden auf ihr Programm gesetzt hat. Noch haben wir keine religiöse Korporation, außer kleinen Sekten, die als solche den Krieg bekämpft. Aber wir – und ich darf im Namen vieler Tausender unseres Volkes sprechen – wir g l a u b e n an die Möglichkeit des Friedens.

Walther Nithack-Stahn: Religion und Friede. In: Völker-Friede, 1911, 37-40. Hervorhebungen im Original.

Auf dem Weltkongreß für freies Christentum und religiösen Fortschritt, der vom 5. bis 10. August in Berlin tagte, war eine besondere Sektion für „Religion und Völkerfrieden" vorgesehen. Dies war insofern hocherfreulich, als bisher die Vertreter der verschiedenen Religionsgemeinschaften sich den pazifistischen Bestrebungen noch nie so geneigt gezeigt haben, wie man es nach ihren religiös-sittlichen Anschauungen hätte erwarten können. Hier in Berlin ist nunmehr der Grundsatz sehr deutlich und öffentlich proklamiert worden: alle wahrhafte Religiosität muß sich zur Mitarbeit an der internationalen Völkerverständigung verpflichtet wissen. Es geht nicht an, in irgend einem Sinne Menschenliebe als göttliches Gebot zu verkündigen und für den größten Feind der Menschenliebe, den Krieg, irgend eine Entschuldigung oder gar Sympathie zu haben!

Es war erhebend, diese Forderungen im Namen eines aus allen Weltteilen beschickten Kongresses von den Delegierten der verschiedensten Nationen und Konfessionen vertreten zu hören. [...]

Die Verhandlungen wurden geleitet von Professor D. theol. M. Rade aus Marburg. Derselbe brachte eine Resolution zur Abstimmung, die im Namen eines geförderten und geklärten Christentums schärfsten Protest gegen jede Verherrlichung des Krieges erhebt und die Völker an ihre Pflicht gemahnt, als Bekenner einer geistigen Gottesidee und einer sittlichen Weltordnung sich jeder Austragung von Zwistigkeiten durch Waffengewalt zu entwöhnen. Die Resolution fand einstimmige Annahme.

In dankenswertester Weise verstattete Professor Rade im Rahmen der Verhandlungen das Wort auch noch dem Pfarrer Behrendt aus Berlin, der für Einsetzung eines Komitees zur Pflege freundschaftlicher Beziehungen zwischen Frankreich und Deutschland plädierte (analog dem deutsch-englisch. Verständigungskomitee), und dem Pfarrer Francke aus Berlin, der die Grüße der Berliner Ortsgruppe der Deutschen Friedens-Gesellschaft an den Kongreß überbrachte, sowie für Propagierung der Weltfriedenspetition von Miß Anna Eckstein aus Boston lebhaft eintrat.

Den Anregungen des Pfarrers Behrendt entsprechend, wurde ein französisch-deutsches Verständigungskomitee alsbald konstituiert, an seine Spitze trat von französischer Seite Professor Bonet-Maury aus Paris, von deutscher Seite Pfarrer Behrendt (Adresse: Berlin W., Unter den Linden 33).

Hans Francke: Die Friedensbewegung auf dem Weltkongress für freies Christentum und religiösen Fortschritt. In: Völker-Friede, 1910, 77f. Hervorhebungen im Original bleiben unberücksichtigt.

Im zeitlichen Umfeld des Weltkongresses im Sommer 1910 veröffentlichte Walter Nithack-Stahn seine fünfteilige Serie *Das Evangelium und der Krieg* in Martin Rades Zeitschrift Die Christliche Welt. Im letzten Teil dieser Artikelfolge befasste sich der Berliner Friedenspfarrer mit den friedenspolitischen Konsequenzen seiner Überlegungen.

Nur einer muß genannt werden, weil er sich als eine unmittelbare Forderung des Evangeliums ausgibt: der Tolstois, daß der einzelne Christ die Teilnahme an einem Kriege seines Volkes verweigern sollte. Dieser Fall ist möglich – schon Luther läßt ihn gelten – und wem sein Gewissen rundweg verbietet, die Waffe gegen einen Mitmenschen zu richten, der muß danach handeln, und koste es ihn bürgerliche Schande, Gefängnis oder Sibirien.

Aber mögen kleine Sekten sich von der allgemeinen Wehrpflicht ausschließen, sie gleichen doch dem Sonderling, der müßig zuschaut, wenn sein Haus brennt. Einer und noch einer mags ohne Schaden tun. Die Gesamtheit wird in der Not zur Selbsthilfe schreiten müssen, solange kein Völkerschiedsgericht besteht.

Dies aber kann ein Christ schon heute tun: seinen Friedensstandpunkt bekennen als Staatsbürger, wie als Glied der Kirche. Und beides zu nutze dem Staate, wie der Religion. Dem Staate: denn nie wird die Kriegsgefahr sich mindern, so lange die Völker nicht selbst den Willen zum Frieden vertreten. Und der Religion: denn nichts ist von je dem Christentume schädlicher gewesen, als Kompromisse schließen mit dem Allzumenschlichen; von den heiligen Forderungen etwas ablassen, um der Welt plausibel zu bleiben; als eine „Utopie" beiseite schieben, was doch in jedem Vaterunser erbetet wird. [...]

Ich weiß wohl: gegen die Friedensbestrebungen unsrer Zeit hat sich mancher ehrlich Fromme gesträubt nicht aus Mangel an Idealismus oder aus Geistesträgheit, sondern weil er darin einen weibischen, schwächlichen Zug argwöhnte. Nicht ganz mit Unrecht.

Ich gehöre nicht zu den unbedingten Bewunderern des Romans „Die Waffen nieder!" Er schildert nicht unparteilich nur die Greuel des Krieges und wird den sittlichen Werten, die sich in ihm offenbaren, nicht gerecht. Es ist der Notschrei einer durch den Krieg tödlich verwundeten Frau – nichts mehr und nichts weniger. Er hat als Anstoß zur Friedensbewegung mitgewirkt, wie etwa „Onkel Toms Hütte" zur Sklavenbefreiung. […]

Denn um einen Glauben handelt es sich, wo immer man das Evangelium des Friedens predigt. Um den Glauben, daß wir geboren sind, nicht mitzuhassen, sondern mitzulieben. Und also müssen, die solches Glaubens sind, auch daran glauben, daß der Krieg aufhören soll und kann.

Einst stand Mensch dem Menschen drohend gegenüber, ein Krieg Aller gegen Alle, da rohe Gewalt den Schwächeren unterjochte. Zu Sippen und Stämmen schlossen sich dann die Blutsverwandten zusammen und bekriegten sich so. Bis Staaten wurden und sich ein Recht schufen, das den Streit der Einzelnen und der Klassen schlichtet.

Aber unaufhaltsam rücken die Völker aneinander, durch Weltverkehr, durch Wissenschaft, durch tausend wirtschaftliche und geistige Fäden, die hinüber- und herüberlaufen. Und immer klarer erkennen die Bürger dieses kleinen Gestirns, daß sie gemeinsame Feinde haben, gegen die es gilt zusammenzustehen: das sind die gewaltigen Kräfte des Alls, die zerstörenden, die das Gebild der Menschenhand hassen; das sind die Rätsel des Daseins, die nur durch durch Anpassung vereinter Kräfte gelöst werden können, soweit sie denn lösbar sind; das sind die Niedrigkeiten und Eigensüchte, die in uns selber streiten und die wir überwinden durch sittlichen Dienst aneinander.

Und über dem allen bindet uns – muß man das Christen sagen? die Religion! Ists Märchen oder ist es der Wille des Heiligen, Großen, der in uns allen und durch uns alle ist, daß wir Brüder und Schwestern sein sollen? Dies [ist] der Sinn des Menschendaseins – wie ihn der Größte unsres Geschlechtes verkündet hat: Es komme das Reich Gottes!

Walther Nithack-Stahn: Das Evangelium und der Krieg. In: Die Christliche Welt, 1910, Sp. 776f. Hervorhebungen im Original bleiben unberücksichtigt.
Einige Passagen aus Nithack-Stahns Artikelserie druckte auch Die Friedens-Warte, 1910, 165-167

Der Sozialdemokrat August Bebel kritisierte 1911 den sehr militaristischen Kurs der Kirche. Dagegen protestierte Walther Nithack-Stahn und schickte Bebel eine Predigt, die der Friedenspfarrer anlässlich des Sedantages gehalten hatte.

Das heißt: nicht eine göttliche Weltordnung ist der Krieg, sondern eine menschliche Unordnung. Denn er ist Gesetzlosigkeit. Auf dem Wege vom Nomadenstamme zum geregelten Staatswesen, so erzählt die Überlieferung Israels, gab Jehovah seinem Volke das Gesetz. „Du sollst", „Du sollst", so stand es von da an in Stein gegraben, die Grundgebote sittlichen Zusammenlebens. Und mitten darunter dies: „Du sollst nicht töten."

Allüberall, seit Urzeiten, wo eine Volksgemeinschaft bestand, war dies ihre Daseinsberechtigung: daß des Menschen Leben dem Menschen heilig sei. Überall war blutige Gewalttat ausgeschlossen. Denn wo Gewalt vor Recht geht, wo der Stärkere ungehemmt das Faustrecht übt, da löst sich jede Ordnung auf. Darum nimmt der Staat dem Einzelnen das Schwert und wahrt sein Recht, indem er es selbst in die Hand nimmt. Und was im Volke gilt, sollte nicht auch den Völkern gelten?

Gibt's zweierlei Moral, für den Einzelnen und für die Nationen? Der rohe Kampf ums Dasein, der unter den Bürgern eines Landes von höherer Gerechtigkeit gezügelt wird, er wäre unter den Erdenbürgern im Großen erlaubt? Und jedes bindende Völkerrecht auf ewig unmöglich?

Aber nicht nur Gesetzlosigkeit ist der Krieg, auch Lieblosigkeit. Krieg ohne Menschenhaß ist undenkbar. Mag auch der Kämpfer im Felde den einzelnen Feind, den unbekannten, der ihm gegenübersteht und ihm nichts getan hat, auf den er den Degen zückt oder das Gewehr anschlägt – mag er ihn persönlich hassen, so haßt er in ihm das feindliche Volk.

Ohne dieses Gefühl fehlte die Schwungkraft, die Begeisterung zur Schlacht. Volkshaß ist neben der Vaterlandsliebe eine jener unsichtbaren Mächte, von denen ein großer Staatsmann sagte, daß sie zum Kriege unentbehrlich seien. Dieser Furor ist das Feuer, das erst einmal brennen muß, ehe man zu den Waffen ruft, und das manche darum rechtzeitig schüren zu müssen glauben. Aber diese Feindseligkeit der Völker ist nimmer vereinbar mit dem Gebot: „Du sollst deinen Nächsten lieben wie dich selbst." Denn auch der Fremdling jenseit[s] der Landesgrenze ist dein Nächster.

Darum ist der Krieg auch Gottlosigkeit. Wohl hat es Kriege gegeben, die ein Volk führen mußte, weil es freventlich angegriffen ward; führen mußte, wenn es noch weiterleben wollte, wie wir Deutsche vor 100 Jahren. Wohl darf auch ein Volk von Christen solche Notwehr üben und sich kraft des Glaubens dessen getrösten: Gott, der unser Volk schuf, gab ihm das Recht der Selbsterhaltung. Und wenn wir ehrlich kämpften – Gott mit uns!

Aber ist der Krieg an sich damit entschuldigt? Ist er nicht jedesmal zum mindesten von einer Seite her ein schweres Unrecht? ein unsittlicher Eingriff in die Rechte eines Staates? Und was kommt dabei heraus?

D e s Glaubens wird wohl niemand von uns sein, daß der Ausgang eines Krieges immer der Gerechtigkeit entspräche. Wie oft sind heldenhafte Völklein unterlegen, erdrückt von brutaler Übermacht! Können doch kleine Staaten die Entscheidung der Waffen gegen Großmächte gar nicht erst anrufen. Nein, ein „Gottesurteil" ist der Völkerzweikampf nicht. Wenn uns Gott der Inbegriff der Weisheit und der Güte ist, so dürfen wir nicht wagen, ihn für das Gemetzel des Krieges verantwortlich zu machen. Menschensünde ist das. Denn „Gott ist nicht ein Gott der Unordnung, sondern des Friedens." [...]

Daher f o r d e r t d a s C h r i s t e n t u m d e n F r i e d e n. Nicht den sogenannten Frieden, in dem die Völker bisher gelebt; der immer nur ein Waffenstillstand war, dazu benutzt, um die Wette zum Kriege zu rüsten – also in Wahrheit dauernder Kriegszustand. Sondern wirklichen, allseitig verbürgten Frieden, der auch nicht nur in schönen Worten der Regierungen besteht, sondern im Tatbeweise friedestiftender Verträge.

Walther Nithack-Stahn: Völkerfriede. In: Protestantenblatt, 1911, Sp. 1185-1190 (hier: Sp. 1187f.). Hervorhebungen im Original.

Bebel antwortete in einem Brief vom 23. Oktober 1911.

Sehr geehrter Herr!

Sie sind in Ihrer Auffassung das Opfer einer unrichtigen Berichterstattung geworden. Es ist mir nicht beigekommen, die angegebene Auffassung zu äußern. Ich habe ausdrücklich auf den Redakteur der „Evangelischen Kirchenzeitung" hingewiesen, der zum Kriege hetzte, und das sollte christlich sein.

Die Auffassung, daß, wenn es zum Kriege komme, die Geistlichkeit aller Nationalitäten alsdann zu demselben Gott um den Sieg bete und sich somit in Widerspruch mit den Lehren des Christentums stelle, kann ich nicht zurücknehmen.

Hochachtungsvoll A. Bebel

August Bebel: Ausgewählte Reden und Schriften, Band 9, Briefe 1899 bis 1913, 224

Die Berliner Ortsgruppe
der Deutschen Friedensgesellschaft 1910–1914

Im Jahre 1892 gründeten Bertha von Suttner und Alfred Hermann Fried in Berlin die Deutsche Friedensgesellschaft. Bis 1914 engagierten sich in ca. 100 Ortsgruppen ca. 10.000 Menschen in dieser ersten deutschen Friedensorganisation, die noch heute existiert. Die Berliner Ortsgruppe gehörte zu den ersten im Reich. Ab 1910 leitete Hans Francke als Vorsitzender diese Gruppe, die ein vielfältiges Engagement entfaltete.

Berlin. Der vor einem Jahr neugewählte Vorsitzende der Berliner Ortsgruppe, Justizrat Dr. Rich. Wolff, hat bedauerlicherweise seines Amtes nicht lange gewaltet. Er hat jetzt wegen Überbürdung mit Geschäften sein Amt niedergelegt. An seine Stelle tritt bis auf weiteres der stellvertretende Vorsitzende, Pastor Francke, und man bittet, an ihn alle Zusendungen, die die Berliner Ortsgruppe betreffen zu richten (Adresse: Berlin SW. 29, Gneisenaustr. 100). – Für die kommenden Wintermonate sind nach längerer Pause jetzt wieder regelmäßige Versammlungen geplant; die erste wird Anfang Februar die Generalversammlung mit einem Vortrag des Pastor Francke verbinden über „den Einfluß des traditionellen Heldenideals auf die Erziehung der männlichen Jugend".

Auch Diskussionsabende sollen eingeführt werden. Die Mitglieder der Berliner Ortsgruppe werden herzlich gebeten, den erneuten Versuch unsrer Sache in Berlin eine tatkräftige Leitung zu gewinnen, nach Möglichkeit zu unterstützen. Neuanmeldungen sind erbeten an die Adresse unsres Schriftführers, Herrn H. Friedländer, W., Magdeburgerstr. 14, oder des Kassiers, Herrn Dr. med. Jsaac, NW., Wilhelmshafenerstr. 58.

Völker-Friede 1910, 21. Hervorhebungen im Original bleiben unberücksichtigt.
Vgl. ebenso Die Friedens-Warte, 1910, 39f.

Berlin. Die hiesige Ortsgruppe hielt am 9. Februar ihre Generalversammlung ab, verbunden mit einem Vortrag des derzeitigen Vorsitzenden, Pastor Francke, über den „Einfluß des traditionellen Heldenideals auf die Erziehung der männlichen Jugend", an den sich eine lebhafte Aussprache anschloß. –

Am 20. Februar beteiligte sich unsere Ortsgruppe durch mehrere Vorstandsmitglieder an der vom hiesigen Frauenverein veranstalteten Gedenkfeier für die verstorbene Frau Lina Morgenstern im Bürgersaal des Rathauses. Der Vorsitzende widmete ihr einen warmen Nachruf im Namen der Friedensfreunde, deren Ziele sie als langjähriges Vorstandsmitglied der Berliner Ortsgruppe mitgefördert hat. – Die nächste Versammlung unserer Ortsgruppe wird Montag, den 7. März stattfinden, und zwar in der Viktoria-Brauerei, Lützowstr. 111/112. Herr Redakteur Köt[z]schke wird über „Nationalismus und Kosmopolitismus" sprechen. Eintritt für jedermann frei. Gäste willkommen. –

Am Donnerstag, den 31. März wird dann Fräulein Anna Eckstein aus Boston einen öffentlichen Vortrag in den Industriesälen, Beuthstr. 19/20, halten über das Thema „Der Weg zur Rüstungsverminderung und seine Abwege". Näheres darüber werden die Tagesblätter noch veröffentlichen.

Völker-Friede 1910, 31. Hervorhebungen im Original bleiben unberücksichtigt.

Berlin. Die hiesige Ortsgruppe entfaltete in den letzten Wochen eine überaus rege Tätigkeit, um das Interesse ihrer Mitglieder neu zu beleben und neue Teilnehmer für ihre Bestrebungen zu gewinnen. Am 7. März veranstaltete sie in der Viktoria-Brauerei eine Mitglieder-Versammlung, in der der Vorsitzende, Pastor Francke, über unsre Bewegung betreffende Zeitereignisse referierte und Redakteur Köt[z]schke einen Vortrag über „Nationalismus und Kosmopolitismus" hielt. –

Am 31. März folgte eine große öffentliche Versammlung in den Industriesälen mit Vortrag von Frl. Anna B. Eckstein aus Boston über den „Weg zur Rüstungsminderung und seine Abwege". Die gut besuchte Versammlung nahm eine Resolution an, in der sie sich einhellig für die Verbreitung und Förderung der von Frl. Eckstein für die III. Haager Konferenz geplanten Weltpetition zugunsten des obligatorischen Völkerschiedsgerichts aussprach. –

Am 14. April vertrat der stellvertretende Vorsitzende unserer Ortsgruppe, Baron v. Puttkamer, dieselbe bei der Vereinigung der Religiösen Diskussionsabende, bei der Pfarrer Nithack-Stahn einen Vortrag über „Krieg und Evangelium" hielt. –

Am 17. April endlich veranstaltete die Ortsgruppe einen Lichtbilderabend im Hotel „Deutscher Hof". In dieser Veranstaltung führte Hofschauspieler Feldhaus aus Basel die „Vergangenheit des Krieges und die Zukunft des Friedens" in Wort und Bild seinen ergriffenen Zuhörern vor. Im Anschluß daran las er die Suttnersche Novelle „Es müssen doch herrliche Erinnerungen sein" mit meisterlichem Vortrag vor.

Es steht zu hoffen, daß nach diesen vielfachen, mannigfaltigen Darbietungen das Leben in unsrer Ortsgruppe sich intensiver gestalten wird, als es in der letztvergangenen Zeit unter allerlei uns bedrückenden Schwierigkeiten möglich war. Hoffentlich können wir recht bald von einem ansehnlichen Wachstum unsrer Ortsgruppe und von hoffnungsvoller Zunahme ihrer Mitgliederzahl berichten.

Zunächst ist es unsre Aufgabe, der in vorstehendem Bericht erwähnten Weltpetition von Frl. Eckstein möglichst weitgehende Verbreitung in Berlin zu verschaffen, damit die Hauptstadt unsres Vaterlandes mit der Zahl ihrer Unterschriften zu dieser Petition nicht hinter andern Großstädten des europäischen Kontinents zurücksteht. [...]

In seiner letzten Sitzung hat der Vorstand der Berliner Ortsgruppe beschlossen, den Expräsidenten Roosevelt einzuladen, während seines Berliner Aufenthaltes in öffentlicher Versammlung über seine Auffassung des Friedens- und Abrüstungsproblems zu sprechen. Die Wahrscheinlichkeit ist sicher nicht groß, daß Präsident Roosevelt seinem gewiß schon längst festgestellten Programm für die Zeit seines Berliner Aufenthaltes diese Extra-Nummer hinzufügen wird.

Allein es wäre, nach der Wendung, die Roosevelt in seiner persönlichen Stellung zum Pazifismus während der letzten Zeit seiner Reise, besonders seit der Zusammenkunft mit Kaiser Franz Joseph genommen hat, von höchstem Interesse, ihn grade in Berlin darüber zu hören. Es würde dies aller Wahrscheinlichkeit nach eine mächtige Förderung der pazifistischen Bestrebungen im militärisch und nationalistisch gerichteten Deutschland bedeuten, und wäre daher dringend zu wünschen, daß die hier erwogene Möglichkeit zur Wirklichkeit würde.

Völker-Friede 1910, 47. Hervorhebungen im Original bleiben unberücksichtigt.

Es muß einmal unterstrichen werden, daß die Eigenschaften, die für den Militärstand, speziell für den im Kampf aktiven Soldaten, die Summe aller Tugenden ausmachen, im bürgerlichen Leben nicht gerade die wertvollsten sind. Zum mindesten bedürfen sie noch der Ergänzung und des Ausgleichs durch allerlei „unmilitärische" Qualitäten, um einen Menschen zu einem unter normalen Verhältnissen, d. h. für Friedenszeiten brauchbaren Gliede der Gesellschaft, vor allem zu einem Vorkämpfer für wirkliche Menschheitsideale zu machen. Die Vorkämpfer der Feldschlacht können sehr gut zu den Rückwärtsern auf dem Felde der Kulturbewegung gehören.

Eine eigentümliche Bestätigung empfängt diese Beobachtung durch die Beurteilung, die der Missionssuperintendent Pfarrer Schiller in Kioto im neuesten Jahresbericht des Allgemeinen evangel.-protestant. Missionsvereins den Japanern angedeihen läßt. [...]

Der Referent zählt nun eine Reihe von Vorkommnissen auf, die einen in der Tat irre machen könnten an Japans Zukunft, wüßte man nicht, daß ähnliche Erscheinungen oft auch andre Völker nach dem Verlauf siegreicher Kriege in einem bedenklichen Licht gezeigt haben. Mit anderen Worten: Die vielbeschrienen militärischen Erfolge beruhen auf Qualitäten, die der Menschennatur in ihren

Durchschnittsexemplaren von keineswegs besondrer Höhenlage der Begabung eigen sind. Zum „Heldentum" gehört noch etwas anderes als die Befähigung zum physischen Kampf.

Hans Francke: Kriegertugend und Bürgertugend. In: Völker-Friede, 1910, 74f. Vermutlich handelt es sich um Franckes Vortrag, den er am 9. Februar 1910 hielt.

Berlin. Gegen den Passus der Königsberger Kaiserrede, in dem die Lückenlosigkeit der Rüstungen als die beste Gewähr für den Frieden bezeichnet wird, nahm die Berliner Ortsgruppe der Deutschen Friedensgesellschaft in einer stark besuchten Versammlung vom 26. September Stellung.

Der Vorsitzende, Herr Pastor Francke, wies in seiner Eröffnungsansprache darauf hin, daß in den Kreisen der Friedensfreunde vielfach die Hoffnung bestanden habe, der Deutsche Kaiser werde sich an die Spitze der Weltfriedensbewegung stellen. Nach der Königsberger Rede müsse die Flagge der Vertrauensseligkeit von der Friedensgesellschaft eingezogen und der herrschende Kurs mit größter Aufmerksamkeit verfolgt werden.

Der Referent, Herr Dr. Breitscheid, gab in seinem mit großem Beifall aufgenommenen Vortrag über das Thema: „Der Kaiser, die Rüstungen und der Friede" der Friedensgesellschaft gleichfalls den Rat, nicht immer das Heil von Monarchen und Präsidenten zu erwarten. Es sei charakteristisch, daß der Deutsche Kaiser sich dem Volke immer nur in militärischer Uniform zeige. Eine weit bessere Gewähr für den Frieden als die Stimmung der Monarchen sei die Friedensliebe der Völker.

Die internationalen Handelsbeziehungen, vor allem aber die internationale Arbeiterbewegung seien das beste Bollwerk für den Frieden. Der Redner widerlegte das Schlagwort: „Wer den Frieden will, der rüste für den Krieg!" Die fortgesetzten Kriegsrüstungen seien gerade die größte Gefahr für den Frieden. Erst wenn das Volk in allen Staaten den ihm gebührenden Einfluß auf die innere und äußere Politik habe, werde der Friede gesichert sein.

Nach kurzer Diskussion wurde einstimmig folgende Resolution angenommen:

„Die Versammlung protestiert gegen die in Königsberg vom Deutschen Kaiser vertretene Auffassung, daß der Friede auf unseren Rüstungen beruhe. Sie steht im Gegenteil auf dem Standpunkt, daß die fortgesetzte internationale Vergrößerung der Rüstungen und die aus ihr resultierende Steigerung der Belastung des Volkes eine Gefahr für die Erhaltung des Friedens bedeutet.

Sie hält daher schon aus diesem Grunde dafür, daß die Bestrebungen, die auf eine wechselseitige Verminderung der Rüstungen gerichtet sind, auch von seiten der deutschen Regierung eine lebhaftere Unterstützung erfahren müssen. –

Des Weiteren gibt sie der Hoffnung Ausdruck, daß der Gedanke des obligatorischen Schiedsgerichts für alle Fragen seiner Verwirklichung nähergebracht wird. Die Versammlung ist überzeugt, daß der Krieg zur Unmöglichkeit wird, wenn allenthalben dem Volke die letzte Entscheidung in den Fragen der inneren und äußeren Politik überlassen wird. Die Masse des Volkes, die überall an der Aufrechterhaltung und Festigung der internationalen Beziehungen auf wirtschaftlichem und kulturellem Gebiete interessiert ist, will den Frieden."

Völker-Friede, 1910, 100. Hervorhebungen im Original bleiben unberücksichtigt.

Die Unruhen im Arbeiterbezirk Berlin-Moabit begannen mit einem Streik von Kohlearbeitern Ende September 1910, um einen höheren Lohn zu erreichen, und eskalierten zunehmend. Ca. 1000 Polizisten setzte der preußische Innenminister in den darauf folgenden Straßenkämpfen ein.

Über die Krawalle in Moabit und am Wedding in Berlin hat sich die „Allgemeine Evangelisch-lutherische Kirchenzeitung" ein eigentümlich-wohlwollendes Urteil zurechtgelegt und einen Vorschlag zur Abhilfe gemacht, der das Christentum gewisser Kreise wieder einmal in der sonderbarsten Beleuchtung zeigt.

Das fromme Blatt entschuldigt die Exzesse mit dem ungebändigten Kraftüberschuß der Berliner Straßenbevölkerung und wünscht zur Ableitung derselben einen baldigen – frisch-fröhlichen Krieg (!!). [...]

Also an Überernährung leidet unser Großstadtproletariat und sehnt sich infolgedessen nach Verrichtung von „Heldentaten"! – Unter Heldentaten aber kann es sich nichts anderes denken als Totschlag und Blutvergießen unter irgend welchen Menschen anzurichten, sei's Schwarzen, Weißen oder – – Blauen! –

Ist die „Allgem. Evang.-luther. Kirchenzeitung" toll? Hält sie die Situation für angemessen, hält sie es für christlich, die verbitterten Volksmassen zu verhöhnen? Haben ihre geistlichen Mitarbeiter nie Gelegenheit gehabt, den Berliner Mob zu studieren, wie er bei jedem militärischen Aufzug, bei jeder Regimentsmusik Schar mitläuft, eine erbarmungswürdige Schar zumeist frierender, ausgemergelter Gestalten, die durch beständige Arbeitslosigkeit am Müßiggang gewöhnt sind und die man ob ihrer Charakterlosigkeit, mit der sie heute Hurra rufen und im Regimentstritt kindisch mitmarschieren und morgen „Kreuzige" schreien, nur bedauern kann?!

Gebt diesem Mob Erziehung – aber nicht die Erziehung militärischen Drills zum Kadavergehorsam! – gebt ihm die Erziehung, die ihm das zerrüttete proletarische Elternhaus nicht geben konnte! – Gebt diesem Mob Arbeit – aber nicht Arbeit unter

Bedingungen, die ihn in den Augen seiner Genossen als Lohndrücker und Streikbrecher erscheinen lassen! –

Gebt dem Mob körperliche und seelische Gesundheit; aber gebt ihm nicht einen Krieg, und wünscht ihm nicht einen Krieg, in dem bald der letzte Funke der Gottähnlichkeit in seiner Seele erlöschen und das schon stark entwickelte Untermenschliche in ihm zur blühendsten Entfaltung kommen würde!

Hans Francke: Der Ratschlag einer Kirchenzeitung zu den Berliner Strassenunruhen. In: Völker-Friede, 1911, 4. Hervorhebungen im Original bleiben unberücksichtigt.

Der unermüdlich tätige Vorsitzende der Berliner Ortsgruppe, Pastor Francke, hielt in der Charlottenburger Abteilung des Vereins „Frauenwohl" einen Vortrag über „Die internationale Friedensbewegung und die Frauen" und gewann dadurch der Berliner Ortsgruppe wieder neue Mitglieder.

Völker-Friede, 1911, 7. Hervorhebungen im Original bleiben unberücksichtigt.

Eine erfreuliche Berücksichtigung hat der Pazifismus in Berlin dadurch erfahren, daß er von der Berliner Freien Hochschule unter die Gegenstände der von ihr propagierten volkstümlichen Wissenschaft aufgenommen worden ist. Die Freie Hochschule veranstaltet alljährlich einen besonderen Zyklus von Vorträgen über moderne Kulturprobleme.

In diesem Rahmen war dies Jahr auch die Weltfriedensbewegung aufgenommen, und zwar war der Vorsitzende der Berliner Ortsgruppe, Pastor Francke, beauftragt, darüber eine Vorlesung zu halten. Dieselbe hat am 7. Januar im Bürgersaal des Rathauses vor gut besuchtem Auditorium stattgefunden.

Völker-Friede, 1911, 14. Hervorhebungen im Original bleiben unberücksichtigt.

Die Ortsgruppe Berlin der D.F.G. veranstaltete am 26. Januar zusammen mit der Vereinigung für Schulpolitik einen besonderen Abend für Lehrer. Um ihnen den erzieherischen Wert des Pazifismus darzulegen, hielt Pastor Francke ein Referat über das Thema: „Die Aufgaben der Schule und die Weltfriedensbewegung". Nach ihm sprach der zweite Vorsitzende der Ortsgruppe, Baron v. Puttkamer, sehr eindrucksvoll über seine persönlichen Erinnerungen an die Feldzüge 1866 und 1870/71. Er zeigte das Entmenschlichende, das der Krieg für Sieger wie Besiegte stets im Gefolge hat; und es nahm sich sehr seltsam aus, als nach den erschütternden Schilderungen dieses ergrauten Offiziers ein jüngerer dann doch wieder in öde Hurrabegeisterung verfiel und den Krieg als Erzieher des Menschengeschlechts zu preisen wagte. Die übrigen Lehrer und Lehrerinnen wollten von dieser Methode der „Erziehung" nicht viel wissen.

Völker-Friede, 1911, 22f. Hervorhebungen im Original bleiben unberücksichtigt.

Die Ortsgruppe Berlin der D.F.-G. verdankt es der unermüdlichen Propagandatätigkeit ihres Schriftführers, Herrn H. Friedländer, daß sie in den letzten Monaten ein ganzes Stück vorwärts gekommen ist. Besonders haben sich verschiedene Vereine veranlaßt gesehen, in ihren Versammlungen Vorträge über das Weltfriedensproblem und pazifistische Themata überhaupt halten zu lassen.

Nachdem dies schon früher in der Freien Hochschule und im Verein für Schulpolitik hat geschehen können, hat der Vorsitzende der Berliner Ortsgruppe, Herr Pastor Francke, im März im Berliner Handwerkerverein mit dem Thema „Die Weltfriedenslage" und im Verein Frauenstimmrecht mit dem Thema „Der Krieg, ein Überbleibsel einer versinkenden Kulturstufe" gesprochen und am 27. April in Luckenwalde im Handwerkerverein einen Lichtbildervortrag gehalten.

Einen ganz unerwarteten Erfolg aber hatte eine von der Ortsgruppe selbst am 5. April einberufene Versammlung in den Kammersälen, bei der zu dem Thema „Die Religionen und der Völkerfriede" Vertreter der verschiedenen Konfessionen sich einmütig für den Pazifismus erklärten.

Es sprachen sich für die Protestanten Pfarrer Nithack-Stahn von der Kaiser-Wilhelm-Gedächtniskirche, für die jüdische Gemeinde Rabbiner Dr. Warschauer, für die Monisten Dr. Vielhaber, für die Heilsarmee Brigadier Treite und für die bischöfliche Methodistenkirche Kaufmann Furrer, außerdem noch zahlreiche Diskussionsredner der verschiedensten Bekenntnisse.

(Unvertreten blieb auffallenderweise die katholische Kirche, deren Geistliche sämtlich eingeladen worden waren, jedoch bis auf einen, der ablehnte, nicht einmal zu antworten der Mühe für wert befunden hatten.)

Die Beteiligung an dieser Versammlung war eine ungeheuere. Hunderte füllten, Kopf an Kopf gedrängt, den großen Saal, und Hunderte mußten wieder umkehren, weil sie keinen Platz fanden. Zum Schluß wurde einstimmig folgende Resolution angenommen:

„In großer öffentlicher Versammlung haben heute Vertreter der verschiedensten Konfessionen und Kulturgesellschaften einmütig ihre Überzeugung dahin ausgesprochen, daß der Krieg den Geboten der Religiosität zuwiderläuft. Es gibt keine Religion, die ihren Bekennern nicht die Pflicht der allgemeinen Menschenliebe auferlegte.

Deshalb ergeht an die Anhänger aller Religionsbekenntnisse der Ruf: Unterstützt um eures Glaubens willen die auf den Weltfrieden abzielenden Bestrebungen der Regierungen und der Völker! Ein Glaube, der sich dieser Konsequenz entzöge, bestünde schlecht die Probe seines sittlichen Gehalts."

Die Berichterstattung der Berliner Presse war nur in den Blättern der demokratischen Linken eine der Bedeutung der Versammlung angemessene; die Blätter der Rechten, die so oft die religiösen Interessen wahrzunehmen vorgeben, haben für eine solche Art der Religiosität, die über dogmatische Unterschiede hinweg die Herzen und Hände zu einem Friedenswerk einigt, offenbar nicht viel übrig.

Dafür erfolgten zahlreiche Beitrittserklärungen aus der Mitte der Versammlung, denen auch in den nächsten Tagen noch mehrfache Zustimmungserklärungen und weitere Beitritte sich anschlossen.

Völker-Friede, 1911, 43f. Hervorhebungen im Original bleiben unberücksichtigt.
Zu H. Friedländer vgl. seinen Beitrag: Das Programm des Reichskanzlers für die Abrüstungs-konferenz. In: Völker-Friede, 1911, 66f.

Im Gottesdienst des Pfarrers Kraatz in Charlottenburg haben letzthin Offiziere eines Regiments, das in der betreffenden Kirche Gastrecht genießt, eine straf-rechtliche zu ahndende Störung verursacht, in dem sie während der Predigt die Kirche rücksichtslos geräuschvoll verließen und die gesamte Mannschaft in gleicher Weise aufbrechen ließen. Anlaß gab ihnen die Stellungnahme des Pfarrers Kraatz zum Falle Jatho. Die Vertreter des Militärs fühlten sich in diesem Falle zu Parteigängern der Rechtgläubigkeit berufen. Vielleicht treten sie bei anderer Gelegenheit – es ist allerdings nicht sehr wahrscheinlich! – einmal als Verteidiger des Liberalismus auf.

Die Kirche sollte sich es einfach ein für allemal verbitten, daß in ihre Gottesdienste Leute eines bestimmten Standes korporativ geschlossen eintreten. Standesdünkel und Standesunterschiede, das sind ja grade die Dinge, die um des recht verstandenen Christentums willen, das doch in den Kirchen gepredigt wird, draußen bleiben sollten. Und grade der Militärstand ist seiner ganzen Herkunft und Bedeutung nach wahrhaftig doch am wenigsten berechtigt, an den Stätten, wo wir vor Gottes Auge stehen, besonders zu paradieren. Er ist derjenige Stand, bei dem Weltsinn und Welteitelkeit sich am breitesten machen dürfen; und er ist der Stand, dessen letzte Ziele am weitesten abliegen von den hehren Reichs-Gottes-Zielen, die doch die Kirche zu vertreten hat.

Daß grade das Militär seine besondere Geistlichkeit hat, ist eine Unsinnigkeit, die wir uns nur einmal klar machen müssen, um ihre Abschaffung zu fordern. Sie hängt zusammen mit der Exklusivität, deren Pflege sich bekanntlich auch sonst der Militärstand dem Bürgertum gegenüber angelegen sein läßt.

Aber die Kirche sollte sich zur Pflege solcher Exklusivität nicht hergeben. Sie sollte von den Soldaten (Offizieren wie Mannschaften) verlangen, daß, wenn sie religiöse Bedürfnisse haben, sie sich zunächst einmal als Menschen (nicht aber als Standesmenschen!) fühlen und mit den andern Menschen (den ganz gewöhnlichen!) hübsch unter ein Dach und in eine Bank hineingehen. Es würde das dem Ideal der Geistesgemeinschaft entsprechen, das das Christentum aufstellt, und dem Gedanken der Gleichheit aller vor Gott.

Vor allem sollten sich keine Theologen mehr dazu hergeben, militärische Berufsseelsorger zu werden. Der einzig denkbare Fall, daß einmal kämpfenden Menschen auf dem Schlachtfelde besondere Kräfte der Religion in besonderer Weise dargeboten werden müßten, wird hoffentlich nie eintreten; und wenn schon, dann werden ihm die Männer des praktischen geistlichen Amts, die auch militärisch gedient haben, vollkommen gerecht zu werden wissen. Für das Volk ist es eine durch nichts zu rechtfertigende Zumutung, aus ihren Steuern die nicht unerheblichen Mittel zur Besoldung des ganz überflüssigen Standes des Militärgeistlichen aufzubringen.

Für die Zivilkirche ist es eine Beleidigung, diese Herren, wenn sie pensioniert sind, d. h. für ihren Militärberuf untauglich geworden, mit besonders guten Pfründen versehen zu müssen, die sie dann n e b e n ihrer Pension noch beziehen. Und für die Militärgeistlichen selbst muß es doch etwas stark Unbefriedigendes haben, Christentum predigen und vertreten zu müssen einem Spezialberuf gegenüber, der mit ihm so wenig wie nur möglich Berührungspunkte hat. Ja, wenn die Militärprediger noch als Spezial-Bußpredigt berufen würden! Aber davon hat man bis dato nichts gehört.

In der alten Kirche galt der Soldatenberuf lange überhaupt als unvereinbar mit dem Christentum; wer Soldat war, konnte nicht als Christ gelten. Soweit wollen wir ja heute gewiß nicht gehen. Aber daß unsre Offiziere und Leutnants, weil es bei ihnen wieder, wie nach 1848, Tradition geworden ist, sich nicht nur um den Thron, sondern auch „um den Altar zu scharen", sich nun berufen erachten, in den religiösen Kampf des Tages einzugreifen und mitbestimmen zu wollen, was religiöse Lehre sein soll, das wollen wir uns doch entschieden verbitten. Wir wollen sie daran erinnern, nachzusinnen, was ihnen das Christentum für ihren Sonderberuf wohl alles zu sagen hätte.

Hans Francke: Militär und Kirche. In: Völker-Friede, 1911, 65f.

Nach der „Berliner Volkszeitung" veranstaltete die Deutsche Friedensgesellschaft und die Deutsche Gesellschaft für ethische Kultur am 30. Dezember v. J. [1911] im Bürgersaal des Rathauses eine gemeinsame Protestversammlung gegen die internationale Kriegshetze. Der Referent, Geheimrat Professor Förster, betonte, daß die Vorgänge des letzten Halbjahres in weiten Kreisen einen gewissen Pessimismus den Bestrebungen der Friedensbewegungen gegenüber hervorgerufen hätten. Im gegnerischen Lager werde sogar von einem Fiasko der Friedensbewegung gesprochen.

Dem gegenüber müsse festgestellt werden, daß die Vorgänge des letzten Halbjahres gerade den entscheidenden Beweis für die Berechtigung der Forderungen der Friedensbewegung gegeben hätten. [...]

Wenn jetzt wieder für neue Rüstungen in Heer und Marine Stimmung gemacht werde, so müsse darauf hingewiesen werden, daß jede Mehrbewilligung für Rüstungszwecke nicht nur die Kriegsgefahr erhöhe, sondern zugleich auch die notwendigen Mittel für Kulturaufgaben einschränke.

Mit besonderer Schärfe wandte sich Geheimrat Förster gegen die im Reichstag von einem nationalliberalen Redner angewandte Wendung: „Recht oder Unrecht, mein Vaterland!" Das bedeute die Proklamierung einer Gewaltpolitik, die allen Grundsätzen der Kultur widerspreche.

Der Vortrag fand lebhaften Beifall. Die Versammlung stimmte zum Schluß folgender Erklärung des Vorsitzenden, Justizrat Dr. Bieber, zu:

„Der Vorstand der Deutschen Friedensgesellschaft (Ortsgruppe Berlin) und der Deutschen Gesellschaft für ethische Kultur (Abteilung Berlin) erachten es als eine besondere Pflicht und Aufgabe Deutschlands, mit Wort und Tat allen internationalen Feindseligkeiten und Verhetzungen entgegenzutreten.

Die aus der Friedensbewegung hervorgegangenen, bereits so verheißungsvollen völkerrechtlichen Institutionen bedürfen offenbar noch der Vervollkommnung und Sicherung, sowie zu ihrer vollen Wirksamkeit auch wesentlicher Fortschritte in der Läuterung und Beruhigung des öffentlichen Urteils.

Die entscheidendste Entwickelung aber für alle internationale Kultur wird darin bestehen, daß die auf mehreren wirtschaftlichen und wissenschaftlichen Gebieten bereits begonnene gemeinsame Verwaltung der Erde immer umfassender ins Leben gerufen wird nach dem Spruche: Fürs Vaterland durch des Erdkreises Eintracht.

In diesem Sinne ist das gegenwärtige Verhalten der Reichsregierung auch mit Dank und Hoffnung zu begrüßen."

Zu dieser Friedenskundgebung waren zahlreiche Zustimmungserklärungen von Friedensfreunden aus dem Auslande eingelaufen. So schrieb der Vorstand des Nationalen Rats der Friedensgesellschaften von Großbritannien in deutscher Sprache:

„Mit großem Interesse erfahren wir, daß am 30. Dezember in Berlin eine Versammlung veranstaltet wird als Kundgebung gegen die internationale Kriegshetzerei. Unser Komitee, welches die 27 großen Friedensorganisationen ganz Großbritanniens vertritt, wünscht Ihnen zu dieser Kundgebung jeden Erfolg, und wir senden unseren deutschen Freunden zum neuen Jahre herzliche Grüße mit der Versicherung, daß auch wir energisch daran weiterarbeiten, die Kriegshetzerei eines Teiles der Presse und gewisser Kapitalisten zu überwinden. Während des letzten Halbjahres haben besonders Deutschland und England viel aushalten müssen, und wir bedauern aufs tiefste, daß Mißverständnisse beider Regierungen nicht früher aufgeklärt wurden.

Wir machen hier für bessere Verhältnisse zwischen Deutschland und England Propaganda, denn wir müssen unsere Regierung überzeugen, daß eine freundliche Verständigung mit Deutschland absolut nötig ist, damit der drückenden Last der Rüstungen zu Lande und zur See Einhalt getan werden kann."

Weiter wird in dem Schreiben für das kommende Frühjahr eine Konferenz englischer und deutscher Friedensfreunde angekündigt.

Völker-Friede, 1912, 7. Hervorhebungen im Original bleiben unberücksichtigt.
Vgl. auch Die Friedens-Warte 1912, 39f.

In einer Berliner Versammlung für Frauenstimmrecht hat Pastor Francke einen hinreißenden Vortrag über die Friedensaufgabe der Frau gehalten.

Völker-Friede, 1913, 86. Hervorhebung im Original.

Im Herbst 1913 erregte die Zabernaffäre reichsweites Aufsehen. In der elsässischen Kleinstadt Zabern (französisch: Saverne, nordwestlich von Straßburg) äußerte sich der 19jährige Leutnant Günter Freiherr von Forstner am 28. Oktober gegenüber elsässischen Rekruten sehr negativ über die einheimische Bevölkerung und forderte die Soldaten schneidig auf, bei einem Angriff sofort von der Waffe Gebrauch zu machen. Dieser Vorfall führte zu einer Eskalation des ohnehin angespannten Verhältnisses zwischen den preußischen Militärs und der einheimischen Bevölkerung. Antipreußische Demonstrationen riefen Misshandlungen und willkürliche Verhaftungen der Zivilisten hervor.

Die militärische Führung sowie der Kaiser weigerten sich, den Skandal durch Versetzung des Leutnants und seiner Vorgesetzten zu entschärfen. Im Reichstag stellte sich der Reichskanzler Theobald von Bethmann Hollweg in der Debatte vom 3. Dezember vor das Militär. Das Parlament sprach daraufhin mit großer Mehrheit – erstmals in Deutschland – dem Reichskanzler das Misstrauen aus – was allerdings den Kaiser nicht veranlasste, den

Kanzler zu entlassen. In zwei Verfahren vor dem Kriegsgericht wurden die verantwortlichen Offiziere freigesprochen.

Die Zabernaffäre veranschaulichte exemplarisch die unangefochtene Macht des Militärs im kaiserlichen Obrigkeitsstaat. Hans Francke kommentierte die Affäre.

Was sagt die Kirche zu den Vorkommnissen in Zabern? – eine Frage, die seit Wochen auf vieler Tausend Lippen schwebt und die sich nicht etwa zurückdrängen läßt durch den Einwand, die Kirche habe es mit Ewigkeitsdingen zu tun und dürfe sich nicht in politische Tageshändel einmischen. Denn um Tageshändel handelt es sich hier nicht mehr, sondern um ein Versagen jener Gerechtigkeit, die das Fundament der Staaten ist.

Mit Staunen hat die Welt erfahren, daß die verantwortlichen Träger der öffentlichen Gewalt bei uns andere Maßstäbe der Beurteilung an die Vergehungen und Verfehlungen von Militärpersonen anlegen, als an die des Zivils. Sie haben die Staatsräson als Grund dafür ins Feld geführt; aber eben da müssen sich die Wege des Staates und der Kirche gründlich scheiden.

Wehe der Kirche, die sich durch ihren Charakter als Staatskirche etwa die Hände binden ließe und Scheu trüge, den Staatsmächten und Behörden im Reich ebenso Buße zu predigen, wenn sie fehlgreifen, als den Volksmassen da unten! Für die Kirche gibt es keine Staatsräson, keine Rücksichtnahme auf Autoritäten, die sich selbst nicht zu wahren wissen. Die Kirche hat nur die eine Pflicht, wahrhaftig zu sein gegen jedermann und den Maßstab der christlichen Sittlichkeit unbeirrt und bestechlich anzulegen an alle Aeußerungen öffentlichen und privaten Lebens, bei hoch und niedrig, vornehm und gering.

Und mit diesem Maßstab gemessen, muß eine Erscheinung wie der Missetäter von Zabern nicht nur höchst unerfreulich, sondern u n s i t t l i c h genannt werden. Es geht nicht an, ihm die Milderungsgründe jugendlichen Uebermutes zuzubilligen. Was er getan hat, war erstens Ungehorsam gegen ihm bekannte Bestimmungen, war zweitens eine bis zur Entwürdigung demütigende Behandlung der von ihm abhängigen Rekruten; und vollends seine Auslobung der Stechprämie bekundet eine Rohheit der Gesinnung, die nicht einmal bei einem einfachen Arbeiter mit Bildungsmangel entschuldigt werden würde.

Von solchen Leuten muß die Kirche einfach abrücken, um so weiter, je weniger es die zuständigen weltlichen Instanzen tun. Sie muß zu erkennen geben, daß sie eine besondere Milde der Beurteilung wohl für die Schwachen und Leichtverführbaren, nicht aber für die Uebermütigen und Gewissenlosen kennt, für Leute, denen ein Menschenleben wie wertlose Ware gilt und die die Autorität des Vorgesetzten selbst um d e n Preis durchsetzen wollen, daß sie eine Menschenseele vor sich selbst verächtlich machen und den Söhnen unseres Volkes das Rückgrat einer aufrechten Charakterfestigkeit zerbrechen.

Schneid und Draufgängertum mögen brauchbare Eigenschaften in Welthändeln sein; für den ehrgeizigen Streber, der sich bei seinem Vorgesetzten lieb Kind machen will, mögen sie besondere Vorzüge haben. Mit dem c h r i s t l i c h e n Charakter sind sie schlechterdings unvereinbar; sie widerstreiten der christlichen Sittlichkeit, und die Sittlichkeit ist der Herzschlag der christlichen Religion.

Für diese bedeutet ein Kadavergehorsam, wie ihn der Leutnant von Forstner und ähnlichgesinnte Offiziere von ihren Rekruten verlangen, ein Attentat auf Menschenwürde, ein Sichvergreifen an Menschenseelen; das Christentum kennt keinen höheren Wert, als die menschliche Seele. Man denke sich Jesus Christus gegenwärtig in der Instruktionsstunde eines Leutnants von Forstner!!

Unserer evangelischen Kirche vindiziert niemand das Recht, irgend jemand, der sich zu ihr halten will, von sich auszuschließen. Aber das Recht hat sie doch wohl, Charaktere wie den Leutnant von Forstner und verwandte Seelen ganz öffentlich zu bitten: Entweder bekennt euch zu eurer Schuld und macht sie wieder gut, oder tretet aus aus unserer Gemeinschaft; ihr gereicht ihr nicht zur Ehre! Die Sünden eines Häckel oder Ostwald, die die Kirche theoretisch bekämpfen wiegen federleicht gegen den sittlichen Anstoß, den euer Herrenmenschentum den christlich gesinnten Menschen bereitet!

Die christliche Kirche steht in diesen Tagen einer von Woche zu Woche wachsenden Austrittsbewegung gegenüber. Die Gefahr liegt nahe, daß diese Bewegung aus den Vorkommnissen von Zabern Kapital schlägt, wenn die Kirche die rechte Stellungnahme dazu nicht findet. Vielleicht liegt die richtige Stellungnahme darin, daß sich die Kirche in diesem Punkte mit den Agitatoren der Austrittsbewegung verständigt und zu ihnen spricht: Ihr habt ganz recht, es sollten alle aus der Kirche ausscheiden, die innerlich nicht mehr zu ihr gehören; in diesem Wunsche müssen wir mit euch eins sein.

Hans Francke: Die Zaberner Affäre und die Kirche. In: Kirchlich-liberal, 1913, 217. Hervorhebungen im Original.

Ortsgruppe Berlin. Am Freitag, den 5. Dezember fand in den Armin-Hallen (Kommandantenstraße) eine Versammlung der Ortsgruppe Berlin der Deutschen Friedensgesellschaft statt, in welcher Pfarrer Nithack-Stahn eine höchst eindrucksvolle Rede hielt über das Thema „Völkermoral". [...]

Kurzum, was wir Einzelnen für gut oder böse halten, das schreiben wir auch den Völkern zu. Und diese Völkermoral ist doch nichts anderes als die Moral des Wohlwollens und der Gerechtigkeit gegen den Mitmenschen, der dasselbe Daseinsrecht hat, wie ich. Wenn dies aber die Völkermoral der Idee nach ist, wie ist es möglich, daß uns eine Tatsache in Atem hält, die in schreiendem Widerspruch hierzu ist, nämlich der dauernde Kriegszustand der Kulturstaaten.

In der Tat decken sich Völkermoral und persönliche Moral nicht einfach. Der Redner führt hier näher aus, wie die Nächstenliebe und die Selbsterhaltungspflicht im Leben der Einzelnen in anderer Weise zusammenzuwirken haben, als im Völkerleben, und daß die „feinste Blüte der Sittlichkeit", nämlich die Selbstverleugnung, für ein Staatswesen unmöglich ist.

Und doch ist auch hier eine Annäherung an die idealsten Forderungen möglich, wofür jetzt in steigendem Maße zweierlei Voraussetzungen erfüllbar sind; erstens daß die Anhäufung materieller Güter oder physischer Macht weder für den Einzelnen noch für das Volk höchster Daseinszweck ist, sondern die Erhöhung innerlicher Kultur; zweitens daß jedes Volk sich bewußt ist, nicht allein auf der Welt zu sein, sondern ein dienendes Glied der Kulturgemeinschaft.

Wie kommt es, daß diese einfachen Gedanken nicht wenigstens in der Theorie anerkannt wurden? Rassen- und Stammesgegensätze, auch wirtschaftliche Gegensätze erklären dies nicht. – Es kommen hinzu die folgenden Gedankengänge:

Die Vorstellung von dem antiken Machtstaat, die noch heute spukt, sowie die Sucht und der Wahn der Unabhängigkeit statt der internationalen Verantwortlichkeit; sodann die Völkerromantik des Krieges, von der Poesie der Vergangenheit umleuchtet, endlich der martialische Ehrbegriff.

Die Kulturstaaten sollten einen höheren Ehrbegriff haben, ein Kulturgewissen, das z. B. auch die Spionage als eine schmähliche sittliche Begriffsverwirrung verwirft. […]

Nach dieser mit wärmstem Beifall aufgenommenen Rede wurde von der Versammlung einmütig die folgende Erklärung angenommen:

Wir erkennen in den Vorgängen in Elsaß-Lothringen [Zabernaffäre], ganz im Sinne der höchst eindrucksvollen Rede des Herrn Pfarrers Nithack-Stahn, einen ergreifenden Beweis, wie sehr die ungesunde Steigerung nationaler und militärischer Erregung die Geltung von Gesetz und Recht, überhaupt alle vernünftige Gesittung auch innerhalb des Gemeinschaftslebens gefährdet.

Wir wollen heute den Schluß des Säkularjahres [1913] ruhmvoller deutscher Vergangenheit trotz allem feiern mit einem hoffnungsvollen Ausblick auf eine noch viel ruhmreichere Zukunft friedlichster Kultur der ganzen Menschheit.

Völker-Friede, 1914, 8f. Hervorhebungen im Original bleiben unberücksichtigt.

Ortsgruppe Berlin. Die Generalversammlung hat am 25. Februar im Schillertheater von Charlottenburg stattgefunden. Unter dem Vorsitz von Geheimrat Förster wurde der Jahres- und Kassenbericht verlesen. Nithack-Stahn wurde in den

Ausschuß gewählt, an Stelle von Baron Puttkammer, der von Berlin abberufen worden war. Herr Louis Berger hat über die Person und das Werk von Charles Richet gesprochen und hat einige von ihm meisterhaft übersetzte Auszüge aus den Schriften des Gelehrten vorgelesen. –

In der ersten Märzwoche haben 200 Franzosen eine Studienreise von Paris nach Berlin unternommen und wurden dort mit großer Freundlichkeit empfangen. [...]

Am 6. März sprach der Prälat Dr. Gießwein aus Budapest unter lebhafter Beteiligung über „Friedens- und Frauenbewegung in Amerika". Hernach unternahm der geistliche Redner eine Vortragsreise nach den Städten Aachen, Köln, München und Stuttgart, wobei er die Friedensbewegung besonders in katholischen Kreisen förderte.

Völker-Friede, 1914, 45

Ortsgruppe Berlin. In einer überfüllten Versammlung der Deutschen Friedensgesellschaft im Charlottenburger Rathaus sprach am Dienstag abend der Professor der Physiologie und Dichter Charles Richet. Der Wortlaut der Rede Richets möge in der „Friedenswarte" Heft 4, S.131 nachgelesen werden. –

Nach Professor Richet sprach der fortschrittliche Reichstagsabgeordnete Heyn, der die Zustimmung seiner Fraktion zur letzten Militärvorlage zu rechtfertigen suchte. Niemand im deutschen Reich, so führte dieser Redner aus, hege Angriffsgelüste. Deutsche und Franzosen sollen lernen, sich die Hände zu reichen. Sie würden einsehen, daß es geht, wenn man will.

Völker-Friede, 1914, 56

Ortsgruppe Berlin. Am 2. Dez. hielt Magnus Schwantje der verdienstvolle Herausgeber der „Ethischen Rundschau" einen Vortrag über das Thema: „Hat der gegenwärtige Krieg die Friedensbewegung vernichtet?" Daran schloß sich eine lebhafte Diskussion an. Der Vortragende ist bereit, über dasselbe Thema in anderen Ortsgruppen gegen Ersatz der Reisekosten zu sprechen und bittet nur, daß seine gleichnamige Broschüre dabei aufgelegt werde.

Völker-Friede, 1915, 10. Hervorhebungen im Original bleiben unberücksichtigt.
Magnus Schwantjes Schrift wurde von Otto Umfrid rezensiert, vgl. Völker-Friede, 1915, 12

Der V. Deutsche Friedenskongress in Berlin 1912

Seit ihrer Gründung 1892 veranstaltete die Deutsche Friedensgesellschaft jährlich einen Delegiertentag bzw. eine Jahres- oder Generalversammlung. Im Jahre 1908 erfolgte eine Umbenennung in die neue Bezeichnung „Friedenskongress". Das erste pazifistische Treffen dieser Art fand in Jena am 9./10. Mai 1908 statt und wurde vom Thüringer Friedenspfarrer Ernst Böhme sowie Helma Greiner (beide von der Ortsgruppe Jena der Deutschen Friedensgesellschaft) organisiert. Am 26. und 27. Oktober 1912 veranstaltete die Deutsche Friedensgesellschaft ihren Kongress in Berlin, organisiert von der Berliner Ortsgruppe.

Im Mittelpunkt standen dabei die folgenden fünf Vorträge: Alfred Hermann Fried, *Der Balkankrieg und die Friedensbewegung*; Walther Nithack-Stahn, *Ist der Kampf gegen den Krieg eine ideale oder wirtschaftliche Notwendigkeit?*; Ludwig Quidde, *Rüstungswettkampf oder Rüstungsstillstand*; Adolf Heilberg, *Internationales Leben und internationale Spannung in ihrem Gegensatz*; Wilhelm Julius Foerster, *Moral und Staatsraison*.

Nithack-Stahn referierte u. a. folgende Aspekte.

Sehr geehrte Damen und Herren!

Von zwei Fronten kann man den Kampf gegen den Krieg eröffnen: Man kann entweder den Krieg verwerfen als ein Unrecht, als eine Vergewaltigung gegen die heiligsten und feinsten Empfindungen des menschlichen Herzens, gegen die zarteste Blüte unseres Menschentums, oder man kann den Krieg verurteilen als einen Unsinn, als eine Unklugheit, als einen Verstoß gegen die wohlberechtigten wirtschaftlichen Interessen der Völker. Die älteste Kampfart dem Kriege gegenüber ist die erste.

Die ältesten Pazifisten der Welt waren Propheten. Es waren Männer wie ein J e s s a i a, der mit feurigen Zungen von einer aurea aetas, die er allerdings jenseits aller irdischen Entwicklung liegen sah, wo man die Spieße und Schwerter zu Pflugscharen und Sicheln umschmieden wird, sprach. Solche Sendboten waren die ersten Geister aus Galiläa, die ihres Meisters Gedanken in die Welt trugen.

Und im Mittelalter war es der größte Prophet der damaligen Kirche, D a n t e, der in seiner divina commedia immer wieder den Gedanken ausspricht, eine Weltmonarchie sei ein Bollwerk des Weltfriedens, und in neuerer Zeit war es ein H e r d e r, der die Zeit herbeiwünschte, wo der Krieg ein Abscheu allen Menschen sei. An die Seite der Propheten treten die Philosophen. Denken Sie an den kategorischen Imperativ der Pflicht eines heiligen „Du sollst ankämpfen gegen den Krieg als eine sittliche Entartung oder vielmehr Unentwickeltheit des Menschengeschlechts".

Verehrte Damen und Herren! Es ist immer so, daß an der Wiege größerer Ideen zunächst die Glaubenden und die sittlich Fördernden stehen. Dann tritt mit der Zeit eine gewisse Ernüchterung ein. Die Idee sinkt aus den Wolkenhöhen auf den rauen Boden der Wirklichkeit herab. Da wird man aus politischen Betrachtungen zu juristischen und nationalökonomischen Erörterungen gezwungen. Da kommt die Kleinarbeit zu ihrem Rechte.

Vielleicht hat mancher in unserem Kreis jene historische Entwicklung des Friedensgedankens in eigener Seele durchgemacht. Von einer Welt jugendlich schwärmerischer Kriegsbegeisterung ist er mehr und mehr durch Zweifel, Bedenken, Widersprüche hindurchgegangen und hat die Wahrheit des Schiller-wortes erprobt: „Leicht bei einander wohnen die Gedanken, doch hart im Raume stoßen sich die Sachen", und kommt zu der Überzeugung, daß die Sachen möglichst nüchtern, möglich verstandesmäßig angefaßt werden.

Auf der einen der beiden Fronten steht ein Mann wie T o l s t o i , der vom Standpunkt des vornehmsten Pflichtgebotes des Menschen über alle Fragen der Politik erhaben hinspricht. Er zögert nicht zu sagen, daß, wenn ein Volk über das andere herfiele, auch die Notwehr unerlaubt sei, selbst wenn Volk und Individuum dadurch zerbräche, ja, wenn die Menschheit zugrunde ginge. Pereat mundus, wenn nur der Friede gewahrt bleibt.

Ich will gar nicht zunächst nachweisen, daß der Krieg ein Unrecht, ein Elend, ein Scheusal ist, sondern einfach unpraktisch. Denn er erreicht nicht das Ziel, das er erreichen soll. In der Friedensbewegung der Gegenwart, wird es, um ein Schlag-wort zu gebrauchen, idealistisch und realistisch Denkende geben.

Die Gegner unserer Bewegung wissen diesen Dualismus sehr fein auszunutzen. Sie machen es wie ein geschickter Feldherr, der, einen Keil zwischen zwei Trup-penkörper treibend, zunächst sich gegen den einen, dann gegen den anderen wendet. Zunächst wenden sie sich mit Vorliebe gegen die Ideologen, jene guten harmlosen Schwärmer und Verkenner der menschlichen Bestie, gegen jene Träumer und Bewohner von Wolkenkukuksheimen, die von Frieden der Welt reden. Ihnen wird man sagen: „Ihr kennt eben die Menschen nicht. Mögen hüben und drüben jenseits des Kanals noch so viele freundschaftliche Worte ausgetauscht werden, die realen Dinge sind stärker als eure schönen Reden. Solange England und Deutschland Konkurrenten auf dem Weltmarkt bleiben, werden sie schließlich zu der ultima ratio greifen und die Konkurrenz durch den Krieg austragen. Ihr Friedensfreunde werdet durch das Wort Utopist betört".

Auf der anderen Seite wird man sagen: „Ihr seht die Dinge flach und kalt an. Ihr seid gute Geschäftsleute, die aus diesem Grunde den Völkerfrieden wünschen, damit an der Börse keine Baisse eintritt. Ihr habt bloß ganz niedrige, egoistische Motive, die euch treiben". So sehen wir, wie die beiden Gruppen der Friedens-freunde gegeneinander ausgespielt werden. [...]

Wenn ich einmal zurückdenke an die grauesten, aller menschlichen Geschichte vorausgehenden Äonen, so sehe ich ein Gesetz unser Weltall durchwalten, das ich nicht das des Kampfes aller gegen alle nennen möchte. Nicht der Krieg ist der Vater aller Dinge. Sondern der Vater aller Dinge ist der Trieb zur Organisation. [...]

Ich sage weiter, daß die Menschen im rohesten Urzustande sich zu Stämmen zusammenschließen und sich immer weiter organisieren, weil sie gar nicht anders leben können als unter diesen Bedingungen, wie die Völker und Staaten zunächst durch Zäune und Gräben auseinander gerissen werden, sich als Gegner betrachteten, wie dann die großartige Entwicklung der neuzeitlichen Geschichte einsetzt, wie das Menschengeschlecht, das genus humanum immer mehr in das Licht der Erscheinung tritt, wie die Völker aneinander rücken, wie die ganze Physiognomie der Menschheit etwas Familienhaftes empfängt, wie der Erdball täglich zusammenschrumpft, wie die Entfernungen verschwinden, wie eine Geistesgemeinschaft eintritt, wie die Menschheit beinahe uns vorkommt wie ein Lesesaal eines großen internationalen Hotels, wo Zeitungen in allen Sprachen ausliegen, wo im Konversationsraume alle Zungen durcheinander klingen, und so allmählich jene Verbrüderung der Menschheit eintritt, von der jene alten Propheten redeten, die dieselbe in eine unausdenkliche Zukunft verlegten. Wir stehen gleichsam schon vor den Toren einer solchen Zeit. Wir werden erkennen, daß das, was wir in unserer Brust vorahnend fühlen, nichts anderes ist als das Gesetz der Welt. [...]

Wenn man nun etwa meinen könnte, es sei bei der heutigen Weltkonstellation klüger, daß man einmal die Gefühlsansicht von der Sache zurückstellen und die nüchterne, verstandesmäßige in den Vordergrund schieben möge, so würde ich das für sehr bedenklich halten. Ich bin nämlich überzeugt, und hierin unterscheide ich mich auch von manchen hervorragenden Führern der Bewegung, daß auch den Fürsprechern des Krieges, wenn nicht allen, so doch etlichen, ein gewisser Idealismus zuzuschreiben ist. Ich glaube, daß im Kriege nicht nur die Bestie zum Ausdruck kommt, sondern auch gewisse ideale Regungen des Menschenherzens sehr stark mitspielen. Etwas von dem Solidaritätsgefühl eines großen Volkes, etwas von dem großen Gedanken: „Du sollst deine kleinen persönlichen Interessen bis zur Hingabe deines Lebens opfern können für den großen Staat und den Volksorganismus". [...]

Aber wenn uns die Fürsprecher des Krieges mit einem wahren Triumph solche Beispiele vor Augen halten, wenn sie uns sagen: Ihr seid die Nüchternen, die nicht glauben wollen, daß ein Volk so große Taten tun kann, so, verehrte Anwesende, kommt es darauf an, daß wir den Mut haben zu sagen, wir erkennen durchaus an, daß auch in dieser Kriegsform, in der sogenannten Kriegsbegeisterung Idealismus steckt und stecken kann, daß jedoch jener Idealismus einer vergangenen Epoche angehört, daß diese Ethik im Verschwinden begriffen ist. [...]

Wenn [...] ein Marquis Posa vor König Philipp hintritt und von ihm Gedanken-
und Gewissensfreiheit fordert, wenn er auch sein Leben aufs Spiel setzt, mit dem
Wort auf der Zunge, dann haben wird das Gefühl, daß ein solcher Mensch ein
Kämpfer ist, wie wir ihn in diesen Tagen brauchen; das ist der Kriegsidealismus,
für den wir entflammen können.

Heutzutage gehört, wenn ich einmal pro domo sprechen darf, für den
Angehörigen meines Standes mehr Mut dazu, für den Frieden einzutreten, als für
den Krieg. Ich weiß nicht, ob die Ideale der Mannhaftigkeit, die uns vorschweben,
nicht doch die wahren Ideale der Kriegstüchtigkeit werden. Ich meine, nicht immer
verbindet sich mit jenem nur militärischen Mut auch der Mut der Überzeugung, der
Mut vor der Öffentlichkeit ungescheut die Wahrheit zu sagen.

Die Einsetzung der Persönlichkeit für eine große Idee, das ist für uns das Ideal
eines Helden, eines Kämpfers; und in solchem Sinne wollen wir unser deutsches
Volk, dieses im Grunde seines Herzens so friedfertige Volk aufrufen, mitzuhelfen,
einen Frontwechsel zu vollziehen, mit geistigen Waffen gegen den Krieg
anzukämpfen.

Walther Nithack-Stahn: Ist der Kampf gegen den Krieg eine ideale oder wirtschaftliche Notwendigkeit? In: V. Deutscher Friedenskongress am 26. und 27. Oktober 1912 in Berlin, 23-28. Hervorhebungen im Original.
Das Programm des Kongresses ist abgedruckt in Völker-Friede, 1912, 7. Ein Bericht über diese
Veranstaltung findet sich in Völker-Friede, 1912, 114f.

Die deutsch-britische Verständigung und der Anfang der Zeitschrift *Die Eiche*

Die Zweite Haager Friedenskonferenz von 1907 beflügelte einige christliche Gruppen in Deutschland und Großbritannien in ihrem Friedensengagement. Besonders gegenseitige Besuche, beginnend im Frühjahr 1908, sollten Vorurteile ab- und freundschaftliche Beziehungen aufbauen. Friedrich Siegmund-Schultze erhielt von seinem Patenonkel, dem Hofprediger Ernst von Dryander, direkt nach dem theologischen Examen den Auftrag, diese Reisen zu organisieren. Siegmund-Schultze wirkte bis zum Jahre 1914 als Sekretär des Vereinigten Kirchlichen Komitees zur Pflege freundschaftlicher Beziehungen zwischen Großbritannien und Deutschland.

Das Kirchliche Komitee zur Pflege freundschaftlicher Beziehungen zwischen Großbritannien und Deutschland versendet in diesen Tagen einen Aufruf zur Gewinnung neuer Freunde und Mitglieder für seine Bestrebungen. Danach haben in England für diese Sache bisher schon 2400 kirchliche Versammlungen stattgefunden, über 6000 Geistliche haben sich dort der Bewegung angeschlossen.

Auch in Deutschland, wo bis jetzt weit mehr als 3000 Geistliche dem Komitee beigetreten sind, geht die Arbeit rüstig voran. Die Ziele, um die es sich dabei handelt, sind die folgenden:

Man will „die in beiden Ländern erzielten Ergebnisse der Friedensarbeit sowie die Erfolge unseres englischen Schwesterkomitees in Deutschland bekannt machen;

Mißverständnisse und Mißdeutungen, die sich in englischen und deutschen Kirchenzeitungen finden oder sonst wie in kirchlichen Kreisen hervortreten, aufklären und bekämpfen;

durch Berichte und Schriften über kirchliche Fragen sowie theologische und soziale Anregungen das Verständnis für die Eigenart des religiösen Lebens in England fördern und das christliche Gemeingefühl beider Völker stärken;

durch Sendung von Delegierten zu den kirchlichen Versammlungen der britischen Kirche und durch Einladung englischer Kirchenmänner zu deutschen kirchlichen Versammlungen den Verkehr zwischen den Christen beider Länder beleben;

deutsche Theologen, die nach England gehen oder englische Studien treiben, einführen und beraten, und ebenso englische Theologen, die nach Deutschland kommen oder sich mit deutscher Theologie beschäftigen, in ihrem Bestreben fördern."

Die Friedens-Warte, 1911, 151

Im Januar 1913 erschien erstmals die Zeitschrift *Die Eiche*, die von Friedrich Siegmund-Schultze herausgegeben wurde. Der US-amerikanische Millionär und pazifistische Mäzen Andrew Carnegie unterstützte finanziell das Erscheinen der ersten Jahrgänge. In den ersten Jahren führte dieses Organ den aussagekräftigen Untertitel *Vierteljahresschrift zur Pflege freundschaftlicher Beziehungen zwischen Grossbritannien und Deutschland*. In dem ersten Beitrag erläutert der Herausgeber seine Position und die Intention der Zeitschrift, die bis 1933 publiziert und zur wichtigsten deutschsprachigen Zeitschrift im Bereich der internationalen Ökumene wurde.

Im alten deutschen Vaterlande mag es vorgekommen sein, daß die Aeste der Eiche zu Keulen umgeschnitzt wurden. Im neuen Deutschland fordert ein Dichter auf, die Kreuze in Schwerter zu wandeln. Aber wie im neuen Deutschland nicht ganz der Glaube an eine Zeit erstorben ist, da die Schwerter in Pflugscharen umgeschmiedet werden, so auch war im alten deutschen Lande die Eiche der Friedensbaum. Noch heute zeigt man in Westfalen, in der Heimat der Angeln und der Sachsen, der Briten und der Deutschen, die alten Friedenseichen.

Pflanzt neue Friedenseichen in allen deutschen Landen! Wir danken unsern Vorfahren ein geeintes deutsches Vaterland, die Stämme schlossen sich im Reich zusammen. Aber furchtbarer denn je zuvor hat sich eine Kluft aufgetan mitten im Volke. Klassenkampf ist die Parole im öffentlichen Leben. Die Stände kennen und verstehen sich nicht mehr. Haß regiert die Massen. – Pflanzt Friedenseichen!

Pflanzt Friedenseichen in allen deutschen Kirchen! Als 1908 die deutschen Kirchenmänner ihre Friedensarbeit nach England unternahmen, fanden sich Vertreter aller deutschen Kirchen und Richtungen zusammen. Im Jahre 1909 kamen im Zeichen der Eiche, die auf allen Programmen und Begrüßungen das Sinnbild war, die Vertreter der britischen Kirchen zu uns herüber. Pax mundi war die Devise 1908, Pacem et salutem 1909. Seit diesen Friedensfahrten ist aus dem Leben der deutschen Kirchen in manche Tageszeitungen nichts als nur die Kunde von Zank und Streit hinausgedrungen. Darf das so bleiben? – Pflanzt Friedenseichen!

Pflanzt Friedenseichen für die Kirche Christi in aller Welt! Nehmt die Schlagbäume weg und legt Straßen an! Am Zoll sitzen und Einlaß verwehren ist leicht, Steinquadern zum Straßenbau herbeischaffen ist schwer. Hört auf, Gräben zu ziehen, und baut Brücken! Dann werdet ihr euer Eisen nützlich anwenden.

Wie lange noch wird das tatsächliche Verhalten der Kirchen ein Hohn sein auf das Bekenntnis zur Gemeinschaft der Heiligen! Die religionsfeindlichen Mächte haben sich längst international organisiert; die Kirchen Christi kommen in ihrer Zwietracht zu keinem Zusammenschluß. Als in eine englische Großstadt eine evangelische Kirche gebaut werden sollte, erklärte sich die deutsche Kolonie dagegen: damit nicht der Streit unter die dortigen Deutschen getragen würde. Pflanzt Friedenseichen!

Und wo läge solche Friedensarbeit näher als zwischen den deutschen und den angelsächsischen Christen!

Pflanzt Friedenseichen auch am deutschen Meer! [...]

Wir pflegen nicht deshalb freundschaftliche Beziehungen zwischen Großbritannien und Deutschland, weil wir in der Politik dilettieren möchten, sondern weil wir das Reich Gottes bauen müssen.

Wir arbeiten für diese Freundschaft nicht, weil wir dadurch eine Allerweltsfreundschaft durchzusetzen meinen, sondern weil sich an ganz bestimmte Menschen Jesu Wort richtet: Ihr seid meine Freunde!

Wir arbeiten für die Stammesverwandtschaft nicht, weil wir für eine antinationale Völkerverbrüderung schwärmen, sondern weil, wer sagt er liebe Gott und haßt doch seinen Bruder, ein Lügner ist.

Wir verabscheuen ein Blutvergießen zwischen diesen beiden Völkern nicht deshalb, weil wir im 20. Jahrhundert kein Blut mehr sehen mögen, sondern weil wir allezeit das Blut vor Augen haben, das die Feindschaft der Welt versöhnen wollte.

Wir arbeiten für Frieden nicht, weil der ewige Friede jetzt kommen müsste, sondern weil das Feld unseres Herrn weiß zur Ernte ist und der Herr Arbeiter in seiner Ernte braucht.

Wir lieben den Frieden nicht deshalb, weil wir gern bequem und kampflos leben möchten, sondern weil die Friedensstifter Gottes Kinder heißen sollen.

Er, dessen Wiegenlied das „Friede auf Erden" war, damit sich diese Engelklänge allmählich den Menschen ins Herz singen sollten; Er, der nach seiner Verherrlichung die Seinen mit dem „Friede sei mit euch" grüßte, damit sie diesen Gruß als frohe Botschaft „allen Völkern" „in alle Welt" bringen sollten; Er, von dem die Jünger bekennen: „Er ist unser Friede"; Er, der als Friedefürst kam. – Er gehe unverfälscht durch die Geschichte, der König seiner Friedensboten!

Friedrich Siegmund-Schultze: Die Eiche. In: Die Eiche, 1913, 3-5
Vgl. ferner Friedrich Siegmund-Schultze: Die deutsch-englischen Beziehungen. In: Völker-Friede, 1913, 31f.

In einem Artikel, der ein halbes Jahr vor dem Beginn des Ersten Weltkrieges erschien, erläuterte Friedrich Siegmund-Schultze die wesentlichen Aspekte der deutsch-britischen Verständigungsarbeit.

Schon die eine unbestreitbare Tatsache sollte die ernsten gebildeten Kreise aus ihrer Zurückhaltung gegenüber einer deutsch-englischen Freundschaftsarbeit aufrütteln: die Tatsache, daß die H e t z e r auf beiden Seiten weiterarbeiten. Wer die deutsch-englischen Beziehungen genau verfolgt, beispielsweise durch einige Jahre die Stimmen der deutschen und der englischen Presse regelmäßig liest, wird sich nicht verheimlichen können, daß auf beiden Seiten gewisse finstere Gewalten zu einer Feindschaft hindrängen, die weder dem Patriotismus noch irgendwelchen Interessen des Volkswohls, sondern lediglich egoistischen Motiven entspringen. Wir stellen fest, daß fortwährend nicht nur im missgünstigen Ausland, sondern in Deutschland und England selbst, starke Kräfte und gewaltige Kapitalien in den Dienst einer deutsch-englischen Feindschaft gestellt werden. [...]

Und wie viel mehr die Menschen auf Streit aus sind als auf Freundschaft, wie viel stärker Kriegslärm in den Ohren k l i n g t als Friedensstille, wie vielmehr jede S e n s a t i o n auf die Massen wirkt als der Versuch alles zum Besten zu kehren, das kann man aus der Presse sehen, die um des Publikums willen von Streit, Lärm und Sensation leben muss. Es verbünden sich alle Triebe des alten Menschen und alle niedrigen Instinkte der Masse gegen eine stille, ernste, kraftvolle Friedensarbeit.

Die Freundschaftsarbeit der deutschen und britischen Kirchen, die nun bereits auf eine mehr als fünfjährige Geschichte zurückblicken kann, darf das Zeugnis für sich in Anspruch nehmen, daß sie nicht mit Sensationen und Resolutionen, sondern mit dem einfachen und stillen Werk der Vermittlung persönlicher und allgemeiner Bekanntschaft gearbeitet hat. So hat diese Tätigkeit weder mit unserm patriotischen Empfinden in Widerspruch treten können, noch irgendwelche Kreise der Politik gestört.

Wo eine Berührung derselben stattfand, hat eine sorgsame Fühlungnahme mit dem Auswärtigen Amt stattgefunden. Aber, wie gesagt, es handelte sich grundsätzlich nur um das stille Wirken von Menschen, die an die Bedeutung persönlicher Freundschaft und Bekanntschaft von Deutschen und Engländern für das Verhältnis der beiden Völker und die an die Wirkungskraft ungeheuchelter Bruderliebe und christlicher Gemeinschaft für das Verhältnis christlicher Völker zueinander glauben.

Die positiven Gründe für unsere deutsch-englische Friedensarbeit sind daher so zahlreich und weit wie die Beziehungen des Lebens überhaupt. Gibt es überhaupt Kulturwerte, die unseren beiden Völkern nicht gemeinsam wären? Und wenn es auch in erster Linie auf die idealen Güter ankommt, deren Sicherung uns nur dann möglich erscheint, wenn Deutsche und Engländer zusammengehen, so seien doch die anderen Gründe für ein deutsch-englisches Zusammengehen hier auch gestreift:

Sicherlich spielen materielle Erwägungen bei der internationalen Verständigung eine bedeutsame Rolle. Norman Angell hat diese Gründe in den Vordergrund gestellt und den Beweis versucht, daß Kriege zwischen Kulturvölkern für beide Seiten einen materiellen Schaden bringen, d. h. auch den Sieger schwer schädigen. Mehr als für andere Völker gilt das für Deutschland und England. England ist Deutschlands bester Abnehmer, Deutschland der beste Käufer englischer Waren in Europa. [...]

Mit einem Wort: für den Wohlstand unserer Völker und die nur durch finanzielle Aufwendungen lösbaren Aufgaben wäre ein deutsch-englischer Krieg ein namenloser Schaden. [...]

Nun besteht darüber wohl kein Zweifel, daß bis auf weiteres die Beziehungen zwischen Deutschland und Frankreich keine herzlichen werden können, wie auch, daß sich einer deutsch-russischen Freundschaft vorläufig große Schwierigkeiten in den Weg stellen. Unter diesen Umständen wäre es schon aus p o l i t i s c h e n Gründen dringend erwünscht, England nicht auf die Seite des Zweibundes zu drängen, wozu man von jener Seite so große Anstrengungen macht.

Aber hier sprechen noch stärker die Gründe der R a s s e . Die Angelsachsen sind ein deutscher Volksstamm, während Frankreich und Russland mit ihrer fast ausschließlich keltischen und slawischen Bevölkerung uns sicher ferner stehen. England ist das Land, das die germanische Kultur durch die ganze Welt getragen hat. [...]

Die Interessengemeinschaft, die sich in dem Leben der gebildeten Deutschen und Engländer am meisten durchgesetzt hat, ist die der Literatur. Wohl aus keiner Sprache des Auslands wird gegenwärtig so viel ins Deutsche übersetzt als aus der englischen; umgekehrt übersetzen die Engländer aus keiner Sprache mehr als aus der deutschen. [...]

Shakespeare ist seit Lessings Zeiten öfter ins Deutsche übertragen worden als irgend ein anderer Dichter; heute kann er geradezu als ein deutscher Dichter bezeichnet werden. Andererseits gehört Goethe zum innersten Bestand des englischen geistigen Lebens. [...]

Was für die schöne Literatur gilt, gilt zum großen Teil auch für die Wissenschaft. Die deutsche Philosophie ist innerhalb des letzten Jahrhunderts in Uebersetzungen und Erklärungen reichlich nach England übertragen worden. Im Mittelpunkte stand seit Beginn des vorigen Jahrhunderts Immanuel Kant. Nach ihm haben besonders Fichte, Hegel und Schopenhauer in England großes Interesse erregt. [...]

Aber viel stärker noch als die Fachphilosophen haben die großen Kulturpropheten Englands das deutsche Volk beeinflußt: vor allen anderen das Dreigestirn Carlyle, Kingsley, Ruskin. [...]

Die sozialen Einflüsse, die aus England nach Deutschland gekommen sind, sind größtenteils religiösen Quellen entsprungen; freilich so, daß Anregungen in der Armenpflege, im Gefängniswesen und in der Arbeiterwohlfahrt, die in England einen durchaus kirchlichen Charakter trugen, in „weltlicher Verantwortung" in Deutschland zur Einführung gekommen sind. [...]

Das ist die besondere Botschaft, die das kirchliche Freundschaftskomitee den Christen beider Länder verkündet: Lernt euch kennen, damit nicht nur irgend-welche hyperfrommen Strömungen „englischen Christentums" oder irgendwelche hyperkritischen Radikalismen „deutscher Theologie" hinüber und herüber getragen werden, sondern damit die Menschen sich ins Auge sehen und durch die unmittelbare Berührung der Herzen die Gemeinschaft des heiligen Geistes erleben.

Seit dem Besuch der deutschen Kirchenmänner in England sind Hunderte von Deutschen einzeln und in kleinen Gruppen hinübergegangen und haben den Vermittlern dankbar ausgesprochen, was sie drüben empfangen haben.

Und seit dem Besuch der britischen Kirchenmänner in Deutschland sind Hunderte von Engländern bei uns eingekehrt und haben ein richtigeres Bild des deutschen Christentums erhalten. Parlamentarier, Redakteure, Beamte, Geistliche, Lehrer, Jugendpfleger, Stadtmissionare, Arbeiter, Studenten, Schüler haben an diesem von uns vermittelten Austausch Anteil gehabt. Auch für das neue Jahr sind Studienreisen nach England in Aussicht genommen und englische Gruppen bei uns angemeldet. […]

Mit großer Freude können wir feststellen, daß nicht nur in Großbritannien selbst, sondern in dem ganzen Britischen Weltreich die Bewegung für eine energische Freundschaftsarbeit der deutschen und britischen Kirchen zunimmt. Ueber 14 000 Geistliche und einflußreiche Kirchenmänner gehören dieser Bewegung an, darunter die führenden Erzbischöfe, Bischöfe und Freikirchenführer sowie die einflußreichsten Minister und Parlamentarier des Reiches. […]

Friedrich Siegmund-Schultze: Warum wir unsere deutsch-britische Freundschaftsarbeit treiben. In: Die Eiche, 1914, 3-11. Hervorhebungen im Original.

Zu einem Bericht über eine Massenkundgebung für den Frieden anlässlich des Besuchs englischer Arbeiter und Angestellten in Berlin im Mai 1914 vgl. Völker-Friede, 1914, 92f.

Kulturwidrigkeiten: Krieg, Duell und Jagd als Vergnügen

Im Jahre 1913 publizierte Walther Nithack-Stahn gleich mehrere Schriften, so *Barbareien. Gedanken zur Gegenwart, Der Christ und der Völkerfriede* sowie *Völkerfriede? Ein Streit-Gespräch.* In der ersten Schrift beschäftigte sich der Friedenspfarrer mit den aus seiner Sicht wichtigen und problematischen „Kulturwidrigkeiten" oder „Barbareien": Krieg, Duell und Jagd als Vergnügen.

Die folgenden Blätter wollen eine Anklage sein. Nicht gegen einzelne Menschen, Stände oder Parteien, aber gegen Zustände, in die wir alle verflochten sind, für die jeder von uns, wissentlich oder unwissentlich, haftbar ist.

Barbaren hießen einst die Völker, die außerhalb des griechisch-römischen Kulturkreises lebten. Man empfand sie als Halbmenschen, deren rohe Sprache und Sitte dem Gebildeten unverständlich waren. Und so bezeichnet noch Barbarei das Gegenteil von Kultur. Niemand von uns ist imstande, die Sklaverei anders zu beurteilen, als daß sie eine Unsitte sei, zu der wir niemals zurückkehren könnten, ohne sittlich herabzukommen. Barbarisches flößt uns Abscheu ein. [...]

Aber die sittlichen Empfindungen der Völker verfeinern sich. „Vernunft wird Unsinn, Wohltat Plage". Das weiland Selbstverständliche wird widersinnig, unerträglich. Wir nennen das den Fortschritt der Kultur. Freilich ist dies ein Werturteil, über das sich streiten läßt. [...]

Aber mir scheint, von Zeit zu Zeit tut es not, auf gewisse Rückstände in unserer Kultur hinzuweisen, die mit deren Grundlagen unvereinbar, eine Gefahr für das Ganze bilden.

[...]

Was tun, wenn sich die nationalen Gegensätze drohend zuspitzen, wenn Volk und Volk sich nicht einigen können? Und die lösende Formel, auf die unzählige Kulturmenschen noch immer schwören, lautet: K r i e g !

Wer leugnet, daß es die Formel der Völkergeschichte gewesen ist, seitdem Sippen, Horden, Stämme sich den Platz an der Sonne streitig machten? Daß seit Urzeiten auf solche Art Reiche entstanden und Reiche vernichtet worden sind? Wer leugnet, daß es den naturhaften Trieben aller lebendigen Wesen gemäß ist, den Widersacher aus dem Wege zu räumen? Aber wer wagt zu behaupten, daß dies der Weg des R e c h t e s sei!

Ueberall, wo eine Rechtsordnung besteht, ist der Krieg aller gegen alle aufgehoben, ist das Faustrecht ein Verbrechen. Undenkbar ist es uns, daß ein Kulturvolk jemals den Landfrieden innerhalb seiner Grenzen aufhöbe, ohne in Barbarei zurückzusinken. [...]

Was aber für die innere Politik eines Kulturstaates selbstverständliche sittliche Norm ist, das wäre in der äußeren Politik außer Kraft? Mit anderen Worten: es gäbe zweierlei Moral, eine für die Individuen, eine andere für die Völker, dort Recht, hier Gewalt? Wer das behauptet – und es gehört einige Kühnheit dazu, die an sich anzuerkennen wäre – der stellt sich offenermaßen außerhalb der sittlichen Gedankenwelt, die sich die Menschheit in einer Geschichte von Jahrzehntausenden errungen hat. Er ist ein Barbar, er sei auch, wer er sei. Denn eine Moral, die nur mit Einschränkungen gilt, hat Wert und Würde verloren. Der bekannte Wahlspruch: „Sei's recht oder unrecht – es gilt mein Vaterland" macht keinen Hehl daraus, daß er unsittlich ist. [...]

Ja, und ihr Verfechter des Krieges spornt denn nur e r zu jenen Tugenden des Gemeinsinnes, der tapferen Selbsthingabe, die ihr ihm nachrühmt? Gibt der Friede dazu nicht Grund noch Gelegenheit? Wehe den Völkern, wenn es nicht so wäre! Da Krieg nur ein Ausnahmezustand ist, so wären die normalen Zeiten des Friedens eine dauernde Gefahr für das Volksleben. Denn wie lange hält die nationale Kriegsbegeisterung vor? Schnell verweht sie, sobald die Waffen ruhn.

Dann gilt es, daß die Bürger die Tugenden entfalten, die das friedliche Gedeihen des Staates erfordert. Dann sollen Künste und Wissenschaften blühen, denen die Furie des Krieges zuwider ist. Dann soll die Kulturarbeit geleistet werden, die der Völker höchste Pflicht und alleinige Daseinsberechtigung ausmacht.

Freilich hat man die meisten von uns in den Schulen einen anderen Begriff von „Weltgeschichte" gelehrt. Dem Kinde schon wird der Eindruck erweckt, als seien die Jahrtausende der Menschheit vornehmlich erfüllt von Krieg und Kriegsgeschrei: Schlachten und Friedensschlüsse und wieder Kriegserklärungen, Erbstreite und Länderverteilungen, Zwistigkeiten unter den Mächtigen der Erde, die vor allem ständen mit großen Lettern in den Büchern der Geschichte.

Aber jeder Gebildete von heute weiß, daß die Menschengeschichte eine Entwicklung des Geisteslebens ist, die von den Erschütterungen physischer Kämpfe wohl unterbrochen, aber nicht gefördert worden ist, so wie in der Naturgeschichte der Erde die gewaltsamen Umwälzungen den Aufstieg des Lebens wohl geknickt und verschoben, aber nicht verursacht haben.

Nein, das innerliche Leben eines Volkes, sein Bestes erwächst im Frieden. Seine sittliche Kraft bewährt sich nicht in kriegerischem Geiste, der auch kulturlosen Wilden – und denen besonders – eigen ist. Nicht Roß, nicht Reisige: unbestechliche Beamte, gewissenhafte Arbeiter, gerechte Richter, wahrheitsliebende Forscher, ehrliche Kaufleute, treue Hausväter und -mütter, sozial gesinnte Stände, das sind die starken Säulen, auf denen der Bau eines gesitteten Staatswesens ruht. Sind d i e morsch oder erschüttert, dann kann der Sturm des Krieges sie nicht festigen – im Gegenteil, er führt zum Zusammenbruch. [...]

So bleibt denn den Fürsprechern des Krieges am Ende nichts übrig, als ihn – zu entschuldigen. Ein „notwendiges Uebel" soll er sein. Aber dieser Begriff ist sittlich anfechtbar. Wohl gibt es Uebel in der Welt, die als unvermeidlich hingenommen werden müssen. Das sind die höheren Gewalten der Natur, denen Menschenkraft nicht gewachsen ist. [...] Notwendige Uebel mag man auch Erdbeben, vernichtende Unwetter, mörderische Seuchen nennen, sofern wir manchen dieser Feindseligkeiten noch immer wehrlos gegenüberstehen. Aber verhält sich der Mensch denn tatenlos gegen sie? Legt er fatalistisch die Hände in den Schoß? Baut er nicht Erdbebenwarten, Blitzableiter, Talsperren, Krankenhäuser, Gesundheitsämter? Ist nicht alle menschliche Kulturarbeit schließlich ein Kampf gegen diese Uebel? [...]

Allerdings spukt in vielen Köpfen auch noch der Gedanke, daß Krieg eine „göttliche Weltordnung" sei. Unter allen Absurditäten in dieser Sache die absurdeste. Und Geistliche aller christlichen Bekenntnisse, einige Sekten rühmlich ausgenommen, sorgen noch immer dafür, daß diese Irrlehre nicht ausstirbt. [...]

Gewiß, reich ist der Weltlauf an Sünden, die täglich zum Himmel schreien. Und der Gottgläubige steht immer wieder vor der dunklen Frage, warum eine ewige Weisheit sich selbst zu widersprechen scheint, indem sie das Böse wie das Gute will. Nun wohl, rechne man das zu den göttlichen Erziehungsmitteln, die das Menschengeschlecht in stetem Kampfe mit sich selbst vorwärts treiben. Aber welcher Fromme wagt, einen Mord zu entschuldigen, weil ihn Gott zugelassen habe? So lasse man endlich den Christengott aus dem Spiel, wenn die Kanonen donnern! [...]

Es ist unsittlich zu sagen, daß der Einzelne wohl Pflichten gegen sein Volk, aber die Völker nicht dieselben Pflichten gegeneinander hätten. Irgendein Volk, es sei das mächtigste und höchstgebildete, zum Selbstzweck machen, das heißt, die Tatsache unterschlagen, daß auch ein Volk nur ein Glied am Körper der Menschheit ist, dessen Lebensgesetz lautet: nicht sich dienen zu lassen, sondern zu dienen. Darum ist Gewaltrecht unter den Völkern Barbarei. [...]

Immer mächtiger setzt sich der sittliche Gedanke durch, daß der dauernde Kriegszustand aller Völker eine B a r b a r e i ist, ein Rückstand aus überwundenen Kulturepochen. Noch niemals in der Weltgeschichte ist der Krieg so wie heute den sittlich Denkenden zum P r o b l e m geworden. Man kann über dessen rechtliche Lösung streiten, man soll es. Aber niemals wieder wird das Problem aus den Seelen der Völker verschwinden – bis es gelöst ist. Und wo entschlossener Wille ist, da ist ein Weg.

Vorüber sind die Zeiten, wo die unablässigen Versicherungen aller Staatsoberhäupter und Regierungen, daß sie den Frieden und nur den Frieden wollen, daß aber eben darum unablässig zum Kriege gerüstet werden müsse, das sittliche

Denken befriedigte. Dieser unheilvolle Kreisschluß wird gesprengt durch die neue Völkermoral, die sieghaft emporsteigt. Es hieße, an aller Weltvernunft, allem Menschheitsglauben, aller Religion verzweifeln, dächte man sich die Barbarei des Krieges verewigt. Sittliche Ideen können durch Selbstsucht, Heuchelei, Begriffsverwirrungen aufgehalten werden – aber sie siegen. Denn sie sind die Naturgesetze der Geisteswelt, die sich erfüllen müssen, kraft der höheren Weltordnung, an die wir glauben. […]

Es bedarf nicht vieler Worte, um dem, der den Zweikampf der Völker als barbarisch erkennt, auch die Barbarei des Duells zu beweisen. Aber selbst den Kriegsgläubigen sollte die Unsittlichkeit des persönlichen Gewaltrechtes einleuchten. Denn dieses durchbricht eine vorhandene Rechtsordnung, die beide Kontrahenten, Bürger eines Staates, bindet. Allerdings nur in einigen Kulturländern – nur solchen! – besteht das Duell. England, Dänemark, Schweden, Holland kennen es nicht mehr. Und es ist überall nur Sitte einer kleinen Minderheit im Volke. Und überall ist es gesetzlich verboten und strafbar.

Man könnte es also als eine Geringfügigkeit übergehen, wären nicht die Kreise, in denen der Zweikampf gilt, die heute gesellschaftlich führenden, im Staate mächtigsten; wären nicht die Strafen, die die vorsätzliche Tötung eines Menschen im Zweikampf treffen, auffallend milde; würden sie nicht vielfach vom Staatsoberhaupte im Gnadenwege nahezu erlassen. Lautete nicht das sittliche Urteil jener Gesellschaftsklassen über ihre Mitglieder so, daß, wer von ihnen den Zweikampf grundsätzlich ausschlägt, geächtet wird, das heißt: es ist unter Umständen moralische Pflicht, die Staatsgesetze zu übertreten. […]

Aber sei denn auch todverachtender Mannesmut auf beiden Seiten – welch eine Logik, daß durch ihn eine vorherige Schändlichkeit ausgelöscht werden könnte!

Nehmen wir das letzte Ziel eines Duells als erreicht an: einer der beiden fällt. Ist es der Schuldige, wie hätte er seine Untat gesühnt, da ein Zufall ihn niederstreckte, während er den anderen zu töten gewillt war! Fällt gar der Unschuldige, so triumphiert das Unrecht vollends! Mörder sind beide, da der Wille zu töten beide beseelte. […]

Wie atavistisch die Gefühlswelt des Duells ist, beweisen auch seine Beweggründe. Nach den Erklärungen des preußischen Kriegsministers im Deutschen Reichstage 1913 über die Offiziersduelle der letzten Jahre handelte es sich bei fast einem Drittel dieser Fälle um unerlaubten Verkehr mit Frauen; in Wahrheit dürfte das Cherchez la femme noch häufiger berechtigt sein.

Was für eine Anschauung von der Frauenpersönlichkeit liegt hier zugrunde! Also die Ehre fordert, daß der Mann mit einem Schurken, der seiner Frau oder Schwester freventlich nahetritt, bis aufs Blut kämpft? Ja, ist denn die Frau des zwanzigsten Jahrhunderts nicht ein selbständiger Mensch? Ist sie dem unmündigen

Kinde gleich, das eines Beschützers bedarf? Ist sie nicht Manns genug, wenn es sich lohnt, den Beleidiger selbst zu strafen oder strafen zu lassen? –

Oder die Ehre des Mannes verlangt, daß er den Nebenbuhler, der seine Frau verführte, zu tödlichem Waffengange herausfordert? Ja, ist denn die Frau des Mannes Eigentum, das ein Fremder ihm stehlen kann? Ist sie ein willenloses Wesen, das eben verführt wird? Sind Ehegatten wie die Hirsche im Walde, die um den Besitz ihrer Weibchen brünstig streiten, diese nur Zuschauerinnen des blutigen Spiels ihrer Gebieter? Wahrhaftig, die sittliche Selbsteinschätzung der heutigen Frau sollte sie solche „Ritterdienste" verschmähen lassen! Sie sollte sich dafür bedanken, das Objekt eines „Ehrenhandels" zu sein.

Natürlich, auch das Duell hat seine Fürsprecher, die […] es für „ein notwendiges Uebel in dieser unvollkommenen Welt" erklären.

Diese Unvollkommenheit ist ohne Zweifel in der Gesetzgebung vorhanden, die noch immer Ehrenkränkungen im Vergleich zu Eigentumsvergehen viel zu milde ahndet. Hier kann auch der Schein getilgt werden, als bliebe einem Beleidigten nur die Selbsthilfe übrig, da das Recht seine Ehre zu wenig schütze. Wie schnell aber würde das Ehrgefühl jener bevorzugten Stände sich wandeln, wen überall die ersten Diener des Staates, wie Friedrich der Große getan, die Duellsitte offen und entschieden als Unsitte abschüttelten.

Auch die Kirchen sollten ernsthafter ihres Amtes walten, statt [sich] vornehmlich um Glaubensfragen zu sorgen, die sittlichen Grundsätze ihrer Religion vertreten. So wenig das in Sachen des Krieges geschieht, so zaghaft auch in der Duellfrage. Zielbewußt beweist sich hier die katholische Kirche, die den Zweikampf mit Exkommunikation bedroht, auf deren Boden die Antiduell-Liga entstanden ist; kleinmütiger auch hier die evangelische Kirche. Führte sie rücksichtslos den Kampf gegen die Barbarei des Duells, wie wäre es möglich, daß bis in neueste Zeit Duellanten sich an Geistliche wendeten mit dem Wunsche, vor dem Waffengange das – Abendmahl zu empfangen! […]

Nun gar der Massenmord der großen Jagden! Eingelapptes Hochwild, das in dichten Scharen an den Gewehrläufen vorbeigetrieben wird; das Kesseltreiben der Hasenjagden, bei denen die zuckenden Leiber der wehrlosen Geschöpfe sich zu Hügeln anhäufen; Fuchshetzen und Saujagden, wo die geängsteten Opfer stundenlang um ihr Leben ringen müssen, bis etwa ein bevorzugter Jäger eigenhändig dem Keiler den erlösenden Todesstoß gibt; Tausende von Fasanen, auf engem Raum zusammengepfercht, um sie bequem Schuß um Schuß herunterholen zu können – wer nannte es doch Distanzschlächterei? Und wenn das fröhliche Halali geblasen, wenn das Heer der Toten zur Strecke geordnet und besichtigt worden ist, krönt dieses seltsame Vergnügen ein fröhliches Gelage. –

Warum verabscheuen wir eigentlich spanische Stierkämpfe? Warum entrüsten wir uns über italienischen Singvögelmord? Warum gründen wir Tierschutzvereine und fordern Bestrafung des Kutschers, der sein abgetriebenes Pferd misshandelt? Sage ich, daß alle Jagdliebhaber gefühlsroh seien? Keineswegs. Wer wüßte nicht Beispiele von hochgebildeten und feinfühligen Männern, die für das Weidwerk schwärmen. Und Frauen, die sich vor unfeinem Wort entsetzen würden, stoßen sich an dieser Brutalität so wenig, daß sie Hetzjagden mitreiten.

Es ist eben wie bei Krieg und Duell: aus den dunklen Tiefen menschlichen Trieblebens ragen in eine höher gestimmte sittliche Gefühlswelt Reste einer niederen hinein und erzeugen die wunderlichsten Kontraste. [...]

Die Zähigkeit, mit der die Jagdbarbarei sich aus primitivem Menschentume bis heute erhalten hat, erklärt sich besonders daraus, daß sie – von den Berufsjägern abgesehen, deren Berechtigung auf absehbare Zeit nicht bestritten wird – seit alters eine vornehme Passion ist, ein Zeitvertreib für die begüterten Stände. Daher die Schonung des Wild[be]standes in einem Maße, das durch Rücksichten auf die Volksernährung nicht begründet ist.

Und wieder fällt unser Blick auf die christlichen Kirchen. Zwar die Zeiten sind vorüber, wo geistliche Herren hoch zu Roß den Ur und den Elch verfolgten, man würde es allgemein nicht für schicklich halten, wenn beamtete Diener der Kirche der Jägerei frönten.

Jedoch, was tun die berufenen Pfleger des Christentums gegen das Jagdvergnügen? Denn daß es der Religion widerspricht, ist klar. Wohl enthält die Lehre Christi nicht wie die des Buddha ein ausdrückliches Gebot, die Tiere schonend zu behandeln. Aber ist es dem Geiste dessen gemäß, der auch die Vögel des Himmels wie die Lilien des Feldes der liebenden Fürsorge des ewigen Vaters unterstellte, daß der Mensch die Mitgeschöpfe Gottes zu seinem Behagen niederstreckt und in den Tod hetzt? Der fromme Franz von Assisi, der alles, was ringsum lebt und webt, seine Brüder und Schwestern nannte, wußte es besser.

Krieg, Duell, Jagd – ein eigener Zauber umspielt diese drei. [...] Aber selbst reife Menschen von durchgearbeiteter Weltanschauung stellen uns, die wir jene drei bekämpfen, zornig zur Rede: Was wollt ihr eigentlich? Alles Mannhafte, Stolze, Kühne lästert ihr. [...]

Die Fragen, von denen wir handelten, sind längst entschieden. Wir, die Kulturmenschheit, können nicht mehr zurück zu einer Stufe der Gesittung, auf der es selbstverständlich zur Lust hinschlachtete. Die Ethik ist da, die dies alles ausschließt.

Walther Nithack-Stahn: Barbareien. Gedanken zur Gegenwart. Berlin 1913. 7, 9, 12f., 16-20, 22-24, 27, 29f., 34-38. Hervorhebungen im Original.
Die Kapitel „Wie man wohltut" und „Totenpflege" bleiben unberücksichtigt.

Seine Kritik am Krieg untermauerte Nithack-Stahn in einer gedruckten Predigt, die ebenfalls 1913 erschien.

„Du sollst nicht töten!" Kurz und klar wie ein Glockenschlag hallt das alte Gebot. Urmenschlich, unwiderstehlich verkündet es des Menschenlebens Unantastbarkeit. Denn das ist das Erste und das Letzte, was auch der Elendeste besitzt, ein schlechthin unersetzliches Gut. Heilig sei es dir, der du in menschlicher Gemeinschaft leben willst, an dir wie am anderen! [...]

Dennoch – wir wissen es alle – es gibt einen Fall, in dem auch unter den christlich erzogenen Völkern bis heute das Recht, ja, die Pflicht gilt, Hunderttausende in den Tod zu schicken und mit tödlichen Waffen zu rüsten: das ist d e r K r i e g.

Und man führt ihn nicht etwa in der Stimmung, daß er nur eine Angelegenheit des Staates oder ein Kampf um die Macht oder ein Spiel der Waffen sei, sondern man erachtet ihn als eine s i t t l i c h e Forderung, die höchste, die an ein Volk ergehen kann. Man gibt ihm r e l i g i ö s e Weihe: „Mit Gott"! so schwebt es dem Heere voran.

Hier erscheint vor uns Christen die schwere Frage: Ist es Gottes Wille, der aus dem alten Gebote spricht: „Du sollst nicht töten", – wie kann derselbe Gott die Waffen des Krieges segnen? Es mögen manche unter uns denken: Solche Erörterungen gehören uns nicht in den Gottesdienst. Hier wollen wir uns erbauen, das heißt, das Gemüt zu Gott erheben, aber die Händel dieser Welt beiseite lassen. Aber wie könnten wir das, wenn wir den Glauben ernst nehmen? Sollen wir ihn einschließen in Kirchenmauern, ihn zur Privatsache für stille Stunden machen, oder soll das Christentum der Sauerteig sein, der die Welt durchdringt? [...]

Große, tiefdenkende Menschen, ernste Sittenprediger, fromme Christen treten in langer Reihe als Fürsprecher des Krieges auf. Zwar, „ein furchtbar Schrecknis ist der Krieg" – das geben sie alle zu. Wie eine Himmelsplage, eine Gottesgeißel fährt er über die Völker hin, richtet unsägliches Elend an, vernichtet Unschuldige mit den Schuldigen. Und doch sei er g u t.

[...]

Mit beredten Worten schildert man die gefährlichen Wirkungen langer Friedenszeiten: das Volk verweichlicht, zumal nach einem glücklichen Kriege. Ueppigkeit, Sinnengenuß schießen geil empor. [...]

Erlöst uns denn nur der K r i e g von dem faulen Frieden, der des Menschen Seele in eitler Selbstliebe erstickt? Gibt es nicht auch in Friedenszeiten täglich tausendfältigen Anlaß, das eigene Wohl für große Ziele hinzugeben? [...]

Nein, es liegt nicht an Jahren der Waffenruhe, es liegt an u n s, wenn wir uns feige, selbstisch zurückziehen von dem Heroismus, den das Leben um uns her tagtäglich von uns fordert, und der mit seinen kleinen, unablässigen Dornenstichen am Ende größere Seelenkraft verlangt, als das kurze Würfelspiel der Schlacht. [...] N o t w e n d i g wäre der Kampf der Völker? Ja, es ist wahr: Kampf muß sein. Er ist der Nerv alles Lebens. [...] Aber – was heißt denn: kämpfen? Gibt es nicht auch einen f r i e d l i c h e n Wettstreit? Herrscht nicht mitten in unserem Volke ein wirtschaftlicher Kampf, der unblutig ausgefochten muß? Der gewiß auch seine Härten und Grausamkeiten hat, die aber durch soziale Arbeit schrittweise abgestellt werden können. [...]

Aber da wir doch nicht nur Christen sind, sondern auch Kinder eines Volkes sind, das rings von waffenstarrenden Nachbarn umgeben ist – w a s s o l l e n w i r s c h l i e ß l i c h t u n?

[...] So wie wir uns nicht besinnen würden, einen Hausfriedensbrecher, der uns und die Unseren überfiele, gewaltsam abzuwehren, so wenig dürften wir uns dem Gebot entziehen, dem Volke, das uns hegt und trägt, zu Hilfe zu kommen, wenn es frevelhaft angegriffen würde. [...]

Trotz alledem können wir uns nicht bei dem Kriegszustande der Völker nicht beruhigen. Es geht nicht an, daß wir uns unter die Tatsache dieses Uebels beugen, wie unter ein unvermeidliches Geschick. Es wäre auch unerlaubte Trägheit, wollten wir die Sorge um diese große, sittliche Sache den Obrigkeiten allein zuwälzen. Als Christen wie als Bürger der Neuzeit fühlen wir uns mitverantwortlich für alles, was in unserem Volke und mit ihm geschieht. Glauben wir an den Gott, der seine Menschenkinder zum Frieden und nicht zum Hasse berufen hat, so müssen wir auch glauben, daß der Krieg von der Erde verschwinden soll. So müssen wir auch dazu mithelfen. –

Und wäre dieses Ziel denn so unerreichbar? Einst stand Mensch dem Menschen bewaffnet gegenüber, ein Krieg aller gegen alle, in dem der Starke den Schwachen unterjochte. Aber die Völker schufen sich ein Recht, das den Streit der Einzelnen schlichtet und Uebergriffen wehrt. Warum sollten nicht auch die Völker der Erde sich ein Schiedsgericht schaffen können, dem sich ein jedes fügen muß, weil es alle wollen? Ist nicht der Anfang dazu schon gemacht? Wunderbar nahe sind sich seit hundert Jahren die Völker gerückt. Im Weltverkehr, im geistigen Austausch, in gegenseitigem Verständnis. Sollte diese Entwicklung nicht weiter gehen? Und das wäre nicht in der Absicht dessen, der alles regiert, und den man so oft zum Schirmherrn des Krieges aufrief? Werfen wir Christen für diesen Fortschritt unsere Stimmen in die Waagschale!

Freilich, um einen G l a u b e n handelt es sich hier. Alles Hohe und Große muß am Ende geglaubt werden. Und der Glaube an den Völkerfrieden hängt aufs tiefste zusammen mit dem, was Jesus Christus wollte. In der Offenbarung des Johannes erscheinen dem Seher vier gespenstische Reiter, die über die Erde hin brausen, verderbenbringend. Der eine davon, auf blutrotem Rosse, trägt das Schwert. Aber hinter diesem Bilde des Schreckens leuchtet eine selige Zukunft auf.

Das ist die erhabene Hoffnung, die schon Jesaja schaute: „Die Völker werden ihre Schwerter zu Pflugscharen machen und ihre Spieße zu Sicheln! Denn es wird kein Volk hinfort wider das andere ein Schwert aufheben ...“ Das ist das Ziel, an das wir Christen glauben müssen, das uns Arbeit und Pflicht bedeutet, nach dem wir trachten in jedem Vaterunser, wenn wir mit Wahrheit beten: „Dein Reich komme!“

Walther Nithack-Stahn: Der Christ und der Völkerfriede. Stuttgart 1913. 3-7, 9-11. Hervorhebungen im Original.

Publizistisch sehr produktiv gestaltete sich für Nithack-Stahn das Jahr 1913, denn es erschien noch eine weitere Schrift. Der Charlottenburger Friedenspfarrer bediente sich hierbei eines pädagogisch geschickten Tricks, in dem er seine Gedanken in Form eines Dialogs zwischen zwei fiktiven Rollen A und B darstellt. Nithack-Stahn nimmt dabei die Rolle von B ein. Dieses Streitgespräch ist eine gelungene und originelle Mischung aus der pazifistischen Belletristik sowie den fachlichen Veröffentlichungen des Pfarrers zur Friedensthematik.

A. Welch ein bewunderungswürdiges Werk! Tritt hier an den Rand des Felsens – vorsichtig, er ist morsch – siehst du die mächtige Quadermauer, die man da weit ins Meer hinausschiebt? Der neue Torpedohafen.

B. Ja, ich bin überrascht, die stille Schönheit dieser Insel so entstellt zu finden. Denn ist es nicht Entstellung, dieser rauchende Waffenplatz, diese Kasernen und in den Boden gegrabenen Panzertürme? Fast möchte ich einen alten Weheruf wiederholen von einem Bethause, das man in eine Mördergrube verwandelte.

A. Gefühlvolle Uebertreibung. Wir mussten diesen Stützpunkt unserer Seemacht haben. Dazu erwarten wir ihn ja von England.

B. Um ein Bollwerk gegen England daraus zu machen.

A. Natürlich.

B. Ich finde das keineswegs „natürlich“. Oder vielmehr: ich finde, daß es endlich an der Zeit wäre, über diesen Naturzustand zwischen den Völkern hinauszukommen.

[…]

B. […] Oder wollen die „Völker“ Krieg? Man veranstalte doch einmal Volksabstimmungen! Man lasse französische Bauern, englische Fabrikarbeiter, russische Tagelöhner, deutsche Bürger und Gelehrte sich dazu äußern! Und es wird klar werden, was sich unter allgemeinem Gerede in der Oeffentlichkeit so leicht verbirgt: daß nur verschwindend kleine Kreise: ehrgeizige Politiker, interessierte Geschäftsleute, etliche – längst nicht alle – Berufssoldaten Kriegsneigungen verspüren – wobei noch fraglich ist, ob diese Leute dabei den Wunsch haben, vor allem ihre eigene Haut zu Markte zu tragen.

Es ist der demokratische Zug unserer Zeit, der sich gegen den Krieg wendet; derselbe, von dem der große K a n t schon 1795 schrieb, daß er allein imstande sein würde, den „ewigen Frieden" heraufzuführen. Die Kulturvölker hören eben auf, Herden zu sein, die ein höherer Wille oder der einer herrschenden Klasse urteilslos gegen eine andere Volksherde treibt.

[…]

Dazu kommt die steigende Furchtbarkeit der Kriegsmittel. Trotz der humaneren Kriegsführung von heute, trotz aller Milderungen durch die Genfer Konvention sorgt die erfinderische Technik für immer verheerendere Waffen der Vernichtung.

Die schaurigen Bilder aus dem russisch-japanischen Kriege haben uns gezeigt, was Seeminen, Stacheldrähte, Handgranaten, Riesengeschütze mit Menschenleibern und -seelen für ein höllisches Spiel treiben. Dazu die immer größere Unpersönlichkeit eines Fernkampfes, bei dem der Gegner aus einem lebendigen Einzelwesen zu einem kaum sichtbaren Objekt für die Zielkunst herabsinkt.

Und was uns das Jahrhundert der Luftschiffahrt – viele betrachten sie ja nur unter dem Gesichtspunkte des Kriegsmittels – an weiteren „Fortschritten" auf diesem Gebiete in Aussicht stellt, macht den Krieg, schon vor seinem Ausbruche, immer mehr zu einer nervenzerrüttenden Größe. Ja, wenn sich die Schnelligkeit und zerstörende Wucht, mit der die Völker übereinander herfallen, in den Kriegen der Zukunft ins Unabsehbare steigern kann: so könnte man sich von solchem Riesenduell in tausend Jahren die Vorstellung machen, daß dasjenige Volk siegen werde, dessen Führer zuerst, auf irgend einen Leitungsknopf drückend, die feindlichen Stellungen in Atome zersprengte.

Und um solche Kriege zu führen, muß ein friedliebendes Volk unablässig von dem Ertrage seiner Arbeit abzahlen. War es nicht Friedrich der Große, der sagte: zum Kriege gehöre G e l d und immer wieder Geld? Aber was würde er heute sagen, wo nicht angeworbene Truppen, sondern Millionenvölker gegeneinander ziehen? Wo nicht der Krieg selbst, sondern der chronische Kriegszustand in der ganzen Kulturwelt die ungeheuren Rüstungen unablässig steigern muß, da jede Belastung der einen Waagschale den Nebenbuhler auf der anderen Seite nötigt, das Gleichgewicht, wenn möglich das Uebergewicht herzustellen?

Ja, diese immer schwerer werdende Rüstung wird an sich zur Kriegsgefahr, da sie den Ausbruch des Kampfes als die Befreiung von unerträglichem finanziellen Druck erscheinen läßt. Das deutsche Reich hat im Jahre 1910 für Heer und Marine 1241 Millionen Mark ausgegeben. – […]

A. Es widerstrebt mir eigentlich, noch einmal die Geldfrage des Krieges zu berühren. Denn wo es sich um ein so ideales Gut wie um das Leben eines Volkes handelt, sollte diese Frage die letzte sein. Aber ich muß dich doch darauf hinweisen, daß die Kriegsrüstungen auch „ernähren". Wie viel technische Berufe, wie viel Handwerke und Arbeitermassen leben von diesem Waffenschmieden! Welchen Sporn gibt es dem Wetteifer der Industrie! Denke an Krupp!

B. Eine bedenkliche Begründung. Denn damit, daß ein Unternehmen Geld einbringt, ist es nicht gerechtfertigt. Auch die Spielbank von Monako ist für das kleine Land eine nahrhafte Einnahmequelle. –

Indessen die finanziellen Erwägungen in Sachen des Krieges sind so weitreichend und ernsthaft, daß zwei Menschen wie wir, die „vernünftig" darüber reden wollen, sie nicht übergehen dürfen. Ich wage die Behauptung, daß aus Gründen des Geldes ein Krieg zwischen den heutigen Kulturstaaten mehr und mehr zur Unmöglichkeit wird.

In einem vielgelesenen Buche „Die große Täuschung" hat jüngst der Engländer Norman Angell, k e i n Mitglied oder Freund der Friedensgesellschaften, folgendes auseinandergesetzt: Die wirtschaftliche Abhängigkeit der Kulturstaaten voneinander hat sich seit den letzten Menschenaltern dermaßen entwickelt, daß ein Krieg zwischen ihnen in jedem Falle und auf beiden Seiten ein Unding geworden ist. Denn jeder Staat ist in steigendem Maße jedes anderen Staates Gläubiger und Schuldner zugleich. Daher ist die Annahme, die vor dem Zeitalter der modernen internationalen Geldwirtschaft berechtigt war, daß der Krieg der siegenden Partei einen materiellen Gewinn bringe, hinfällig geworden. Ja, was wird denn durch den Krieg erreicht?

Eroberungen bereichern das siegende Volk nicht, so wenig sie das unterlegene ärmer machen. Die wirtschaftliche Macht eines heutigen Staates beruht auf seinem Kredite auf dem Weltmarkte. Dieser aber gerät durch militärische Erfolge oder Niederlagen wohl zeitweilig ins Schwanken, wird aber keineswegs dadurch dauernd beeinflusst. Denn er gründet sich allein auf die produktive Arbeit des Volkes.

Ist Frankreich seit dem Kriege 1870/71 wirtschaftlich schwächer? Haben die fünf Milliarden Kriegssteuer das deutsche Nationalvermögen gestärkt? Und was soll ein siegender Staat tun, um den Gegner nachhaltig zu schädigen? Würde ein siegreiches England unsern deutschen Handel vernichten können? Sobald der Friede geschlossen, die blockierten Häfen freigegeben wären, würde die deutsche Flagge auf allen Meeren von neuem wehen.

Oder wenn ein sieghaftes Deutschland London eroberte und das Barvermögen der Bank von England in Beschlag nähme: wie lange würde es dauern, bis der Kurs der englischen Papiere auf derselben Höhe stände wie vordem? Geld ist ja nur ein

Tauschmittel, und was nützt es dem Geldbesitzer, wenn er keine kauf- und verkauf-kräftigen Nachbarn hat, mit denen er tauschen kann?

Man könnte einwenden, es gäbe noch radikalere Mittel, einen besiegten Staat zu zermürben.

Der Sieger kann ihn einverleiben. Aber das ist wohl möglich, wenn ein großes Land ein kleines, das geographisch, wirtschaftlich und national zu ihm gehört, sich angliedert, wie es Preußen 1866 getan. Indessen große Kulturstaaten, wie sie heute nur noch in Europa bestehen, sollten einen anderen konfiszieren? Das könnte nur mit Zustimmung aller übrigen geschehen, die aus Gründen des politischen Gleich-gewichts nie gegeben werden würde.

Und was nützen teilweise Eroberungen fremder Länder? Man ist sich in England darüber klar, daß die Unterwerfung von Transvaal für Großbritannien keine wirtschaftlichen Vorteile bedeutet. Die Burenstaaten sind von dem „Mutterlande" heute mindestens so unabhängig wie einst. Vielmehr hat England ungeheure Kriegskosten zu tragen gehabt, ohne Früchte davon zu ernten. Ein Weltkrieg der Zukunft – denn zu einem solchen würde jeder Zweikampf zweier großer Staaten werden – würde eine wirtschaftliche Katastrophe für alle sein. Schon aus diesem Grunde wird der Krieg mit jedem Jahre, um das man ihn hinauszögert, unwahrscheinlicher. Es ist eben, finanziell betrachtet, „eine große Täuschung".

[...]

A. Ich nehme an: deine Völkerbruderschaft käme zustande und gäbe sich ein alle bindendes Gesetz. Aber wie, wenn ein ungebärdiger Bruder einen anderen zum Kriege herausfordert?

B. Dann würde dasselbe geschehen müssen, was wir beide zu tun hätten, wenn wir in einen persönlich nicht auszutragenden Rechtsstreit gerieten: wir würden die Sache vor einen Gerichtshof bringen.

A. Ach, das berühmte Völkerschiedsgericht! Läuft's darauf hinaus?

B. Allerdings, ein ständiges Parlament, beschickt von allen Kulturstaaten, mit der Befugnis, in internationalen Streitfällen Recht zu sprechen.

A. Mit der Erlaubnis, daß niemand darauf hört.

B. Immerhin sind bereits in mehr als dreihundert Fällen Regierungen oder Staatsoberhäupter als Schiedsrichter zwischen fremden Nationen angerufen worden – ich erinnere an den Streit zwischen Spanien und Deutschland um die Karolineninseln, bei dem ein Bismarck sogar den Papst entscheiden ließ.

Gerade dieser Fall rief es dem Geschichtskenner ins Gedächtnis, daß der Ge-danke einer überstaatlichen Rechtsstelle uralt ist, daß er sich einst im christlichen Kaisertume wie auch im Papsttume verkörperte, aber daran scheitern mußte, daß d i e s e r „Richter auf Erden", war er weltlich oder geistlich, autokratisch, sage auch theokratisch, sein Amt verwalten wollte, während die Gegensätze der Völker nur durch Zusammenschluß in republikanischen Formen überwunden werden können.

A. Also die „Haager Konferenz" wäre des Rätsels Lösung? Wenn nur dieses Kollegium ehrenwerter Männer, das in Kleinfragen des Kriegsrechtes, hie und da auch bei internationalen Reibungen Erfolge der Friedfertigkeit gehabt haben mag, nicht völlig versagen würde, falls es sich um nationale L e b e n sfragen handelt!

Glaubst du im Ernst, daß England oder Deutschland sich um Vorschläge jener guten Leute kümmern würden, sobald sie überzeugt wären, daß die eisernen Würfel zwischen ihnen entscheiden müßten? Hat Japan erst im Haag angefragt, ehe es Korea in die Tasche steckte? Und was tat die Konferenz nach diesem Gewaltakt, den man im übrigen aus Kulturgründen billigen muß?

Mir erscheint sie, offen gesagt, wie eine hilflose Gouvernante, die nur von der Gnade der eigensinnigen Jungen lebt, die sie angeblich beaufsichtigen soll.

B. Hinter der Haager Konferenz steht die vereinigte Macht der gesamten Kulturwelt, deren Abgeordnete sie zusammensetzen. Sicherlich wirkt sie noch anfängerhaft, sie besteht erst seit 1899 und kann ihren Einfluß nur in dem Maße entwickeln, als das internationale Verantwortungsgefühl sie wachsend unterstützt. Aber es ist voreilig, ein so junges Unternehmen zu belächeln, weil es unvollkommen ist. Vor zehn Jahren lachte man über die ersten Flugversuche mit Werkzeugen, schwerer als Luft. Und heute?

A. Ja, wie denkst du dir ein wirksames Schiedsgericht? Wie wäre das möglich?

B. Für möglich halte ich Folgendes: Zum Ersten eine Vereinbarung der Völker über einen Stillstand der Wettrüstungen, unter denen sie alle seufzen. Ich verkenne nicht die Schwierigkeit, eine Formel zu finden, bis zu welcher Grenze ein jeder Staat zu seiner Sicherheit bewaffnet sein dürfe. Aber wo ein ernsthafter Wille ist, da wird sich ein Weg finden. Geheime Rüstungen sind in unserer Zeit kaum noch möglich. Und daß England und Deutschland sich neuerdings amtlich über den jeweiligen Stand ihrer Seemacht unterrichten wollen, erscheint mir als ein kleiner Schritt auf jenem Wege.

Für möglich halte ich sodann den zunächst freiwilligen, mit der Zeit pflichtmäßigen Beitritt aller Staaten zu einem Bunde, der sich dem Spruch des von ihm erwählten Schiedsgerichts unterwirft. Auch „Lebensinteressen" eines Volkes werden dann nicht zum Kriege drängen, wenn sie in die Interessen der ganzen Kulturwelt eingeschlossen sind und von ihr vertreten werden.

Für möglich halte ich ferner für den Fall, daß dieser Vertrag verletzt wird, ein gemeinsames Vorgehen aller Staaten gegen den Friedensbrecher. Das kann durch einen „Polizeikrieg" geschehen, wie es der Feldzug 1900–01 gegen die chinesischen Boxer war, ein denkwürdiges Beispiel einer internationalen Exekution, bei welcher die Truppen vieler Kulturstaaten Schulter an Schulter gegen den gemeinsamen Feind standen.

Es kann aber auch ohne Blutvergießen durch wirtschaftlichen Boykott des Friedensstörers durch die anderen Staaten geschehen, ein Mittel, das Napoleon I. in der Kontinentalsperre gegen England versuchte, ohne freilich die Macht zur Durchführung zu besitzen.

Für möglich halte ich endlich die allmähliche Ausbreitung solcher Völkerföderation vom europäischen Kulturzentrum aus nach der Peripherie. Selbstverständlich werden ständige Kriegsheere auf absehbare Zeit nicht zu entbehren sein, einesteils, solange die weiße Rasse ihre Kultur gegen feindselige schützen muß; anderenteils, solange in der Kulturwelt selbst innere Feinde des Völkerlebens vorhanden sind.

[...]

B. Es ist wahr, das Christentum, das sich aus der ursprünglichen Jesuslehre entwickelte, ist ein höchst kompliziertes geistiges Gebilde, das die fremdartigsten Gedanken in sich aufgenommen hat. In diesem Prozeß der „Verweltlichung" spielt auch die Stellung des Christen zum Kriege ihre Rolle.

In den ersten drei Jahrhunderten trugen die Christusbekenner schwere Bedenken, ihren Kriegsdienst für den himmlischen König mit dem für den irdischen zu vereinbaren. Sie beriefen sich auf des Meisters Wort: „Stecke dein Schwert in die Scheide; denn wer das Schwert nimmt, wird durch das Schwert umkommen." –

Das änderte sich, sobald aus der Märtyrerkirche die Staatskirche geworden und der Adler der römischen Feldzeichen durch das Monogramm Christi ersetzt war. Von der anfänglichen Stimmung des Christentums gegen den Krieg blieb in der katholischen Kirche nur das Gesetz zurück, daß die Geistlichen vom Waffenhandwerk ausgenommen seien. Aber wir wissen ja, wie kriegslustig mancher Seelenhirte des Mittelalters war, wie die Kirche gern den weltlichen Machthabern Vollmacht und Segen zum Krieg gab, wo es ihr Vorteil heischte; wie sie selbst mit dem Rufe: „Gott will es!" gegen Ketzer und Heiden den Kreuzzug predigte.

Die Reformation hat den Krieg nicht minder als „Gottes Ordnung" anerkannt, sogar mit einem gewissen Nachdruck, da er zu den Befugnissen der Staatsgewalt gehört, deren gottverliehene Würde die Reformatoren im Gegensatz zur römischen Kirche betonten.

L u t h e r selbst hat seine Ansicht über den Krieg in der Schrift geäußert: „Ob Kriegsleute auch im seligen Stande sein können."

Er verteidigt hier den „Notkrieg" als Recht der Obrigkeit und vergleicht ihn – freilich mit zweifelhafter Logik – mit einer Operation an einem kranken Körper, dem man aus Liebe ein faules Glied abschneidet. Zu den erlaubten Kampfmitteln rechnet er auch „Würgen, Rauben und Brennen". In den kalvinistischen Kirchen sind Religionskriege ausdrücklich gutgeheißen worden, mit Hinweis auf das Alte Testament.

In neuerer Zeit zeigen die ethischen Beurteilungen des Krieges, die vom Christentum ausgehen oder doch im Einklang mit ihm zu sein voraussetzen, merkwürdige Gegensätze. Die kriegsfeindliche Stimmung der Urzeit setzt sich in einzelnen Sekten fort, wie bei den Mennoniten und Quäkern.

Von der Vernunft aus bekämpfen die Philosophen der Aufklärung den Krieg, schreibt K a n t sein Buch „Zum ewigen Frieden", wogegen H e g e l und S c h l e i e r m a c h e r den Krieg zu den natürlichen Rechten der Völker zählen. Theologen der Neuzeit halten ihn als Folge menschlicher Sünde für beklagenswert, aber unausbleiblich; für eine Zuchtrute Gottes, die aber auch erziehlich wirke; halten die Friedensbestrebungen für Illusion, wenn nicht für unchristlichen Materialismus.

So weiht denn der christliche Prediger im Auftrage des Staates die Fahnen, vereidigt die Rekruten, begleitet als militärischer Seelsorger die Truppen ins Feld. Und doch gewährt ihm der Staat eine Ausnahmestellung: er ist zwar verpflichtet, im Volksheer zu dienen, auch im Kriege – aber nur, solange er nicht die Berufsweihe empfangen hat. Daß das geistliche Amt vom blutigen Waffenhandwerk befreit, das ist ein letzter Nachklang jener Zeiten, wo Gottesdienst und Kriegsdienst unvereinbar schienen.

Ohne Zweifel, wenn man die Geschichte des Christentums entscheiden läßt oder wenn man die Leiter und Wortführer der Kirchen von heute über die Christlichkeit des Krieges abstimmen ließe – die überwiegende Mehrheit der Kirchenmänner, zumal in Deutschland, würde sie bejahen.

Aber was beweist das anderes, als daß das geistige Beharrungsgesetz, das in der Religionsgeschichte so mächtig ist, auch hier zu Tage tritt? Jahrtausende hat es gedauert, bis die Sklaverei, die an sich mit dem christlichen Begriff der Menschenwürde unverträglich ist, im Namen des Christentums abgeschafft wurde. Jahrhunderte lang hat die Kirche angebliche Irrlehrer foltern und verbrennen lassen, im schneidenden Widerspruche zu den elementarsten Geboten ihrer Religion.

Dennoch hat sich die christliche Idee im Kampf mit allzu menschlichen Trieben und zählebigen Institutionen am Ende durchgesetzt: niemand würde heutzutage das Sklaventum für christlich erlaubt zu erklären wagen, niemand Ketzerverfolgungen in Schutz nehmen. Sollte die fortschreitende Verfeinerung des sittlichen Empfindens nicht auch die Erkenntnis von der Irreligiosität des Krieges zum Siege führen?

Mich dünkt, nachdem sie einmal erwacht ist, kann sie niemals wieder erstickt werden. Und sie i s t erwacht, auch innerhalb der Kirche! Besonders in den protestantischen der germanischen Rasse. Immer lauter und zahlreicher erheben sich auf Kanzeln und Kathedern, in Volksversammlungen und Religionskongressen, bei brüderlichen Begegnungen der Kirchenvertreter die Stimmen, die mit dem altheiligen Rufe „Friede auf Erden!" endlich einmal Ernst machen wollen. Und auch das noch immer so einflussreiche Haupt der katholischen Christenheit hat neuerdings diese Mahnung ergehen lassen.

M u ß nicht ein überzeugter und folgerichtiger Bekenner unserer Religion – ich schließe die jüdische mit ein, deren größte Propheten den Völkerfrieden geweissagt haben – m u ß er nicht an die Zeit glauben, wo das „Reich Gottes", dessen Kommen wir in jedem Vaterunser erbitten, alle Völker umspannt? Wo man, nach einem Worte Viktor Hugos, in den Museen der Kulturländer die Kanonen ausstellen und betrachten wird, so wie wir heute die Folterwerkzeuge des Mittelalters betrachten?

[…]

B. […] Wir s i n d so weit, daß wir über die Möglichkeit des dauernden Weltfriedens völkerrechtlich reden, so wie man im 18. Jahrhundert die Aufhebung der Sklaverei, im 19. Jahrhundert die der Leibeigenschaft juristisch in Angriff nahm. –

Der erste Schritt zur Bekämpfung war übrigens schon die G e n f e r K o n v e n t i o n . Sobald die zivilisierten Völker sich verpflichteten, den Krieg m e n s c h l i c h zu führen: nur den wehrhaften Feind als solchen zu behandeln, den verwundeten gleich dem Volksgenossen zu pflegen, gewisser mörderischer Kampfesmittel sich zu enthalten – von dieser Zeit an war dem Kriege ein schleichendes Todesmittel eingeimpft. Denn ein rücksichtsvoll geführter Krieg mit Einschränkungen ist kein Krieg im Ursinne mehr.

Wehe dem Kriege, wenn die Stimmung der Humanität die Völker ergreift! Wenn die Freude an der Vernichtung des Gegners schwindet! Wenn Zorn und Rache nicht mehr als spornende Geister durch die Schlachtreihen schweben! Ein Volk muß hassen, wenn es Blut vergießen soll – das war der Grund, aus welchem der große Menschenkenner Bismarck die Emser Depesche in eine Fanfare verwandelte! Mit dem „Liebet eure Feinde" gewinnt man keine Schlacht. Aber das vornehmste Gebot des Christentums, einmal auf das Völkerleben angewendet, muß den furor belli dämpfen. Es ist mir unerfindlich, wie ein klar denkender Christ der Gegenwart sich diesem „praktischen Christentum" entziehen kann.

A. Vielleicht doch. Wenn er sich nämlich klar macht, daß die Religion sich nur auf das Innenleben des Menschen richtet. Ich gestehe, daß es mir widerstrebt, meinen Glauben auf den Markt des Lebens zerren zu lassen, Religion und Politik zu verquicken und namens des Christentums Forderungen wie die des internationalen Friedens zu erheben. […]

B. Du hast recht: Seelenfriede und Völkerfriede ist nicht dasselbe. Dennoch kann und muß die Seelsorge der Religion jene ethische Gefühlsverfeinerung erzeugen, aus der das Verlangen nach dem Frieden aller Menschen untereinander erwächst. Und das Völkerschiedsgericht wäre – obwohl zur Wahrung der Interessen der beitretenden Staaten geschaffen – dennoch als sittlicher Fortschritt eine Etappe auf dem Wege zur Christianisierung der Völker zu jenem Idealzustande, den die Bibel „das Himmelreich" nennt. Begnügt sich nun aber die Christenheit dem jetzigen Kriegszustande gegenüber mit der von dir empfohlenen Frömmigkeit des „Kämmerleins" – sie hat das Jahrtausende lang leider getan – so verfällt sie trotz aller schönen Predigten vom „Frieden Gottes" in tatenlosem Quietismus und darf sich nicht beklagen, wenn man solches Christentum in die berühmte „Dachkammer des Glaubens" verweist, wo es dem Weltleben entrückt, ein einflußloses Dasein fristet.

Ich meine, die Bekenner der Jesusreligion sollten sich hüten, der Friedensarbeit gleichgültig zuzuschauen oder sie gar zu verdächtigen und zu bekämpfen! Hier gilt es wahrlich: die Christen an die Front! W i l l s t   d u   d e n   F r i e d e n – und du mußt ihn wollen – s o   b e k ä m p f e   d e n   K r i e g ! [...]

A. Krieg und Frieden sind Angelegenheiten mächtiger Staatswesen und ihrer Regierungen. Was vermag ich als Einzelner?

B. [...] Was tun wir Friedensfreunde? Vereinsbildungen, Versammlungen, Flugschriften, Vorträge, Petitionen, Presse – das sind unsere Waffen. Wir lauschen dem Kriege, den wir bekämpfen, seine Machtmittel ab; wir sprechen seine Sprache, indem wir die Fahne des Friedens entrollen, geistige Schwerter schmieden, Truppen sammeln, ihnen eine begeisternde Losung geben, durch Disziplin und die Wucht der Masse die Gegner zu überwinden suchen. Schließe dich diesem Heerbann an! Tritt ein in die Reihen der „Deutschen Friedensgesellschaft", stärke sie durch deine geistige und materielle Kraft! Wie nötig ist es, daß gerade die wissenschaftlich Gebildeten auch in dieser Sache Führer des Volkes sind! Daß die politischen Parteien, mögen sie in innerstaatlichen Fragen auseinandergehen, in diesem größten internationalen Werke zusammenstehen! Bis jetzt hat nur die Arbeiterpartei den Völkerfrieden ausdrücklich in ihr Programm aufgenommen.

A. Was mir diesen Frieden immer schon verdächtig machte.

B. Warum? Daß eine Partei, der ich meinethalben im übrigen entgegen bin, irgend eine Sache vertritt – ist das für mich ein Grund, sie abzulehnen? Und wenn selbst zwei aus verschiedener Ursache etwas Gutes wollen – sollen sie nicht zusammenwirken? „Getrennt marschieren – " wie lautet doch die alte Kriegsregel?

Was du aber auch an dem und jenem Mitkämpfer in der Friedenssache auszusetzen habest – glaube es mir, es gehört heutzutage im deutschen Bürgertum mehr Mannesmut und innere Selbständigkeit dazu, den Frieden zu vertreten, als den Krieg.

A. Die regierenden Kreise können eben nicht für den Pazifismus eintreten. Sie erklären wohl dann und wann ihre friedlichen Absichten, ihren Wunsch, den Krieg nach Kräften zu vermeiden. Aber sie durchschauen die internationalen Schwierigkeiten viel zu gut, um sich auf Versprechungen einzulassen. Sie können nicht anders, als eure Friedenspropaganda übersehen, unter Umständen sie sogar als staatsgefährlich zurückweisen.

B. Ich habe geradezu den entgegengesetzten Eindruck. Unter den Regenten und Staatsmännern von heute gibt es aufgeklärte Köpfe genug, die den „ewigen Frieden" für einen Unsinn, und Menschenfreunde genug, die ihn für Sünde halten. Aber sie glauben vorläufig nicht anders zu können, als daß sie amtlich und öffentlich – mit der selbstverständlichen Miene der Friedfertigkeit – ins Unabsehbare weiter rüsten.

Im Grunde wären die Besten unter ihnen dankbar, wenn man ihnen die Möglichkeit gäbe, sich der ewigen Kriegssorge zu entschlagen; sie wären dankbar, wenn die Völker, deren erste Diener sie sind, ihnen die Friedenspflicht diktierten. Sie sind eben in diesem Punkte am allerstärksten abhängig von der S t i m m u n g ihres Volkes und der aller Kulturvölker. Sieh an: diese V o l k s s t i m m u n g gegen den Krieg und für den Frieden zu mehren – das ist die wichtigste Aufgabe der Friedensfreunde.

Dazu gilt es bei der Jugend anzufangen. Umgestaltung zumal des Geschichtsunterrichts in dem Sinne, der erfreulichermaßen sich schon in den Schulen regt: daß die Völkergeschichte nicht nur eine Kette von Kriegen, Schlachten und Niederlagen, Gebietsabtretungen und Erbfolgestreiten der Herrscherhäuser ist, sondern eine vielgestaltige, durch Gesamtarbeit der Völker sich vollziehende Entwicklung geistiger K u l t u r .

Die weltumwälzenden Erfindungen und Entdeckungen, die herzbewegenden Schöpfungen der Kunst, die menschenumwandelnden Offenbarungen der Religion: d a s sind die Großtaten der Menschheit, für die man das junge Geschlecht entzünden, für deren Helden man sie begeistern soll!

Bei solchem Unterricht kann die gerechte Würdigung dessen, was a l l e Kulturvölker zum großen Geisteskampfe beigesteuert haben, nicht ausbleiben. Stolz und bescheiden zugleich wird jedes die eigene Leistung betrachten und sich der fremden freuen lernen. Verstummen wird das häßliche Wort vom „Erbfeind", von dem man durch einen unausrottbaren Instinkt geschieden sei. Verstummen wird alles prahlerische Gerede von errungenen Siegen, alles Pharisäertum, das die eigene Nation für sittlich höher stehend hält als die „Barbaren". Und die Kriege der Vergangenheit, von denen der Gebildete wissen muß, werden als traurige Notwendigkeit einer Epoche gelten, die für den Völkerfrieden noch nicht reif war. Man wird von ihnen reden, wie man von Blutrache und Faustrecht redet. –

So wird man Geschlechter der Zukunft erziehen, denen, wie vor 150 Jahren H e r d e r , der Dichter und Weise sagte, „der Krieg ein Abscheu" sein wird und der Gedanke der Humanität über allem Menschlichen leuchtet!

A. „Stimmungen" nennst du das mit Recht – aber verfliegen die nicht vor der gebieterischen Wirklichkeit, sowie die weltbürgerlichen Träume unsrer großen Dichter vor dem Kriegsgott Napoleon zerrannen?

B. Wir Heutigen haben andere Mittel in Händen als unsere Urgroßväter, um die Friedensgesinnung in Taten umzusetzen. Wir haben die ungeheure Macht der völkerentzweienden, aber noch mehr völkerverbindenden Presse; wir haben die allgemeinere Volksbildung; wir haben den immer leichteren Weltverkehr, der die Völker einander besuchen läßt, so wie man vom Nachbarhaus ins andere hinübergeht – ohne den breiten Graben von weiland.

Vor allem aber haben wir – den Stimmzettel. Du hast ein Recht, das kein Schiller und Goethe besaß: ein Gesetzgeber deines Volkes zu sein, der, wenn nicht gewählt, so doch wählend mitarbeitet am Gewebe des Volks- und Völkerrechts. Kein Abgeordneter sollte deine Stimme erhalten, der nicht zuvor eine unzweideutige Antwort auf die Frage gegeben hätte: Willst du mithelfen am Werke der internationalen Verständigung?

Im Schoße der Parlamente ruht heute vor allem das Schicksal der Völker. Ohne sie kann kein Krieg beschlossen werden. Wenn die Volksvertreter aller Kulturländer sich die Hand zum Frieden reichen – und es sind in neuester Zeit die ersten Schritte dazu getan worden – dann werden die Staatsmänner und Fürsten folgen müssen. Das ist der Weg, den der große deutsche Apostel der Friedensbewegung, I m m a n u e l K a n t , gewiesen, mit den Worten: daß nicht „von oben her" der Friede kommen werde, sondern daß nur „republikanischer Geist", Gemeinbewußtsein des Volkes ihn schaffen könne.

Zu dessen Verwirklichung sind auch die Frauen mitberufen, deren Einfluß heute schon bis an die Tore der Parlamente reicht und die als Erzieherinnen der künftigen Menschheit ein so hohes Amt besitzen. [...]

Wir heutigen Mitglieder der Kirche sind im Unterschied von Jesus und Paulus und Luther nicht mehr nur „Untertanen einer Obrigkeit", wir sind Staatsbürger, die über Krieg und Frieden mitzuentscheiden haben. Wir sind Inhaber des allgemeinen Priestertums, die sich in Gewissenssachen nicht vertreten lassen dürfen.

Es geht nicht an, daß wir die Verantwortung für den Krieg seelenruhig den Regierungen zuwälzen und die angebliche „Gottesordnung" des internationalen Kriegszustandes über uns ergehen lassen. Sondern kraft unseres persönlichen Gewissens haben wir an der Beseitigung eines als unsittlich erkannten Zustandes mit allen gesetzlichen – nicht nur religiösen Mitteln mitzuwirken!

Mag es den Anwälten des Krieges unbequem sein, wenn die Kirche zum „Frieden auf Erden" ruft – eine Kirche, die nicht wagt, irgendeiner Partei, irgendeiner Presse, irgendeiner Regierung unbequem zu werden: die hat d a s K r e u z i m W a p p e n v e r w i r k t ! [...]

Walther Nithack-Stahn: Völkerfriede? Ein Streit-Gespräch. Stuttgart 1913. 4, 9-14, 18-20, 41-44, 47-53, 55f. Hervorhebungen im Original.

Der Friedensaufruf von 1913

Im April 1913 erschien ein Friedensaufruf, der sich gezielt an Pfarrer und Theologen wandte und von dem Berliner Friedenspfarrer Walther Nithack-Stahn maßgeblich verfasst wurde. Der historische Bezug dieser Erklärung stellte das Jubiläum der Völkerschlacht bei Leipzig (1813) dar. Den politisch-aktuellen Anlass bildete die neue Heeresvorlage von 1913, die eine deutliche militärische Aufrüstung Deutschlands bedeutete. Der bekannte Berliner Theologieprofessor und sehr aktive Wissenschaftsorganisator Adolf von Harnack lehnte eine Unterzeichnung des Friedensaufrufs ab, da er die Annahme der Vorlage befürwortete.

An die Geistlichen und theologischen Hochschullehrer der evangelischen deutschen Landeskirchen

Das Jahr 1913, das uns Deutschen eine grosse Volkserhebung zurückruft, bringt uns zugleich neue und beispiellose Kriegsrüstungen. Um den Völkerfrieden zu erhalten, so sagt man uns, muss immer angespannter gerüstet werden. Aber die Tatsachen zeigen, dass, da alle Kulturstaaten das Gleiche tun, die Kriegsgefahr so nicht vermindert wird, weil gerade die immer drückendere Last des bewaffneten Friedens, verschärft durch Hass und Misstrauen der Völker untereinander, zur blutigen Entscheidung drängen kann, die wiederum nicht das Ende, sondern den Anfang erneuten Wettrüstens bedeuten würde.

Als Christen, die wir sein wollen, fühlen wir uns vor Gott und unserem Gewissen verpflichtet, aus diesem Dilemma des Krieges ohne Ende d e n Ausweg zu suchen, der menschenmöglich und gottgewollt ist: Friede auf Erden! Verständigung der Völker über eine Rechtsgemeinschaft, die das Unrecht des Krieges durch den Rechtsspruch ersetzt und den Völkern d i e Ethik zumutet, die zwischen den Einzelmenschen selbstverständlich ist.

Nicht, dass wir materielle Opfer für hohe sittliche Güter scheuten, wie es das Bestehen eines selbständigen Volksganzen ist. Im Gegenteil, auch uns ist das Leben der Güter höchstes nicht. Aber wir sind überzeugt, dass der Krieg seine Opfer an Menschenliebe keineswegs rechtfertigt, weil sein angeblicher Zweck, der Frieden und das Recht, durch seinen Ausgang nicht verbürgt wird. Wir fordern von den Völkern christlicher Kultur das s i t t l i c h e Opfer, dass sie unter Zurückstellung kriegerischen Ehrgeizes und der Gelüste gewaltsamer Eroberung einen internationalen Rechtszustand herbeiführen, der das Gewaltmittel der Waffen ausschaltet.

Mit diesen Forderungen, die den Urgedanken des Evangeliums entsprechen, sollten diejenigen voranstehen, die auf Katheder und Kanzel die Religion des

Gekreuzigten verkünden. Es ist schmerzlich zu bedauern, dass bisher nur ein verschwindender Teil der deutschen evangelischen Theologen den Völkerfrieden öffentlich vertritt, dass wir diese praktische Gefolgschaft Jesu Christi der kirchenfremden Sozialdemokratie überlassen.

Nicht allein das Ansehen unserer Kirchen, auch die Lebenskraft unseres Glaubens verlangt diesen Beweis des Geistes ohne Menschenfurcht und der Kraft der Menschenliebe.

Wir Unterzeichner richten an alle unsere Berufsgenossen die dringende Bitte, dass sie es als einen wichtigen Teil ihrer Mission ansehen, in Wort und Schrift die Bruderschaft aller Menschen und Völker verkündigen!

Dieser unser gemeinsamer Entschluss sei uns die schönste Jahrhundertfeier des letzten europäischen Völkerkrieges, dies eine deutsche Volkserhebung unter der Losung: „Gott mit uns!"

Im April 1913,

D. H. Weinel, Professor, Jena. E. Böhme, Pfarrer, Kunitz bei Jena. H. Francke, Pfarrer, Berlin. O. Umfrid, Pfarrer, Stuttgart. A. Wagner, Pfarrer, Neuhengstett. Lic. Wielandt, Niedereggenen. W. Nithack-Stahn, Pfarrer, Berlin.

Die Eiche, 1913, 141f. Hervorhebungen im Aufruf folgen dem Original. Die Hervorhebungen bei der Nennung der Namen im Original bleiben unberücksichtigt.

Der von Nithack-Stahn verfaßte Aufruf an die ev. Geistlichen und Hochschullehrer ist jetzt von 400 Unterschriften bedeckt. Die Namen wurden in einem Beiblatt zu No. 30 der „Christlichen Welt" veröffentlicht.

Das Aufsehen, das der Aufruf gemacht hat, ist noch im Wachsen begriffen. Die Diskussion hat auf der ganzen Linie begonnen und wird nicht so bald zum Schweigen kommen.

Völker-Friede, 1913, 85. Hervorhebungen im Original bleiben unberücksichtigt.

Dieser Friedensaufruf erfuhr in weiten Teilen des deutschen Protestantismus eine Ablehnung. Walther Nithack-Stahn erwähnt in einer Schrift diese Haltung, um sie zu erwidern.

Diesen Aufruf unterschreibt etwa der zehnte Teil der Tausende, an die er ergangen ist. Mancher mit freudiger Genugtuung, wie man einem befreienden Worte zustimmt. Aber die große Mehrheit derer, die auf Katheder und Kanzel die Religion des Gekreuzigten verkünden, lehnt die Zumutung ab, das Friedensbekenntnis zu unterzeichnen.

Etliche, weil sie an Worten und Wendungen Anstoß nehmen. Etliche, weil sie es in augenblicklich drohender Weltlage „mit ihrer Vaterlandsliebe nicht für vereinbar halten". Andere jedoch grundsätzlich und entschieden. Ein durch Freimut und Gerechtigkeitssinn hervorragender Hochschullehrer der Theologie erklärt: „Da ich prinzipiell gegen die Friedensbewegung bin und mir die Großmächte heutzutage eher zu friedfertig als zu kriegerisch erscheinen ..."

Eine Pastorenkonferenz: „Wir alle verkünden das Evangelium der Nächsten-liebe. Wo dieses aber lauter und rein verkündet wird ... das ist Friede." Ein andrer meint, der Aufruf enthalte „fast nichts, was vor einer nüchternen, auf dem Boden der Wirklichkeit stehenden Kritik bestehen könnte." „Wie kann man zu solchen hohlen Redensarten seinen Namen hergeben!" ruft ein Pfarrer aus. Und ein gelehrter Theologe: „Das ganze ernste Problem durch die leichte Berufung auf christliche Privatmoral lösen zu wollen, davon hält mich der Blick für die Wirklichkeit der Geschichte ab." Ein Anonymus spottet: „Ratsam wäre noch, die Abschaffung des Diebstahls durch Abreisen aller Schlösser und Sicherungen her-beizuführen." Mehr als einer unter den Geistlichen spricht sein „tiefes Bedauern" über den Friedensaufruf aus. „Geradezu als eine Beleidigung habe ich die Auf-forderung empfunden. Sie erscheint mir ebenso töricht wie herzlos und wider-christlich."

„Ich", schreibt ein Erregter, „empfinde es als persönliche B e l e i d i g u n g und als K r ä n k u n g meines L u t h e r t u m s, mir eine solche Unterschrift zuzumuten. Wie man überhaupt das christliche und sittliche Recht des kriegerischen Blut-vergießens nur anzweifeln kann, ist mir unverständlich. Ich bin begeistert davon, daß man sich e n d l i c h aufrafft und die so nötigen vermehrten Rüstungen einge-bracht hat! Daß diese Wehrvorlage so s p ä t kam, d a s mache Ich der Regierung zum Vorwurf. Eine Verwechslung von Gottesreich und den Weltfrieden halte ich für das Merkmal der Rottengeister, der Schwarmgeisterei."

Die Verfasser des Aufrufes werden von diesen Amtsgenossen als „Friedens-schwärmer" bezeichnet, wie denn eine von Pastoren vielgelesene Zeitung der Frie-denskundgebung „verschwommenen, kosmopolitischen Friedensdusel" vorwirft und sich statt dessen zu dem Völkerwahlspruch bekennt: Oderint, dum metuant! [Sie mögen hassen, wenn sie nur fürchten.]

„Was wollen Sie denn?" schreibt ein Geistlicher. „Den Krieg hindern? Dann müßten Sie sich doch zunächst an die wenden, die Krieg wollen." Und ein anderer: „Predigen Sie doch den neidischen und ehrsüchtigen Nachbarvölkern von dem sittlichen Opfer, daß sie ... den internationalen Rechtszustand herbeiführen."

Und wieder einer: „Wollen Sie mit papiernen Protesten Gott in den Arm fallen? Der Gott, der Eisen wachsen ließ ..." Und noch einer: „Hoffen Sie, mit dem Kreuz in der Hand Franzosen und Allslaven von der Plünderung unseres Gebietes abhalten zu können, wie einst Leo der Papst die Hunnen?"

So gilt denn nicht wenigen der Aufruf für „christlich verbrämtes, sentimentales und schwächliches Gerede", „ein Grauen" ist ihnen „das Gewinsel" der Friedensfreunde. Es sei „die Bangigkeit und Ängstlichkeit auf den Plan getreten, die nur rufen kann: Friede, Friede!"

„Wie kommen Sie dazu, daß das Christentum nur Friede sei? Jesus sagt: Ich bin nicht gekommen, Frieden zu bringen. Sein Leben war ein Streiten. Paulus war ein Streiter Jesu Christi, der nur den Gedanken des Vorwärtsdringens hatte und so gern von der Waffenrüstung des Christen spricht."

Daher sei jene Kundgebung „das Ansehen der evangelischen Kirche und der Pastoren schädigend." Die Feinde der Kirche würden sich „an ihrer Schwäche und Furchtsamkeit freuen." Dem Stande der Theologen werde „eine neue Schmach angehängt", die dahingegen seine Pflicht sei, „dahin zu wirken, daß unser Volk die kühle Ruhe und das Vertrauen zur Regierung bewahre." „Ich würde mir den Vorwurf eines Verbrechens am Vaterlande machen, wenn ich die unpatriotische Opposition der Sozialdemokratie stärkte." „Ich hoffe zur Ehre unseres Pfarrerstandes, daß Sie die gewünschten Unterschriften n i c h t finden werden."

[...]

Es ist die Eigenart unseres Zeitalters, die dem Geschichtsschreiber der Zukunft ein Rätsel aufgeben wird, daß die n a t i o n a l e n I n s t i n k t e stark wie nur je sich regen. Jahrhundertelang hat die europäische Kulturwelt unter dem mittelalterlichen Ideal der e i n e n Kirche gestanden. Der Protestantismus hat die Völkerindividualitäten entfesselt. Der erhabene Gedanke des christlichen Universalreiches ward zerschlagen, zersetzt das Einheitsbewußtsein des Abendlandes, die nationalen Staatengebilde der Neuzeit blühten auf.

War einst das „Friede auf Erden" das geglaubte Ziel, so galt nunmehr der Krieg als unverbrüchliche „göttliche Weltordnung". An die Stelle des gemeinsamen Kulturbesitzes, den es zu hüten gelte, trat – angeregt durch die Eroberungspolitik Ludwigs des Vierzehnten – der blasse Gedanke des „europäischen Gleichgewichts", der noch in unseren Tagen die letzte Weisheit vieler Staatsmänner ist.

Erst die Zeit der Aufklärung läßt die alte Friedensidee der Kirche im weltlichen Gewande des Humanitätsgedankens neu erstehen. Und die Entwicklung der Weltwirtschaft, die Technik des Maschinenzeitalters nähert die Völker einander in unerhörtem Maße. Der Austausch materieller Werte verbindet sie durch ein dichtes Netz unentbehrlicher Beziehungen. Immer reger wird auch der geistige Austausch in Wissenschaft, Kunst, Religion. Die Internationalität steigt unaufhaltsam.

Aber zu gleicher Zeit erwacht das Rassegefühl mit beispielloser Schärfe. In kolonialen Versammlungen stimmt man dafür, daß die Vermischung von Schwarz und Weiß ein Unheil sei, daß solche Ehe nicht legitim sein dürfe. Und mitten in einem Kulturlande spitzen sich Rassenkonflikte zu politischen Streitfragen zu.

In Rußland will die Rechtsfrage des Judentums nicht verstummen, im freien Amerika rüstet man wider die gelbe Gefahr und lyncht grausam einen Neger um eines Vergehens willen, das man dem Weißen nachsieht. Im vielsprachigen Österreich steht nationaler Eifer widereinander, nicht minder in der deutschen Ost-, West- und Nordmark. Und die kriegschürende Presse aller Kulturstaaten findet überall Zündstoff.

Den „kriegerischen Geist", den „wehrhaften Sinn" zu pflegen, organisiert man hüben und drüben bereits die Jugend, und nicht nur Militärs, auch Diener der Kirche begeistern sich dafür.

Welchen Grund aber auch dieser seltsamste Rückschlag der neuesten Völkergeschichte habe – es bleibe hier unerörtert – eine Kirche, die Christus im Schilde führt, sollte nicht zweifeln, nach welcher Richtung sich die göttliche Zielstrebigkeit der Geschichte bewegt – ob nach der Völkerentzweiung oder der Völkerverbrüderung.

Freilich macht sich eine Kirche, die in der Gegenwart die Friedensidee vertritt, unangenehm. Nicht bei den „kleinen Leuten", die am Ende auch „Kirche" sind und unter der Last des bewaffneten Friedens seufzen; überhaupt nicht bei der Mehrheit ihrer Glieder, die den Krieg nicht wollen und es der Kirche viel ernstlicher verdenken würden, daß sie ihr Friedestifteramt versäumt – wenn ihnen die Kirche mehr am Herzen läge! Mißliebig würde sie sich machen bei kleinen Gruppen des Volkes, die allerdings heute das Heft der Macht in Händen haben. Aber was wäre das für eine Gemeinde Christi, die Menschenrücksichten nimmt, statt Gottes Willen zu tun? […]

Wieviel Gelegenheit hat der P r e d i g e r, der Buße und Gerechtigkeit verkündet, von den Pflichten der Völker gegeneinander zu sprechen! Wieviel Anlaß gibt ihm der Tag dazu, wieviel Worte die Bibel! Wie unvermeidlich ist das Thema im Kinderunterricht, im Verkehr mit der heranwachsenden Jugend!

Kann nicht der H o c h s c h u l l e h r e r, sei er Ethiker oder Historiker, dem neuen Theologengeschlecht jenes so seltsam vernachlässigte Kapitel ans Herz legen? Wären nicht die S y n o d e n, deren Tagesordnungen oft so weltfremd und inhalt[s]leer sind, die Sprechsäle des evangelischen Volkes, wo es eine so brennende Zeitfrage behandeln kann?

Könnten nicht die K i r c h e n b e h ö r d e n, die so oft zur Teilnahme an Werken des Glaubens[s] und der Liebe anregen, auch zu d i e s e r Weltmission des Christentums die Gemeinden aufrufen?

Noch immer hat die Stimme der Kirche, trotz mancher Versäumnisse und Einbußen, einen weithin hörbaren Klang. Welchen Eindruck würde es auf das Volk machen, wenn an einem Sonntage des Jahres von allen Kanzeln der deutschen Landeskirchen das Evangelium des Weltfriedens gepredigt würde!

Zu dem allen ist ein Zusammenschluß derer unumgänglich, die namens der Kirche für den Frieden wirken wollen. In dieser großen Sache sollten alle Richtungen und Glaubensweisen eins sein, denn hier gilt nichts als das größte und vornehmste Gebot des Anfängers unsres Glaubens. Und kämen Mitarbeiter an diesem Werke der Kirche selbst von den „Entkirchlichten" her.

Es ist doch ein wunderlicher Grund mancher Christenleute, die internationale Friedensbewegung abzulehnen: weil sie auch zu den Zielen der Sozialdemokratie gehört. Ganz abgesehen von der Frage, ob zwischen dieser und dem Christentum ein unversöhnlicher Gegensatz besteht: ist es vernünftig, eine an sich gute Sache zu verwerfen, weil sie von Menschen vertreten wird, die man im übrigen für irrende hält? Wollen wir nicht von der Taktik des Krieges lernen, daß man sehr wohl getrennt marschieren und vereint schlagen kann?

Walther Nithack-Stahn: Kirche und Krieg. Halle/Saale o.J., 5-7, 25-27, 30f. Hervorhebungen und Auslassungen im Original.

Im kirchlich-liberalen Protestantenblatt kam es 1913 zu einer Kontroverse zwischen Unterzeichnern und Gegnern des Friedensaufrufs. Zunächst begründete Nithack-Stahn thesenartig seine Position. Darauf antwortete der Berliner Pfarrer Frederking in einem zweiteiligen Artikel.

Warum ich die Friedenskundgebung der deutschen evangelischen Theologen unterschrieben habe.
Antwort auf eine Anfrage des Protestantenblattes.
I. Aus r e l i g i ö s e n Gründen:
   1. Weil ich mich zu einer Weltreligion bekenne, deren Mission es ist, die Völker der Erde zu verbrüdern.
   2. Weil sich der Glaube an den Völkerfrieden aus dem Allvaterglauben ergibt.
   3. Weil ich gesinnt sein möchte, wie Jesus Christus war, der den Krieg nicht zu verdammen brauchte, weil er die Gesinnung verdammte, aus der er entspringt.
   4. Weil ich es für unfromm halte, zu beten „Dein Reich komme" oder im Gottesdienst den „Frieden der ganzen Welt" zu erbitten, ohne danach zu tun.
II. Aus s i t t l i c h e n Gründen:
   5. Weil das Völkerblutvergießen, undenkbar ohne Völkerhaß, kulturfeindliche Barbarei ist.
   6. Weil der sogenannte „Friede", der angeblich nur durch unablässiges Wettrüsten erhalten wird, die Beziehungen der Völker zu einander vergiftet und einen „kriegerischen Geist" nährt, der ein Zerrbild ethischer Mannhaftigkeit ist.

7. Weil ich es für unsittlich halte, durch Stillschweigen an meinem Teile den dauernden Zustand des Völkerfaustrechtes mitzuverschulden.

III. Aus g e s c h i c h t l i c h e n Gründen:

8. Weil mich die Vergangenheit lehrt, daß jeder Krieg der Vater neuer Kriege war.

9. Weil mich die Gegenwart lehrt, daß die Internationalität der Kulturwelt unaufhaltsam vorwärtsschreitet. (Kant 1795.)

10. Weil der Gedanke eines bindenden Völkerrechtes bereits Gestalt gewonnen hat.

IV. Aus n a t i o n a l e n Gründen:

11. Weil ich dem Vaterlande am besten diene, wenn ich dazu beitrage, es in eine Rechtsgemeinschaft einzugliedern, in der es den Schutz aller gegen alle genießt.

12. Weil ich so mithelfe für die große Kulturmission des Volkes Luthers und Goethes die idealen Kräfte zu entbinden, die sich nur im edelsten Völkerwettkampfe mit den Waffen des Geistes voll entfalten können.

V. Aus k i r c h l i c h e n Gründen:

13. Weil es allerhöchste Zeit ist, daß die evangelische Kirche, deren Trägherzigkeit schon oft zum Spott geworden ist, sich in die Front einer urchristlichen Bewegung stellt.

14. Weil es Ehrensache der deutschen evangelischen Theologen ist, in dem Chor der kirchlichen Friedensstimmen aus dem protestantischen Frankreich, England, Nordamerika, der Schweiz nicht länger zu fehlen.

VI. Warum ich g e r a d e j e t z t solche Friedenskundgebung für geboten hielt?

1. Weil der Ruf zum Völkerfrieden aus der gesamten Christenheit zwar mit einer Verspätung von Jahrtausenden, doch nicht zu spät kommt.

2. Weil Krieg und Kriegsrüstung eben jetzt die Gedanken der Völkerwelt wie kaum jemals beherrschen, und weil man in einer Epidemie vornehmlich nach Heilmitteln ruft.

3. Weil die Bewilligung nationaler Wehrmacht, soweit sie durch den gegenwärtigen chronischen Kriegszustand notwendig erscheint, keineswegs ausschließt, daß man zu gleicher Zeit den Rechtszustand fordert, der endlosem Waffenschmieden ein Ziel setzt.

Protestantenblatt, 1913, Sp. 582f. Hervorhebungen im Original.

Warum ich die Friedenskundgebung der deutschen evangelischen Theologen nicht unterschreiben kann:

[...]

Wenn die Friedenskundgebung „den Völkern die Ethik zumutet, die zwischen den Einzelmenschen selbstverständlich ist", so beweisen ihre Verfertiger und Unterzeichner einen Mangel an Verständnis für die ersten Elemente des Staatsgedankens, der mich bei sonst so hochgebildeten Vertretern des Theologenstandes in Erstaunen versetzt hat. Wirklich, das ist eine „Zumutung"! Und ihre Unmöglichkeit läßt sich schon an einem einzigen Punkte schlagend darlegen.

An den Einzelmenschen stellen wir die Forderung unbedingter O p f e r b e r e i t - s c h a f t – es ist die höchste Forderung des christlichen Liebesgedankens. Dem Volksganzen, dem Staat gegenüber wird diese Forderung sinnlos. Ein Staat, der das Opfer seiner Existenz bringt! Es ist nicht nötig, darüber auch nur ein Wort zu verlieren.

Freilich, so weit haben die theologischen Friedensleute ihre Theorie von der Identität der Staatsmoral und Persönlichkeitsmoral nicht hinausgedacht. In jener behutsamen Bescheidenheit, die ja manchmal die Tugend der Inkonsequenz ist, sagen sie: „Wir fordern von den Völkern christlicher Kultur das sittliche Opfer, daß sie unter Zurückstellung kriegerischen Ehrgeizes und der Gelüste gewaltsamer Eroberung einen internationalen Rechtszustand herbeiführen, der das Gewaltmittel der Waffen ausschaltet."

In diesem Satz stecken fast noch mehr Irrtümer als Worte. Nur auf die auf- fallendsten sei hingewiesen. Was für eine naive Auffassung vom Kriege! Als ob Kriege ohne weiteres und in allen Fällen aus allen möglichen minderwertigen seelischen Motiven entspringende menschliche Willkürhandlungen wären. Wer das noch nicht weiß, daß nicht Menschen, sondern Staaten gegeneinander Kriege führen, und daß der Staat mehr und noch etwas anderes ist als die Summe der Menschen, die er umfasst, der hat kein Recht, sich zu einer solchen Hauptfrage der Politik zu äußern. Wissen unsere Friedenstheologen noch nichts von der tiefen Erkenntnis, die wir Clausewitz verdanken, daß der Krieg die Fortsetzung der Politik mit anderen Mitteln ist?

[Es folgt u. a. ein längeres Zitat des Historikers Treitschke.]

Und, meine sehr verehrten Herren Kollegen, „Völkerblutvergießen", „Völker- haß", „kulturfeindliche Barbarei", derartige Schlagworte sind doch wohl nicht die kritischen Mittel, mit denen man den Gedanken der sittlichen, selbstverständlich: politisch-sittlichen Notwendigkeit des Krieges ungültig machen kann.

Und die „internationale Rechtsgemeinschaft", auf die man so große Hoffnungen setzt und von der man so zuversichtlich überzeugt ist, daß sie die Möglichkeit des Krieges ausschalten wird? Das Wort klingt prächtig. Leider reicht die schöpferische Kraft meiner Phantasie nicht ganz aus, um mir die erfolgreiche Wirksamkeit einer solchen Institution in lebendiger Wirklichkeit anschaulich zu machen.

Diese internationale Rechtsgemeinschaft, das kann ich mir natürlich ganz gut vorstellen, wird für Konfliktsfälle repräsentiert durch ein Schiedsgericht. Wenn es dem sich steigernden erzieherischen Einfluß der Frau von Suttner, der evangeli- schen Friedenstheologen und der Sozialdemokratie gelingt, die Völker zu Verkörperungen einer abstrakten Gerechtigkeitsidee zu gestalten, werden die Sprüche des internationalen Schiedsgerichtes auch gerecht ausfallen. Aber einstweilen sind die Staaten nun einmal konkrete lebendige Gesamtpersönlichkeiten mit ganz bestimmten Lebensinteressen, die sich gegenseitig teils anziehen, teils abstoßen.

Wie soll da in den diplomatischen Auseinandersetzungen und Kämpfen der einzelnen Staaten und Staatsgruppen im Schiedsgericht ein Urteil herauskommen, das von allen Parteien, auch von der unterliegenden in jedem Fall als gerecht anerkannt werden kann? Und wenn nun gar die E x i s t e n z des unterliegenden Staates von der Durchsetzung seiner Forderung abhängt? Darf er sich fügen? Darf er sich selber aufgeben? Und weiter, wer soll den Spruch des Schiedsgerichtes exekutieren? Entweder, es bleibt beim bloßen Spruch. Dann verfällt das Schiedsgericht – und das von Rechtswegen – dem Fluch der Lächerlichkeit. Ein Gericht, das nicht die Macht hat, seine Urteile durchzusetzen, ist eine Farce. Oder aber die Exekution des Urteilsspruches wird einem oder mehreren Staaten übertragen. Das ist – der Krieg!

[...]

Endlich – das Wesen des Staates ist M a c h t, die als souverän keine andere Macht, weder eine andere nationale, noch eine internationale über sich anerkennen kann, oder wie Hegel es in seiner Rechtsphilosophie tiefsinnig formuliert hat: „Das Volk als Staat ist der Geist in seiner substantiellen Vernünftigkeit und unmittelbaren Wirklichkeit, d a h e r d i e a b s o l u t e M a c h t a u f E r d e n; ein Staat ist folglich gegen den anderen in souveräner Selbständigkeit." [...]

Wer sich zum Staat bekennt, muß sich auch zur Politik, und d. h. zu allen notwendigen Mitteln der souveränen Machtbehauptung bekennen. Und das äußerste Mittel, die ultima ratio der Politik ist eben der Krieg. So lange das Gewicht dieser Schlußfolgerungen nicht entkräftet wird, so lange kann ich mich an den üblichen Kundgebungen der Friedensfreunde nicht beteiligen. [...]

Protestantenblatt, 1913, Sp. 668-670. Hervorhebungen im Original. Zum zweiten Teil von Frederkings Standpunkten vgl. Sp. 687-689

Walther Nithack-Stahn antwortete seinem Kollegen umgehend.

Es war selbstverständlich, daß in einem Aufruf von Theologen an Theologen vornehmlich an das religiös-sittliche Denken appelliert wurde, das zur Friedensarbeit verpflichtet.

F r e d e r k i n g hat gegen diesen Appell am Ende nur einen einzigen Einwand: daß politische und persönliche Moral verschieden seien. Und dies wiederum folgt ihm aus dem H e g e l schen Staatsbegriff [...]. Es berührt seltsam, von einem Bewunderer dieser Definition spotten zu hören über diejenigen, die „aus den Tabaksnebeln ihrer Studierstube heraus reden." Denn eine hohlere Theorie als diese ist nicht zu erdenken. [...]

Die „tiefe Erkenntnis von Clausewitz, daß der Krieg die Fortsetzung der Politik mit anderen Mitteln ist", lehrt uns gerade, daß Kulturstaaten, die über die Raubtiermoral der Barbarenvölker hinausgewachsen sind, ihre auswärtige Politik dauernd den Grundsätzen der gegenseitigen Gerechtigkeit unterwerfen müssen, anstatt der „politischen Sittlichkeit" des Faustrechtes, des „Völkerprozesses", bei dem Kläger und Angeklagte aufeinander losschlagen und der Stärkere Recht behält.

Aber davon wissen die theologischen Verfechter des Krieges, die politisch in Urgroßväterzeiten leben, noch nichts: daß ein V ö l k e r r e c h t im Anzuge ist; daß wir es heute schon h a b e n , in zahllosen internationalen Verträgen über Rechtshilfe und Auslieferung, Sklaven- und Frauenhandel, Urheberrecht, Gesundheitspflege, Industrie, Gewerbe, Maß, Gewicht, Post, Telegraphie, Eisenbahn, Schiffahrt, Zoll- und Steuerwesen. Sie wissen nicht, daß diese Vertragspolitik unaufhaltsam vorwärts schreitet und die Staaten, auch wider Willen, zwingt, sich in das Verhältnis des Rechtes zueinander zu setzen.

[...]

Es ist doch schließlich ein simpler und dem Gottgläubigen naheliegender Gedanke, daß kein Staat wähnen darf, für sich allein auf der Welt zu sein oder die übrigen nur zum Schemel seiner Füße machen zu dürfen; sondern daß von der Völkerwelt, die Gott geschaffen, dasselbe gilt, was Paulus Römer 12 von dem Leibe mit den vielen Gliedern sagt.

Es ist die heute zwar unmodische, doch recht christliche Idee des W e l t b ü r g e r t u m s , bis zu der wir „Friedensleute" – weiter als unsere Gegner – „hinausgedacht haben"; eines Weltbürgertums, von dem H e r d e r meinte, daß es die Konsequenz wahrer Vaterlandsliebe sei.

Zwar, die internationale Rechtsgemeinschaft, die wir anstreben, sich vorzustellen, reicht angeblich unseres Opponenten „schöpferische Fantasie" nicht aus. Wüßte er, was die meisten Kriegsfreunde nicht wissen, daß bereits in mehr als 300 Fällen der neueren Geschichte Völkerzwiste durch Schiedsgerichte beigelegt worden sind, daß im Haager Gerichtshof der ernsthafte, mehr als einmal erprobte Versuch einer überstaatlichen Rechtsprechung vorliegt, so würde es seiner Fantasie keine unmögliche Anstrengung mehr sein, sich diese Anfänge eines bindenden Völkerrechtes weiterentwickelt zu denken. Freilich bleibt, um es zum hundertundersten Male zu sagen, die ultima ratio der Politik der Krieg. [...]

Daß jeder Urteilsspruch eines Völkerschiedsgerichtes jedem davon betroffenen Staate gerecht werde, ist selbstverständlich ausgeschlossen. Aber welches noch so salomonische Urteil eines Gerichtshofes befriedigte gleichermaßen die Parteien? Und befriedigt denn der Ausgang eines Krieges die Völker hüben wie drüben? Der Wahrspruch eines unabhängigen internationalen Areopags bietet wohl größere Gewähr für Gerechtigkeit, als das blutige Würfelspiel der Schlachten.

Nach alledem ist es uns Friedensfreunden schwer verständlich, wie christliche Theologen, die die Frage Krieg oder Frieden? eindringlich durchgedacht haben, noch immer mit leichter Geste und dem billigen Schlagwort „Utopie" den Friedensgedanken abschütteln können. Denn daß dieser Gedanke u r c h r i s t l i c h sei, ist schlechterdings unbestreitbar.

Um auch diese Mißdeutung aufzuklären: „urchristlich" nicht in dem Sinne, als ob Christus persönlich die Völkerverständigung gepredigt hätte. Sondern so gemeint, daß sie eine praktische Konsequenz der Religion der Gottes- und Nächstenliebe ist.

Jahrtausende lang hat die Christenheit diese Konsequenz nicht gezogen. Aber es gehört eben zur „Weiterentwicklung der Religion", daß wir Heutigen diese Folgerung ziehen, so wie man vor Jahrhunderten namens des Christentumes die Aufhebung der Sklaverei gefordert hat – woran bekanntlich ein Paulus noch nicht dachte. […]

Wir gehören nicht zu den Ästheten, die sich so leicht mit der „Tragik" des Kriegsverhängnisses abfinden, anstatt den sittlichen Kampf gegen ein altes Unrecht zu eröffnen, das sich mit dem mystischen Nimbus einer „göttlichen Weltordnung" umgibt.

Wir verschmähen es auch, mit Berufung auf das viel mißhandelte Jesuswort „Gebet dem Kaiser, was des Kaisers ist ..." uns bei dem Dualismus von politischer und religiöser Moral zu beruhigen, ein Auskunftsmittel, durch das sich weltscheue Pietisten und säbelklirrende Militaristen in verblüffender Eintracht zusammenfinden.

Noch weniger geben wir uns zufrieden mit der „Humanisierung des Krieges", von deren Erfolgen wir im jüngsten Balkankriege so erhebende Beispiele erlebt haben. Wir kämpfen vielmehr im Bewußtsein, „die Werke Christi zu treiben", und unter Verzicht auf den Beifall der Machthaber der gegenwärtigen Welt für die V ö l k e r e t h i k d e r Z u k u n f t und gegen die sittliche Begriffsverwirrung in Sachen des Krieges, an der so viele, auch wohlmeinende Christen leiden.

Wir erachten es auch keineswegs für eine Schande, in diesem Kampfe die moderne Arbeiterbewegung zur Bundesgenossin zu haben, die in dieser Sache unseren Zukunftsglauben teilt.

Wir freuen uns des gänzlich unerhofften Widerhalls, den die jüngste Friedenskundgebung bei 400 deutschen evangelischen Theologen gefunden hat. Aber wir würden es tief bedauern, wenn gerade die Bekenner des freien Protestantismus sich daran mitschuldig machten, daß die evangelische Kirche wieder einmal eine Schicksalsstunde versäumt. [...]

Walther Nithack-Stahn: Und dennoch: Friede auf Erden! In: Protestantenblatt, 1913, Sp. 735-737. Hervorhebungen im Original.

Der Pfarrer Tribukait und der Thüringer Friedenspfarrer Ernst Böhme, die beide den Friedensaufruf unterzeichneten, beteiligten sich im gleichen Jahr 1913 ebenfalls an der Diskussion im Protestantenblatt (vgl. Sp. 835-837 bzw. 909-913).

Auch Hans Francke kommentierte Frederkings Position.

Die Friedenskundgebung der deutsch-evangelischen Theologen findet im „Protestantenblatt" durch Pfarrer Frederking (Charlottenburg) eine Bestreitung, die der Friedenssache gute Dienste leistet. Sie zeigt jedem, der sehen will, auf wessen Seite die Logik ist. Denn obwohl Frederking sich sehr „logisch" anstellt, der Eindruck ist unverkennbar, wie er sich dreht und windet, um eine unhaltbare Position zu verteidigen. In den entscheidenden Punkten nimmt er seine Zuflucht zu Zitaten, für die er die Autorität angeblich klangvoller Namen geltend macht, die er aber aus Respekt vor diesen Autoritäten selbst durchdenken nicht für nötig erachtet.

So autoritätsgläubig sind wir Friedensfreunde allerdings nicht. Wir geben selbst einem Clausewitz und Treitschke Definitionen wie die, daß Krieg = Völkerprozeß sei, als unbrauchbar zurück. Der Krieg ist so wenig ein Prozeß, eine „Fortsetzung der Politik mit andern Mittel" wie ein Faustkampf die Fortsetzung einer resultatlos verlaufenen Gerichtsverhandlung ist. Die Gewaltanwendung ist das strikte Gegenteil jedes geordneten Prozesses und unterbricht den Gang eines solchen, setzt ihn aber nicht fort.

Es ist daher auch Gewäsch, das einem General wie Clausewitz besonders gut ansteht, wenn er auf Grund solcher Voraussetzungen erklärt: „Die Kriegserklärung eines Staates erfolgt in dem Bewußtsein einer notwendigen Pflicht. ... Die Gerechtigkeit eines Krieges beruht e i n f a c h auf dem Bewußtsein einer sittlichen Notwendigkeit". – „Einfach!" sehr einfach!

Zum Lachen einfach, wenn man die Belege, die die balkanischen Raubstaaten beispielsweise jetzt dazu geben, mit ins Auge faßt. Man bekämpfe uns doch mit ernsten Waffen, wenn man uns glaubt bekämpfen zu können. Darum dürfen wir doch wohl bitten.

Zu dem Ernst, der die Voraussetzung jeder ehrlichen Verhandlung ist, gehört auch, daß man uns im Jahr 1913 nicht mit H e g e l kommt. Eigentlich hört jede Auseinandersetzung auf, wo dieser Denk- und Sprach-Jongleur, dieser „Maltraiteur" des deutschen Geistes heraufbeschworen wird. Frederking tut es, und er dokumentiert damit einen Geisterglauben, wie man ihn einem evangelischen Theologen nicht zutrauen sollte, jedenfalls nicht einem liberalen! Versuche doch einmal jemand, nur ein paar Sätze Hegelschen Jargons ins Deutsche zu übersetzen; er wird bald inne werden, wes Geistes Kind dieser „Denker" ist!

Frederking zitiert eine Hegelsche Definition vom Staat. Zur Belustigung von Freund und Feind sei sie hier nachgedruckt: „Das Volk als Staat ist der Geist in seiner substanziellen Vernünftigkeit und unmittelbaren Wirklichkeit, daher die absolute Macht auf Erden; ein Staat ist folglich gegen den anderen in souveräner Selbständigkeit." – Frederking nennt das „tiefsinnig". (Man nennt gern tiefsinnig, was man sich und andern nicht verständlich machen kann.) In Wirklichkeit ist es echter, absoluter Hegelscher Mist.

In dem zitierten Satz ist die eine Hälfte bedeutungslos, weil sinnlos; die andere Hälfte hat einen Sinn – aber einen falschen. Sie besagt, – und das ist's, woran sich Frederking klammert, – der Staat sei absolute Macht, sei souverän. Frederking hätte sich durch eigenes Nachdenken leicht überzeugen können, wie unwahr das ist.

Kein Staat auf Erden war je unabhängig von der Weltlage, und die unverschämte Prätention, absolut souverän sein zu wollen, hat zu jenen abscheulichen Konflikten geführt, die sich mit allen andern vertragen mögen, nur nicht mit dem Christentum.

Aber statt selbst zu denken, „beweist" Frederking durch „Berufung auf Hegel", daß der Staat souverän ist; daraus zieht er dann seine Konsequenzen. Natürlich gegen den Pazifismus. – Wir sind ihm dennoch dankbar für seine Veröffentlichungen; die Methode, wie er seine Sache vertritt, beleuchtet die Situation und läßt zur Genüge erkennen, wie schwach die Sache derer steht, die Christentum und Krieg vereinigen wollen.

B e r l i n . F r a n c k e , Pastor

Völker-Friede, 1913, 84. Hervorhebungen im Original.

Eine Folge des Friedensaufrufs stellte die Veranstaltung pazifistischer Pfarrer im Rahmen einer Tagung des Protestantenvereins, der wichtigsten Organisation des kirchlichen Liberalismus, in Berlin dar.

Eine Konferenz pazifistischer Pastoren

war für den 15. Oktober in Berlin einberufen anläßlich der dortigen Jubiläumstagung des Deutschen Protestantenvereins. Die Einladung hatte sich an Theologen im Kirchen- und Schulamt ohne Unterschied der Richtung gewendet. Da sie aber von drei Mitgliedern des liberalen Protestantenvereins nachträglich eingefügt worden war, so war es begreiflich, daß die Konferenz Beschickung ausschließlich aus liberalen Pfarrerkreisen erfuhr, und daß diese nur durch solche Interessenten vertreten waren, die als Protestantenvereinsmitglieder die Jubiläumstagung in Berlin mitzumachen in der Lage waren.

Angesichts dieser doppelt gesiebten Auswahl war die Beteiligung eine überraschende gute, und der Verlauf der Verhandlungen dürfte trotz der sehr ungünstigen Begleitumstände, die die Konferenz einengten, bei den Teilnehmern den Eindruck hinterlassen haben, daß die Weltfriedensfrage bei den evangelischen Pfarrern en marche ist, und daß der Prozentsatz mindestens der liberalen Theologen, die sich dafür interessieren, zusehends wächst.

[...]

Nithack-Stahn hatte in seinem Referat ausgeführt: Es sei eine Gewissenspflicht der Theologen, die Gewaltanwendung bei Völkerstreitigkeiten als etwas dem Geiste Jesu Christi Widerstreitendes zu erkennen. Wer den Krieg als Element der göttlichen Weltordnung ansieht, der kennt d i e Weltordnung, die der Vatergott Jesu durch ihn, den Sohn, geoffenbart hat. Und wer die von den Pazifisten gezeigten Möglichkeiten, den Krieg abzuschaffen, nicht würdigen mag, weil er grundsätzlich mißtrauisch ist, der hat eigentlich keinen Glauben. Er glaubt nicht an das Kommen des Reiches Gottes. Es ist sehr billig, die Pazifisten als Utopisten zu verspotten; also haben sie [es] auch getan [mit] den Schwärmern früherer Zeiten, die die Nachwelt beschämt als Propheten anerkennen musste.

Es wäre sehr bedauerlich, wenn gerade wieder die Geistlichkeit, das Priestertum und die Schriftgelehrsamkeit unserer Tage das Prophetische bekämpfen wollte, was von den nichtgeistlichen Bannerträgern der pazifistischen Bewegung in unsere Zeit hineingetragen worden ist.

Die sich anschließende Debatte konzentrierte sich bald auf 2 Punkte: Wie will die Kirche das Vertrauen der Arbeiterschaft wiedergewinnen, wenn sie sich in der Bemühung um Weltfrieden und Völkerverständigung von der Sozialdemokratie beschämen läßt? Unerläßlich sei es, daß sie der Predigt vom Frieden auch den Willen zum Frieden und die Tat zum Frieden treibt, und zwar nicht bloß zum Frieden der Seelen, sondern zum Frieden der Welt. Denn auch den will die Bibel und verheißt die Bibel. –

Sodann wurde psychologisch erörtert, ob Kriegsverherrlichung und Tapferkeitsruhm dem Gerechtigkeitsgefühl entspricht. Mindestens nicht dem christlichen! wurde von der einen Seite gesagt. Denn es ist kein sonderliches Verdienst und erfordert nur geringe Selbstbeherrschung, in der tosenden Feldschlacht physische Tapferkeit zu beweisen. Woher sonst die kriegerische Ueberlegenheit ethisch tiefstehender Völker? –

Es war sehr interessant, daß, als dem von der andern Seite entgegengehalten wurde, auch die Pazifisten dürften die im Krieg bewiesene Virtus, die Männlichkeit, nicht gering einschätzen, – sei sie doch die Seele der großen Zeit vor 100

Jahren, sowie auch der Großtaten unserer Väter von 1866 und 1870 gewesen! – seitens eines Oberlehrers, eines früheren Theologen, erwidert wurde: ihm sei von seinem Vater, einem Berufssoldaten und Feldzugsteilnehmer, bezeugt worden, daß von persönlicher Tapferkeit in der Feldschlacht nur in ganz seltenen Ausnahmefällen die Rede sein könne. Das, was die Massen fortreißt, sei nicht Tapferkeit, sondern Nervenaufregung; dieselbe könne auch in ihr Gegenteil, in allgemeine Depression, umschlagen und habe dann jene unbegreifliche Massenfurcht, die Panik, im Gefolge. –

Sehr schade, daß dieser interessante Beitrag aus persönlicher Erfahrung nur noch von Wenigen gehört wurde. Die Versammlung hatte sich angesichts der bevorstehenden 5 großen Versammlungen desselben Abends schon sehr gelichtet und mußte von dem Leiter, Pfarrer Böhme aus Kunitz bei Jena, gegen ¾ 8 Uhr geschlossen werden. Sie war von ca. 20 Theologen und zahlreichen Gästen besucht gewesen, unter den ersteren befand sich bezeichnenderweise ein Delegierter des evangelisch-protestantischen Kirchenblattes für Elsaß-Lothringen.

Irgend eine Beschlußfassung oder Herbeiführung eines engeren Zusammenschlusses der pazifistischen Pastoren konnte unter diesen Verhältnissen nicht erfolgen; doch ist gewiß, daß wenn bei ähnlichen Anlässen bald weitere Zusammenkünfte der friedensfreundlichen Theologen folgen, dem Pazifismus aus diesen Kreisen eine starke und einflußreiche Hilfe erwachsen wird. Die Stimmung war eine ausgezeichnete.

Als besonders bedeutsam muß noch nachgetragen werden, daß diese für den Pazifismus günstige Stimmung sich wiederholt auch bei den andern Versammlungen der Protestantenvereinstagung geltend machte. Den preußischen liberalen Pfarrern mag es doch überraschend gekommen sein, wie gleich der erste Hauptredner, der Baseler Theologieprofessor P. W. Schmidt, in seinem Referat warme pazifistische Töne anschlug. Aber dem freien Sohn der Schweiz war das so selbstverständlich, daß sich die preußischen Kollegen bald sehr ernst gefragt haben mögen, ob Militärschwärmerei und Kriegsbegeisterung mit echtem Liberalismus nicht ebenso schwer vereinbar sei, wie mit echtem prophetischem Christentum.

Jedenfalls erfuhr Pfarrer Frederking aus Charlottenburg in einer nur von Pfarrern besuchten, stark frequentierten Versammlung eine Ablehnung, als er die 400 Unterzeichner des Friedensaufrufs des Dilettantismus bezichtigte und andeutete, sie seien zu wenig politisch-geschichtlich orientiert, um öffentlich aufzutreten. Unter dem Beifall der Versammlung konnte der Unterzeichnete erwidern, daß Pfarrer Frederking in der Geschichte der Vergangenheit gewiß sehr gut zu Hause wäre, daß er aber für die Mächte der Gegenwart offenbar keinen Blick habe.

Mit Spannung darf man erwarten, ob nach dieser Kundgebung von liberaltheologischer Seite auch die orthodoxen Pfarrerkreise sich bewogen fühlen werden, zum Weltfriedensproblem Stellung zu nehmen. Hoffen wir, daß ein edler Wetteifer entbrennt, auf diesem Gebiet sich von den erkannten Grundsätzen des wahren Christentums vorwärts treiben zu lassen.

Berlin. Francke, Pastor.

Völker-Friede, 1913, 120f. Hervorhebungen im Original. Auch abgedruckt in: Die Friedens-Warte, 1913, 419f.
Nithack-Stahns Referat ist abgedruckt in: Völker-Friede, 1913, 129f.

Rudolf Wielandt, der zu den Erstunterzeichnern des Friedensaufrufs gehörte, publizierte einen Artikel, in dem die drohende Kriegsgefahr thematisiert wurde – mit Aspekten, die teilweise eher untypisch für die Friedensbewegung waren. Wielandt wechselte 1914 von Südbaden an die Lutherkirche nach Berlin-Schöneberg.

Wenn ein Krieg in Aussicht steht, so muß gefordert werden, daß man möglichst stark sei. Da helfen keine allgemeinen idealen Erwägungen. Da muß man einmal mit den Machtfaktoren und der Durchschnittsmoral der Völker, wie sie einmal ist, rechnen.

Vielleicht birgt aber dieser Sachverhalt auch für unsere Friedensbewegung eine gute Lehre in sich, so wenig man sagen kann, daß wirklich w e i t e Kreise der Friedensfreunde, namentlich in Deutschland, sie erst noch nötig haben: Die Kriegsrüstung muß eben doch vorhanden und tadellos sein. Hier darf nicht gespart werden.

Daß wir die Konkurrenz der Wettrüstungen der europäischen Kulturvölker mitmachen müssen, scheint wenigstens mir, trotzdem ich „Friedensfreund" bin, absolut sicher, und noch mehr als das: Die Aktien der gegenseitigen Vereinbarung über Heeresvermehrung usw. scheinen mir recht ungünstig zu stehen, so wünschenswert es sein möchte, hierin voranzukommen. Es scheint, daß wir in d i e s e m Punkt vorläufig nicht weiter kommen werden. Hierin kann also die Stärke der Friedensbewegung nicht liegen.

Natürlich auch nicht in der Ankündigung einer gewaltsamen Unterbindung eines im Ausbruch begriffenen Krieges, etwa durch einen Generalstreik. Er würde doch nicht durchgeführt, vor allem nicht gleichmäßig in allen dabei in Betracht kommenden Ländern, und so schlüge dieser Gedanke tatsächlich wahrscheinlich nur in eine teilweise Wehrlosmachung und Lahmlegung der eigenen Mobilmachung um.

Jedoch, das sollte man nicht verkennen, daß hinter all diesen schrillen, international-sozialistischen Protesten gegen den Krieg doch auch sehr viel Wahres und Gesundes steht: der Nationalismus ist eben doch nur eine Seite der menschlichen Vorwärtsentwicklung, neben ihm aber die Internationalität eine zweite, mindestens ebenso wichtige. Es mag notwendig sein, uns Deutsche an den Nationalismus zu erinnern; aber gerade wir Christen sollen nun und nimmer vergessen, daß umfassende Bande a l l e Völker und Menschen umschlingen sollen.

Der Sinn der Friedensbewegung liegt ferner natürlich nicht darin, weibische Unmännlichkeit, Weichheit, wohl gar Feigheit zu erwecken. Es scheint, daß d i e s der Punkt ist, an dem die Friedensbewegung z. B. von unseren Militärs – die Kreise des Wehrvereins wurden bereits genannt – am meisten gefürchtet und – seltsam verkannt wird.

Es mag sein, daß manche Ausführungen der Friedensfreunde dazu den Anlaß gegeben haben, aber ohne Grund. Denn der Krieg ist eben einmal ein scheußliches Ding, und der moderne noch viel mehr als der frühere.

Wir wissen, was wir im japanisch-russischen und jetzt im Balkankrieg erlebt haben. Und solange es Verherrlicher des Kriegs geben kann, muß es doppelt so viele geben, die von dem Bild den Schleier reißen, und dann noch dazu das helle Licht des Christenglaubens und der Christenliebe darauf fallen lassen. Nein, es ist eine Schande, daß wir noch nicht weiter gekommen sind, im „Krieg gegen den Krieg". [...]

Und damit das Positive nicht fehlt, was eigentlich nicht die Sache dieser Bewegung ist: die „Friedensfreunde" unterstützen durchaus alles, was zur Stählung der Nation dient, ja, sie s i n d ja durchaus, gleich allen anderen, für die Herstellung der nötigen schimmernden Wehr.

Das freilich ist nicht zu vermeiden, daß die Friedensfreunde nicht zur Förderung der Kriegslust, nicht zur Hebung der Kriegsfreude beitragen – hier steht eben Meinung gegen Meinung; übrigens sollte es auch nicht schwer sein, zu erkennen, welcher Meinung c h r i s t l i c h e r Sinn nahe stehen muß.

Und damit zur letzten, positiven Gabe der Friedensbewegung. Ich dächte, der Gang der Dinge zeige doch gerade in diesen Monaten aufs deutlichste, was die Friedensbewegung wirken kann.

Z. B. in Rußland kämpfen zwei Stimmungen; das Volk scheint aus Rassen- und Glaubensgründen ziemlich stark für den Krieg, dem slavischen serbischen Brudervolk zu Hilf, gestimmt zu sein. Sollte da nicht eine starke Friedensbewegung im Volk, vorab unter den russischen Gebildeten, ein dem russischen Staatsministerium und dem Zar höchst erwünschtes Gegengewicht sein?

Von Deutschland brauchen wir diesmal nicht zu reden; das verhielt sich während der ganzen Krise [Balkankrise 1912] ausgesprochen friedlich.

Aber wie ungeheuer wichtig für den Weltfrieden ist eine starke Friedensbewegung jenseits der Vogesen und jenseits des Aermelkanals? Wenn man weiß, wie drüben Mißtrauen, krankhaft stark, gegen uns regiert, wenn man bedenkt, wie gar in Frankreich die „Stimmung" geradezu das Ausschlaggebende in der Politik werden kann, so sollte man wahrlich über die „Friedensbewegung" nicht spötteln, sondern beten, daß sie voranschreitet. Sie kann nicht alles. Aber sie kann mehr und mehr zur Zügelung blinder Volksinstinkte und zur Annäherung an das große Ziel einer „Organisation der Welt" [Alfred Hermann Fried] beitragen.

Rudolf Wielandt: Kriegsgefahr und Friedensbewegung. In: Süddeutsche Blätter für Kirche und freies Christentum, 1913, 20f. Hervorhebungen im Original.
Vgl. ferner Rudolf Wielandt: Krieg und Christentum. Friedensbewegung und Rüstungsbeschränkung. In: Süddeutsche Blätter für Kirche und freies Christentum, 1911, 235-237 und ders.: Zum Verständnis der Friedensbewegung. In: Süddeutsche Blätter für Kirche und freies Christentum, 1914, 98-100

Die internationale und vielgestaltige Dimension der Friedensarbeit von Walther Nithack-Stahn zeigte sich darin, dass er im Vorstand des Hilfsvereins für die politischen Gefangenen im zaristischen Russland aktiv war. So unterzeichnete er den folgenden Aufruf.

Im Namen der Menschlichkeit!
Am 25. November 1913 vereinigten sich 500 der besten Vertreter des europäischen Kulturgewissens zu einem Protest gegen die fortgesetzten Greuel in den russischen Gefängnissen. Die Presse sämtlicher Kulturländer druckte diesen Protest ab, und aus den fernsten Winkeln Sibiriens, aus Kerkern und Verbannungsorten kam als Widerhall auf diese Hilfsaktion die Nachricht über neubelebte Hoffnungen der politischen Gefangenen Rußlands. Es blieb nicht bei diesem Protest allein. In Österreich und Frankreich, wo bereits früher Hilfsvereine bestanden, setzte eine lebhafte Werbearbeit ein. In Holland, in der Schweiz und in Deutschland entstanden Vereinigungen, die die Ziele des Aufrufs vom 25. November in die Wirklichkeit umzusetzen bestrebt sind. Als die Vertreter dieser Bestrebungen in Deutschland treten wir hiermit an die Öffentlichkeit, um in engster Verbindung mit den entsprechenden Organisationen des Auslandes den politischen Gefangenen Rußlands moralische und materielle Hilfe zu bringen.

„Es ist" – schrieben vor einiger Zeit die politischen Gefangenen aus einigen russischen Kerkern – „es ist die verächtliche Selbstsucht, die mitschuldig macht, es ist die feige Gleichgültigkeit derer, die die kleinste Mühe scheuen, es ist die ganze Stumpfheit der öffentlichen Meinung, die uns zur Hoffnungslosigkeit, Entmutigung und Verzweiflung getrieben haben."

Diese Anklagen der lebendig Begrabenen, die tiefe Scham in allen menschlich Fühlenden wachrufen müssen, dürfen nicht mehr ertönen. Es ist hohe Zeit, daß Selbstsucht und Gleichgültigkeit verstummen, es ist hohe Zeit, daß die Kulturmenschen wieder – wie ehemals – sich auf ihre Pflichten gegen die Opfer eines rückständigen, gewalttätigen Regierungssystems besinnen!

Nichts wäre verderblicher, als dieser heiligen Aufgabe des wahren Menschentums das Argument der „Nichteinmischung" entgegenzusetzen. Nichts wäre gefährlicher, als dieser keinen Aufschub duldenden Wirksamkeit mit dem Einwand zu begegnen, das Ausland könne und dürfe den politischen Gefangenen des Zarismus keine Hilfe bringen. Nein und tausendmal nein!

Das Ausland kann – wenn es nur will – wertvolle Hilfe leisten, um die Ausschreitungen der russischen Gefängnisbeamten zu zügeln, es kann die Leiden der politischen Gefangenen lindern, das haben zahlreiche Fälle aus der Vergangenheit bewiesen! Das Ausland muß diese Pflicht erfüllen – wenn es gegenüber einer immer höher anschwellenden Woge der Unmenschlichkeit die heiligsten Grundsätze der Menschlichkeit wahren will!

So appellieren wir hiermit an alle aufrechten Männer und Frauen, ohne Unterschied der Parteien, unsere Bestrebungen in jeder ihnen zugänglichen Art zu unterstützen. Wir appellieren im Namen der Menschlichkeit an das Rechtsgefühl und die Humanität des deutschen Volkes, denn nie war der Name Mensch so geschändet, wie in diesen Tagen des 20. Jahrhunderts durch Missetaten in den Kerkern und Verbannungsorten des russischen Reiches!

Der Vorstand:
Minna Cauer, Berlin. N. H. Witt, Rentier, Wannsee. Eduard Fuchs, Schriftsteller, Zehlendorf. Hugo Simon, Bankier, Zehlendorf. Graf Georg von Arco, Tempelhof. Bernhard Kampffmeyer, Schriftsteller, Rehfelde. Dr. Alfred Kerr, Schriftsteller, Grunewald. Käthe Kollwitz, Malerin, Berlin. Nithack-Stahn, Pfarrer, Berlin. Von Tepper-Laski, Rittmeister a. D., Berlin.

Helmut Trotnow: Karl Liebknecht und der „Deutsche Hilfsverein für die politischen Gefangenen und Verbannten Rußlands". In: Internationale wissenschaftliche Korrespondenz zur Geschichte der deutschen Arbeiterbewegung, 1976, 367f.

Ein Sonntag für den Frieden

Eine friedenstheologische Idee stellte der Friedenssonntag dar. Walther Nithack-Stahn reflektierte dieses Anliegen grundsätzlich und machte konkrete Vorschläge der Umsetzung. Realisiert wurde der Friedenssonntag auf landeskirchlicher Ebene in Elsass-Lothringen. Am 7. Dezember 1913, dem zweiten Advent, fand ein solcher Sonntag für den Frieden statt.

Im Elsass hat im Herbst 1912 eine grosse Anzahl Geistlicher die Einführung eines Friedenssonntags beantragt. Die Strassburger Pastoralkonferenz, die die lutherische und reformierte Geistlichkeit umfasst, hat sich einstimmig dafür ausgesprochen. In England haben mehrere Kirchengemeinden bereits diesen Brauch. Sollte er nicht auch im Volke der Reformation, in den deutsch-evangelischen Landeskirchen, möglich sein?

Ich weiss wohl, dass die Arbeit am Völkerfrieden bisher im evangelischen Deutschland starkem Misstrauen begegnet. Von 3–4000 Theologen, an die im letzten Frühjahr der bekannte Friedensaufruf erging, haben ihn nur 400 unterzeichnet.

Zugestanden alle denkbaren Gründe der Zurückhaltung, die noch keine Gegnerschaft des Friedensgedankens bedeuten, so bleibt immer die befremdliche Tatsache übrig, dass die berufenen Zeugen des Evangeliums sich in der Mehrzahl noch nicht verpflichtet halten, etwas Positives für die Völkerverständigung zu tun. Aus ihrem Schweigen redet die stumme Frage: Was hat die K i r c h e damit zu tun?

Ich antworte: Wenn irgendeine menschliche Gemeinschaft das Vorrecht hat, die Weihnachtsbotschaft „Friede auf Erden" in das Völkerleben zu übersetzen, so ist es die Kirche. Dass sie diese Anwendung bis heute nicht gemacht hat, beweist nur ein Versäumnis. Wir können nicht „Gottes Söhne heissen", ohne „Friedensstifter" zu sein.

Alle Einwände dagegen sind so oft widerlegt worden, dass die Zweifler nur gebeten werden können, diese Schlussfolgerungen des Evangeliums, die ihnen neu sein mögen, erst einmal durchzudenken. Und niemals war für alle Kirchen christlicher Kulturländer mehr Ursache zu einer Friedenstat als heute. Die Zeit ist wahrhaftig erfüllt. Nie in der gesamten Menschheitsgeschichte ist so andauernd, so angespannt zum Kriege gerüstet worden wie in der Gegenwart. Unser ganzes Volksleben steht ununterbrochen unter dem Damoklesschwert des Krieges. Reden wir nicht von den ungeheuren materiellen Opfern, die der ewig drohende Völkerzwist auferlegt. Es wäre einer Kirche unwürdig, d i e s e Opfer in den Vordergrund zu stellen.

Reden wir aber von der V ö l k e r s t i m m u n g , die um des Krieges willen angeblich genährt werden muss. Hier hat die Kirche die Pflicht, Versöhnung zu predigen. Warum tun wir das nicht? Wir predigen ja so oft über den Krieg, vorschriftsmäßig und viele aus vollem Herzen, über das heilige Amt der Vaterlandsverteidigung und preisen ihre Helden – warum predigen wir nicht über den heiligen Frieden? Zum Gedächtnis des 2. Septembers [Sedantag], des 18. Oktobers läuten die Kirchenglocken – sollten sie nicht viel voller läuten zur Erinnerung eines Tages wie der, von dem Paul Gerhard[t] sang:

„Gottlob, nun ist erschollen

Das edle Fried- und Freudewort,

Dass nunmehr ruhen sollen

Die Spiess' und Schwerter und ihr Mord …"?

Aber wir r e d e n ja in der Kirche vom Frieden! erwidert man. Eigentlich reden wir jeden Sonntag davon! Wir grüssen die Gemeinde auf der Kanzel mit dem apostolischen Friedensgruss, wir entlassen sie am Altare mit dem friedevollen Segen Aarons. Der Engelsgesang der Weihnacht erklingt bei jeder Liturgie, im Kirchengebet des Chrysosthomus erbitten wir „den Frieden der ganzen Welt"; und immer, wenn wir den Friedefürsten in den Mittelpunkt unsrer Betrachtung stellen, wenn wir seine Liebe verkünden, die Freund und Feind umfasst; wenn wir sein Vaterunser beten und bitten, das Königreich Gottes möge kommen – wirken wir da nicht für den Frieden aller Menschen? – Ja, so sollte es sein. Aber warum reden wir nur so allgemein davon? Warum werden wir nicht deutlicher? Wenn uns die widerchristliche Tatsache des Krieges auf der Seele brennt, warum nennen wir sie nicht beim Namen und kämpfen mit offenem Visiere gegen sie mit dem Schwert des Geistes?

Heisst das etwa, in der Kirche Politik treiben, gar Parteipolitik? Dann dürften wir auch keine Sedanpredigten halten, um nicht politisch zu werden; dürften auch nicht über den reichen Mann und den armen Lazarus sprechen, weil man da auf soziale Fragen käme.

Ich sehe mich um in der ganzen mir bekannten Predigtliteratur, ich gedenke der unzähligen Male, da ich unter der Kanzel gesessen – und wüsste keine ausdrückliche Predigt wider den Krieg! Wahrlich, es ist von einer Kirche, die Christus ihren Herrn nennt, nicht zu viel verlangt, dass sie wenigstens an e i n e m Sonntage des Kirchenjahres eine Völkerfriedenspredigt hielte! Alljährlich ist Erntedankfest, Buss- und Bettag, Totensonntag, Reformationsfeier, Epiphaniastag mit seinem Hinweis auf die Weltmission – und e i n „Tag des Herrn" von den 52 des Jahres könnte nicht dem Gedanken geweiht werden, dass alle Völker Brüder sind?

Im Mittelalter schrieb die Kirche vor, dass am Karfreitag keine Waffen getragen werden durften – sollte der Gottesfriede in unserer Zeit keinen Tag finden, wo die Kirche feierlich verkündete: „Stecke dein Schwert in die Scheide!"

Es gibt Sonntage genug, die besonders dazu mahnen. Man hat Quasimodogeniti gewählt wegen der Epistel von unserem Glauben, der die Welt überwindet. Auch Dom. I.p. Trin. würde sich wegen 1.Joh. 4,16 „Gott ist Liebe" wohl eignen. Um der Zeitstimmung willen auch der Sonntag nach Weihnachten oder der zweite Pfingsttag. Mir schiene der gegebene Tag der Erste Advent mit seinem Evangelium von dem einziehenden König des Friedensreiches.

Leicht wäre es, zur Ausgestaltung solches Friedensgottesdienstes Bibelworte zu finden. Aus dem sonst so kriegerischen Alten Testament die weitausschauenden Prophetenworte von dem messianischen Weltfrieden: Jesaia 2, 2-4; 9, 4-6; 11, 1-9: Dazu Psalm 46, 9-12. Und mag man immer wiederholen, Jesus habe den Krieg nicht ausdrücklich verworfen, so ist doch sein vornehmstes Gebot implicite das Verbot des Krieges. Aber auch explicite steht es zu lesen Matth. 5, 9; 5, 21-22; Luc. 9, 52-56; Apostelgesch. 17, 26-28; Römer 12, 17-21; 1.Kor. 12, 12-27; 14, 33; Epheser 2, 14; 4, 1-6; Philipper 4, 4-9; 1.Joh. 4, 16-21 u. a. O.

Unser Gesangbuch, als der Ausdruck des bisherigen kirchlichen Bedürfnisses, enthält keine unmittelbaren Friedenshymnen, doch manche Lieder, die so gedeutet werden dürfen. Z. B. Zinzendorfs „Herz und Herz vereint" mit seiner schönen Strophe „Friedefürst lass deinen Frieden". Aus Gerhards „Nun lasst uns gehen" (ein Gegenstück zu dem neuerdings auch kirchlich beliebten Kriegsgesang „Wir treten zum Beten"), die Verse „Schleuss zu die Jammerpforten". Vor allem aber enthalten fast alle Pfingst- und Missionslieder den Gedanken der Völkergemeinschaft, wie „Eine Herde und ein Hirt".

Ich wüsste auch nicht, wie der jetzt so stark erwachende Sinn für die Missionierung der Völkerwelt mit der Pflege des „kriegerischen Sinnes" zusammen bestehen könne. Woher nimmt nur die europäische Christenheit den Mut, den „Heiden" die Religion der Liebe zu bringen, solange sie untereinander Ströme von Blut vergiesst? Wie kann sie jene Völker christlich erziehen wollen, wenn sie selbst wetteifert, ihnen die neuesten Erfindungen der Menschenvernichtungs-Technik zu verkaufen und sie in der Kunst des Krieges zu unterweisen? Was sollen die Bekenner Buddhas und Konfutses von christlicher Logik halten, wenn man in den Kirchen Europas die Christianisierung der Welt als heilige Glaubenssache treibt und gleichzeitig den Weltfrieden als Utopie bespöttelt?

E i n Friedenssonntag im Jahr! An dem auch die Jugend ihre besondere Feier hätte! Unseren Kindern wird ja so viel Rühmliches von Krieg und Schlacht erzählt, ihre Fantasie so reichlich angeregt, damit ihr Spiel zu treiben, dass wohl im Kindergottesdienst – etwa im Advent – auch einmal davon gesprochen werden könnte: „Gott will, dass allen Menschen geholfen werde", er schuf uns nicht, damit wir uns gegenseitig töten. An Johannes 18, 36 könnte der hohe Begriff des Gottesreiches, an Matth. 8, 23-26 das Ideal christlicher Mannhaftigkeit entwickelt werden.

Was können wir Pfarrer tun, diesen Treuga-Dei-Tag, diese geringe Abschlags-zahlung der Kirche an ihre völkerversöhnenden Pflichten zu schaffen? Eine stille Uebereinkunft derer, denen eine grosse geschichtliche Unterlassungssünde der Kirche das Gewissen bedrückt, die sie zum Auftun des Mundes treibt, könnte den Anfang machen. In Gemeindekörperschaften, Synoden, Pfarrerkonventen sollte der Friedenssonntag auf die Tagesordnung kommen, der Deutsch-evangelische Kirchenausschuss ihn in sein Programm aufnehmen, der Deutsche Pfarrertag ihn nicht, wie bisher, zaghaft beiseite schieben: damit es ein Tag werde, wo von den Kanzeln aller deutschen Landeskirchen die Weltfriedensbotschaft laut werde.

Ihr tiefster Sinn wäre freilich erst dann erreicht, wenn die protestantischen Kirchen Frankreichs, Englands, Amerikas, der Schweiz sich mit uns verbänden – und warum sollte die römische Weltkirche nicht einstimmen? – so dass am Ende, wie zu Weihnachten, die Glocken aller christlichen Konfessionen an e i n e m Tage dasselbe Lied läuten, das allen Völkern gilt bis an der Welt Ende!

Dann hätte die Kirche Christi endlich eine aussenstehende [sic] Forderung des Pfingstgeistes eingelöst, wahrlich, ohne sich unbefugt in die Händel dieser Welt zu mischen, niemandem zu liebe noch zu leide, als die Verwalterin ewiger Güter, das unbestechliche Gewissen der Völkerwelt!

Dann erfüllte sich Rückerts herrliches Adventslied „Dein König kommt in niedern Hüllen", und es gälten seine Verse:

O lass dein Licht auf Erden siegen,
Die Macht der Finsternis erliegen
Und lösch' der Zwietracht Fackel aus,
Dass wir, die Völker und die Thronen,
Vereint als Brüder wieder wohnen
In deines grossen Vaters Haus!

Walther Nithack-Stahn: Ein Friedenssonntag. In: Die Eiche, 1914, 45-49. Hervorhebungen im Original.

Friedenspfarrer contra Deutscher Wehrverein im Frühjahr 1914

Nationalistisch-imperialistische Organisationen sorgten ab 1890 dafür, dass im Kaiserreich Aufrüstung und Kriegshetze weit verbreitet wurden. Im Januar 1912 wurde ein weiterer militaristischer Verband gegründet, der Deutsche Wehrverein. Als Vorsitzender fungierte der General a. D. August Keim, der bereits als führender Funktionär des Flottenvereins und des Alldeutschen Verbandes einschlägige Erfahrungen gesammelt hatte.

Unter diesem Vorsitzenden sollten die folgenden Ziele umgesetzt werden: Stärkung der Vaterlandsliebe, des „mannhaften Geistes" und der Armee, Popularisierung der deutschen Flotte und des Heeres sowie eine massive Aufrüstung (Verabschiedung der Heeresvorlagen im Reichstag 1912 und 1913) und Vorbereitung eines Angriffskrieges gegen europäische Nachbarstaaten.

Die angebliche kulturelle Überlegenheit Deutschlands, die Bedeutung der Familie und ein zunehmender Antisemitismus gehörten zum festen ideologischen Bestandteil. Eine Gleichberechtigung der Geschlechter war für den Deutschen Wehrverein unvorstellbar. Frauen wurden als unfähig angesehen, politische Entwicklungen zu verstehen und sollten ihre Ehemänner und Söhne auf den zu erwartenden Krieg vorbereiten. Führende Mitglieder des Deutschen Wehrvereins arbeiten zugleich im Deutschen Bund zur Bekämpfung der Frauenemanzipation, der ebenfalls 1912 gegründet wurde.

Bereits zwei Jahre nach seiner Gründung zählte der Deutsche Wehrverein ca. 350.000 Mitglieder, darunter besonders viele ehemalige Generäle und Offiziere, Beamte, Lehrer, Geschäftsleute sowie die Schwerindustriellen Kirdorf und Röchling. Zum Vergleich: im gleichen Jahr 1914 umfasste die Deutsche Friedensgesellschaft ca. 10.000 Mitglieder in 98 Ortsgruppen.

Während des Ersten Weltkrieges reduzierte sich die Zahl der Mitglieder deutlich. Im Jahr 1919 hatte diese nationalistisch-militaristische Organisation nur noch 31.000 Mitglieder, 1922 blieben 251 Personen übrig.

Der Deutsche Wehrverein verfügte über gut funktionierende Strukturen und politische Beziehungen, die wichtige Voraussetzungen für die öffentliche Propaganda darstellten. Der Alldeutsche Fritz Bley und der reaktionäre Dichter Ernst von Wildenbruch versuchten durch ihre Verse im Organ des Vereins, *Die Wehr*, breite Teile der Bevölkerung auf einen bevorstehenden Krieg einzustimmen. Diesem deutlichen Ziel dienten ebenso Vorträge über militärische Themen, nationale Feste und patriotische Feiern (Geburtstage des Kaisers und Bismarcks, Reichsgründung, Sedanstag).

Zur Strategie des Deutschen Wehrvereins gehörten ebenso der innenpolitische Kampf gegen die Sozialdemokratie und die Verächtlichmachung des Pazifismus. So erschien

Anfang 1914 als Nr. 10 einer Schriftenreihe dieser Organisation ein Heft mit dem bezeichnenden Titel *Die Friedensbewegung und ihre Gefahren für das deutsche Volk* mit Beiträgen von Keim, General Karl Litzmann u. a.

Gegen diese Hetzschrift wandten sich einige Friedenspfarrer, indem sie, nur wenige Wochen später, ihre Antworten in der Schrift *Der Wehrverein – eine Gefahr für das deutsche Volk* im pazifistischen Verlag Wilhelm Langguth (Eßlingen) veröffentlichten. Als Herausgeber fungierte der führende deutsche Friedenspfarrer Otto Umfrid (Stuttgart), der seit 1900 als Vizepräsident der Deutschen Friedensgesellschaft arbeitete, zahlreiche Ortsgruppen dieser Friedensorganisation gründete, ca. 600 friedenspolitische Publikationen schrieb und für den Friedensnobelpreis 1914 vorgeschlagen wurde.

Umfrid wandte sich in der Schrift besonders gegen die Position Keims.

Zu den Autoren zählten auch die Berliner Friedenspfarrer Nithack-Stahn und Francke. Ferner arbeiteten der pazifistische Pfarrer Wagner (Neuhengstett/Kreis Calw), der Reichstagsabgeordnete Georg Gothein und Dr. John Mez mit.

Ein Ausgangspunkt der publizistischen Kontroverse bildete Nithack-Stahns Lesepredigt zum Weihnachtsfest 1913.

[...] Zwar, was allerlei Propheten uns von dem Unheilsjahr 1913 geweissagt haben, hat sich nicht erfüllt. Weder die Ziffer, die den Abergläubischen schreckt, noch die blutigen Jahrhunderterinnerungen haben es heraufbeschworen. Der vielberufene, angeblich unvermeidbare Weltkrieg ist nicht entbrannt. Im Gegenteil, was vor Jahresfrist in der Wetterecke Europas tobte, hat sich gelegt; die Waffen ruh'n. Und die Tür des neuen Jahres öffnet sich nicht mit Mord. Dennoch, es wäre lächerlicher Leichtsinn, zu sagen, daß Friede auf Erden sei.

Ein Beobachter, der aus Sternenhöhe auf diesen Ameisenhügel, Erde genannt, herunterblickte, würde bemerken, daß der Kampf um's Dasein ihn rings erfüllt; daß die Gattung Lebewesen, die sich auf ihm als die edelste und beste gebärdet, für kein Werk ihrer Vernunft so viel emsigen Fleiß aufwendet, als dafür, sich gegeneinander zu verschanzen und mit allen Erfindungen höllischer Vernichtung zu wappnen.

Wenn zwei Raubtiere sich gegenüber kauern, Auge in Auge, die Flanken mit den Schweifen peitschend – heißt man das Frieden? Und so geht es nun unter Menschen seit Menschengedenken. Auch in den Bezirken, über denen seit zwei Jahrtausenden die gute, neue Mär von dem heiligen Frieden schwebt. Wahrhaftig, man ist versucht, zu sagen: Stellt endlich das Weihnachtsgeläute ein! Hört auf, eine große Lüge zu predigen!

[...]

Gar viele Gläubige geben sich bekanntlich damit zufrieden, daß sie die Welt laufen lassen, wie sie nun einmal ist, allein um ihren persönlichen Herzensfrieden besorgt. Von „Völkerfrieden" stehe in den heiligen Schriften nichts. O diese gottselige Selbstsucht, die nicht wagt, sittliche Forderungen zu ziehen! Die berufenen Vertreter aller Glaubensbekenntnisse – sie sind darin allzumal Sünder – haben vor der Geschichte eine schwere Verantwortung auf sich geladen. Sie reden täglich vom Frieden und schaffen ihn nicht!

Noch widerspruchsvoller eine andere Menschenart, die sich im zwanzigsten Jahrhundert nach Christus erstaunlich vermehrt hat. Sie feiern Weihnachten, überzeugt, mit dem Urheber des Festes der Liebe auf gutem Fuße zu stehen – und schlagen dröhnend an Schwert und Schild und rufen den Friedensverkündern lachend entgegen:

„Wir loben uns den Krieg! Die herrlichste Offenbarung der Mannheit! Ihr Schwächlinge erträumt eine kampflose Welt? Sie wäre das Ende aller adeligsten Tugenden. Wir hatten schon viel zu lange Frieden! Wir Deutschen insbesondere werden noch an unserer erbärmlichen Friedseligkeit zugrunde gehen! Merkt euch: das ist der vornehmste Stand im Volke, der das Schwert an der Seite trägt!" –

Wir aber antworten:

„Wie ihr die Apotheose des Krieges mit eurem Weihnachtsglauben vereinigt, das zu entscheiden überlassen wir euch. Aber ihr irrt: eine Menschheit ohne Kampf wünschen wir nicht. Auch wir loben das Ringen und Streiten, des Lebens Pulsschlag. Wir wissen, daß weder das wirtschaftliche, noch das geistige Leben vorwärts schreitet ohne den Wettkampf aller mit allen. Aber ein anderes ist es, ob ich den Mitbewerber in ehrlichem Gegenüber arbeitend überwinde, ein anderes, ob ich ihn kraft physischer Uebermacht niederstrecke. Dieses ist tierisch, jenes menschlich. Jenes nennt man Recht und Gesittung, dieses Brutalität.

Und mag es sein, daß die Kriegerkaste seit alters als die vornehmste galt, älter als sie und vornehmer ist der Priesterstand, der den Willen der Gottheit verkörperte. Wir nun sind der Meinung, daß in allen Ständen diejenigen dem Volke vorangehen, die als ihres eigenen Gewissens Priester die Ideale der Menschheit vertreten, mögen sie die Waffen des Geistes führen im Rock des Arbeiters oder im Talar des Gelehrten. Solche aber pflegen an den Frieden auf Erden zu glauben."

[...]

Es ist wahr, die bisherige Staatskunst, die nach Bismarcks Wort „den Völkern den Krieg zu ersparen bemüht sein muß", hat das Ziel ihrer Bemühungen nicht erreicht. Aber man mute auch den nach dem Gesetz verantwortlichen Leitern der Staaten nichts Ungebührliches zu. Sie sind, mögen sie's fühlen oder nicht, am Ende Geleitete ihres Volkes.

Die Imponderabilien des Volkswillens sind die Gewichte in den Wagschalen der Völkerpolitik. Soll die Botschaft „Friede auf Erden" zur Wirklichkeit werden, so muß das Verantwortlichkeitsbewußtsein des Staatsbürgers geweckt und auf den Plan gerufen werden.

So seltsam es klingen mag: das ist auch im Sinne des Weihnachtsfestes.

Der Arme aus Nazareth, dessen Geburt die holde Erzählung in Stall und Krippe verlegt, der obdachlos, eines zertretenen Volkes enterbter Sohn, zur Welt kam, er war gewiß weit entfernt von Weltpolitik. Aber kraft seiner erdumspannenden Liebesbotschaft hat er die Schranken der Nationen niedergerissen und vor dem Altare seines Vatergottes die Menschen aller Rassen zu Brüdern geweiht. Gewiß, er hat auch nicht an neue Gesellschaftsordnungen gedacht, er wollte die Menschen von innen heraus verwandeln. Aber er hat dem Sklaven, dem Weibe, dem armen Lazarus eine Seele zugesprochen, gleichwertig denen, die auf der Höhe des Lebens atmen. Und so ist er der Prophet der allgemeinen Menschenrechte: Gebraucht sie zum Heile der Welt!

So feiern wir denn sein Geburtsfest, indem wir im Geiste euch allen die Hände reichen, die eines guten Willens sind. Wir reichen sie den Volksgenossen, die mitarbeiten wollen, daß Friede auf Erden sei. Wir reichen sie über die Grenzlinien hinüber, die Menschenhand gezogen hat, euch allen, die den Völkerfrieden wollen. Es nicht wahr, daß wir eure „Feinde" sind, und wir glauben nicht, daß ihr die unseren seid. Wir verwerfen mit Entrüstung die [sic] Namen „Erbfeind", den zu gebrauchen eine Schmach für ein gesittetes Volk ist.

An diesem überkonfessionellen, übernationalen Feiertage wenden wir, die an den Frieden glauben, uns an euch Millionen Glaubensgenossen diesseits und jenseits der Grenzpfähle, der Ozeane und bitten euch, mit uns eure Stimme gegen den Krieg in die Wagschale zu werfen. Denn dies kündet uns Weihnachten: zu einem edleren Kampfe sind wir berufen, als zu dem der Geschütze und Bajonette – zum gemeinsamen Kampfe mit den feindlichen Kräften der Natur, mit den lastenden Rätseln des Daseins, mit dem Untermenschlichen in uns selber!

Walther Nithack-Stahn: Friede auf Erden! In: Der Wehrverein – eine Gefahr für das deutsche Volk. Hg. von Otto Umfrid. Eßlingen o.J. (1914), 1-4

Diese Weihnachtspredigt wurde nicht in einem Gottesdienst gehalten, sondern erschien in der Nr. 604 des *Berliner Tageblattes*. Diese Predigt missfiel dem General Karl Litzmann (1850–1936) sowie dem Hofprediger Bernd Rogge (1831–1919). Sie äußerten ihre Kritik jeweils in einem Beitrag der *Täglichen Rundschau*. Nithack-Stahn bezog daraufhin Stellung zu seinen Kritikern.

Am jüngsten Weihnachtsfeste hat ein Berliner Geistlicher sich schwer versündigt. In Nr. 605 und 607 v. J. dieses Blattes halten ein General und ein Theologe es ihm mit strafenden, entrüsteten Worten vor. Er hat „aufreizend gewirkt", er hat „die Gesinnung der besten Männer unseres Volkes geschmäht", er „beabsichtigt ein Verbrechen am Vaterland", er hat sein Amt gröblich mißverstanden und sich in bedenklichen Widerspruch zu dem Namen der Kirche gesetzt, auf deren Kanzel er steht. [...]

Er hat die Botschaft „Friede auf Erden" verkündigt in dem Sinne, daß die Völker der Erde Friede halten sollen. Er hat den außerdeutschen Völkern die Hand entgegengestreckt und sie gebeten, mit uns dem Kriege Einhalt zu tun. Das wird ihm verargt, als habe er gelästert. O bittre Ironie der Tatsachen!

Zwar die große, ernste Frage, auf die es dem Pfarrer ankam, die jedem nachdenklichen Menschen wie Zentnerlast das Gewissen bedrücken sollte: Wie reimt sich die Weihnachtsbotschaft mit dem dauernden Kriegszustand der „christlichen" Völkerwelt? – Diese herzerschütternde Frage hat Herr Generalleutnant Litzmann vorsichtig übergangen. Und auch Herr Hofprediger D. Rogge wird schnell mit ihr fertig. Er gibt die Friedensidee – rein theoretisch – zu, verwahrt sich aber sofort dagegen, daß „der Heiland einen allgemeinen Völkerfrieden verkünden gewollt" – was sein Amtsgenosse im Sinne eines politischen Ausspruches Jesu gleichfalls geleugnet hatte.

Lautet aber nicht sein vornehmstes Gebot: „Du sollst deinen Nächsten lieben?" Und wer ist denn mein Nächster? ... Damit sind aber in der Tat „die Schranken der Nationen niedergerissen" – freilich nicht „die Eigenarten und besonderen Aufgaben der Völker" beseitigt, was gar nicht behauptet worden.

Die beiden Tadler haben also nicht einmal den ernsthaften Versuch gemacht, den religiösen und sittlichen Widerspruch zwischen Krieg und Christentum auch nur als Problem in Angriff zu nehmen. Sie haben in Ermangelung dessen ihre Verurteilung des friedepredigenden Pfarrers auf Nebengründe gestützt.

Auch ein sozialdemokratischer Führer hätte einmal das Weihnachtsevangelium so sträflich ausgelegt! Eine recht üble Gewohnheit politischen Parteikampfes! Also weil ein politischer Gegner etwas auch gesagt hat, muß es falsch sein; und man widerlegt seinen Widerpart, indem man ihn in die verunehrensollende [sic] Gesellschaft einer verabscheuten Partei bringt. Mich dünkt immer: Wahrheit bleibt Wahrheit, wer sie auch sagt. Daß man auch nicht einmal vom Idealismus „im Rock des Arbeiters oder im Talar des Gelehrten" (auch Juristen und Professoren tragen bekanntlich Talare) schreiben darf, ohne politisch angegriffen zu werden, ist bedauerlich.

Aber der Pfarrer hätte seine Weihnachtspredigt in eine andere Zeitung schreiben sollen, wendet der Kritiker ein. Das ist nun dessen Angelegenheit und hat mit der sachlichen Frage nicht das geringste zu tun. Aber selbst angenommen, der Pfarrer hätte sein „Friede auf Erden" anderswo veröffentlichen wollen – wie viel große, deutsche Zeitungen nehmen denn einen religiösen Appell zugunsten des Völkerfriedens auf? Als im letzten Frühjahr der Friedensaufruf der 400 evangelischen Theologen an sämtliche hervorragende Tagesblätter mit der Bitte um Abdruck versandt wurde, waren ihm alle verschlossen, mit Ausnahme von einem, das ihn schweigend aufnahm, und eines anderen, das ihn verspottete. So weit sind wir in deutschen Landen! [...]

Auch der Satz jenes Weihnachtsartikels, den sowohl Herr Generalleutnant Litzmann wie Herr Hofprediger D. Rogge auf's schärfste beanstanden: die Warnung, den „Stand, der das Schwert an der Seite trägt, als den vornehmsten" zu bezeichnen, b e r ü h r t nur eben den Kern der Sache. Aber allerdings wollte der Verfasser [...] auf die bedenkliche Zeiterscheinung deuten, daß man den Träger des Waffenrocks als den vorzüglichsten Repräsentanten des Staatslebens, der Gesellschaft, der Vaterlandsliebe und der Mannestugend ansieht. An der Kluft, die sich durch solche Anschauung im Volke auftut, sind die Verkünder des Völkerfriedens wahrhaftig unschuldig!

Wer, wie der Schreiber dieses Artikels, den Soldatenstand, wie jeden ehrenhaften Dienst am Volksganzen, aufrichtig achtet und insbesondere unter unseren deutschen Offizieren viele auf's höchste verehrt, der würde eine Entfremdung zwischen Volk und Volksheer für nicht minder ungesund und beklagenswert halten, als es die beiden Herren tun.

Darum scheint mir auch in der Replik des Herrn Generalleutnants Litzmann dies das unbegreiflichste Mißverständnis, als sähe ich „in den Berufssoldaten eine zu tierischem Treiben und zur Brutalität bestimmte Sorte von Menschen". Den Krieg habe ich eine „Brutalität" genannt und nenne ihn noch einmal so. Denn es ist untermenschlich, ein Ueberrest niederer Wesensart, wenn Völker ihren Wettbewerb um die Palme der geistigen Welteroberung austragen, indem sie sich in Massenblutvergießen hinschlachten. „Gott will, daß allen Menschen geholfen werde, und daß sie zur Erkenntnis der Wahrheit kommen", nicht, daß sie sich hassen und töten. Dadurch unterscheidet sich Tier und Mensch, daß diesem das Leben seines Nächsten heilig ist. Auch die ritterlichste Form der Kriegführung – die ich dem deutschen Heere unbedingt zutraue – hebt die brutale Notwendigkeit der Massenvernichtung nicht auf. [...]

Auch der Idealismus im Kriege, den ich nie geleugnet habe (hätten die Herren doch meine Broschüren „Völkerfriede", „Barbareien", „Kirche und Krieg" vor ihren Erwiderungen gelesen!), ändert nicht das geringste an seiner Untermenschlichkeit.

Und es ist auch die physische Uebermacht, die im Kriege zuletzt den Ausschlag gibt, trotz aller Strategie. Warum sonst das angespannte Wettrüsten als zu dem Zwecke, das numerische Gleichgewicht der Kriegsmächte möglichst herzustellen? War's nicht ein großer Feldherr, der das Wort prägte: „der Herrgott sei immer mit den Bataillonen?"

Wer aber ist an der brutalen Tatsache des Krieges schuld? Wahrlich an letzte Stelle die Berufssoldaten, die nur ihre Pflicht erfüllen! Und sie sind im Krieg und Frieden nur die kleine Minderheit des Volkes. Wir alle sind daran schuld, diesseits und jenseits der Grenzen, die wir noch lange nicht angestrengt genug an dem Kommen des Friedens arbeiten!

Daß auch im wirtschaftlichen und geistigen Kampfe unblutige Opfer zu Tausenden fallen, Haß und Niedertracht mitspielen – das wäre ein schlechter Prediger, dem man das noch sagen müßte! Aber diese schädlichen Erscheinungen zu bekämpfen, treiben wir alle Sozialpolitik und Volkserziehung. Statt brutalen Gewaltrechtes Rechtsordnung! lautet unsere Losung. Nichts anderes erstreben auf dem Gebiete des internationalen Lebens wir vielverschrienen Pazifisten, die wir den Krieg bekämpfen, dessen „Notwendigkeit" Herr D. Rogge so apodiktisch behauptet.

„Weltfremd" wäre „der Mann Gottes" (warum diese Ironisierung eines biblischen Ausdrucks?), der solche Gedanken vertritt? Mir scheint, weltfremd ist nur der, der seine Zeit nicht versteht. Die Zeit aber, die der Lenker der Weltgeschichte über uns heraufgeführt hat, zeigt uns eine heiße Sehnsucht nach Völkerverständigung, ein schrittweises Aneinanderwachsen der Kulturstaaten zur Rechtsgemeinschaft, von dem frühere Geschlechter nicht ahnen konnten; das den Völkerfrieden nicht mehr als „Utopie", sondern als greifbare Wirklichkeit erkennen läßt, an deren Vollendung zu arbeiten, mir als sittliche Pflicht erscheint.

Prophetisch hat diese Aufgabe zunächst seinem deutschen Volke der ehrwürdige Kaiser Wilhelm I. in seiner Proklamation zu Versailles vorgezeichnet: „Möge die Aufgabe des neuen Reiches fortan darin beschlossen sein, sich im Wettkampfe um die Güter des Friedens als Sieger zu erweisen, auf dem Gebiete nationaler Wohlfahrt, Freiheit und Gesittung!"

Walther Nithack-Stahn: Geistlicher Antimilitarismus. In: Der Wehrverein – eine Gefahr für das deutsche Volk. Hg. von Otto Umfrid. Eßlingen o.J. (1914), 16-19. Auslassung und Hervorhebung im Original.
Vgl. auch Völker-Friede, 1914, 34

Auch in diesem Konflikt übte Hans Francke durch einen Beitrag Solidarität mit seinem pazifistischen Kollegen Nithack-Stahn und wandte sich besonders gegen Litzmann.

Generalleutnant z. D. Litzmann verfolgt in seinem gegen Nithack-Stahn geschriebenen Artikel „Geistlicher Antimilitarismus" die Taktik, immer wieder anzudeuten, wie bedenklich nahe sich Nithacks Weltfriedensideale mit denen der Sozialdemokratie berühren. Für uns Pfarrer hat diese Berührung nichts Bedenkliches.

Als Vertreter rückhaltloser Wahrhaftigkeit haben wir auch den Feinden der Kirche Recht zu geben, wo sie Recht haben; und als Vertreter unbeugsamen Gerechtigkeitssinnes haben wir sogar ihr Verdienst anzuerkennen, wo sie ein solches haben, und haben uns selbst und unseren Freunden Buße zu predigen, wo wir uns von jenen beschämen ließen. Und die Sozialdemokratie hat sich ein unbestreitbares Verdienst auf dem Gebiet der internationalen Völkerverständigung erworben, ein Verdienst, dem nachzustreben die kirchlichen Verständigungskomitees der verschiedenen Länder jetzt endlich langsam anfangen.

Es nicht richtig, was Generalleutnant Litzmann schreibt: „Mit der aufrichtigen Friedenssehnsucht eines echten Christenherzens haben ja doch die sozialdemokratischen Weltfriedensbestrebungen nichts zu tun". Und was sein Gewährsmann, der Frankfurter Pfarrer Julius Werner sagt: „Sie kommen aus der trüben Quelle des Hasses, des Hasses gegen die Regierung und das Militär", – das ist ein Ausfluß des Hasses gegen die Demokratie, d i e Demokratie, die sich Regierung und Militär zuweilen zu kritisieren erlaubt, aber sie darum nicht „haßt".

Es wird aber dem Pfarrer Werner nichts helfen, das Christentum ist von Hause aus demokratisch, radikal-demokratisch! Es gründet sich auf die heilige Schrift; und kein Buch der Weltliteratur wirkt nivellierender als die Bibel mit ihrer vernichtenden Kritik aller äußeren Vornehmheit, mit ihrer Verwerfung aller menschlichen Verdienste, mit ihrer Bestreitung aller irdischen Autorität, mit ihrer Betonung der Gleichheit aller Menschen vor Gott. Es gehört zu den widerspruchsvollsten Entwicklungen der Weltgeschichte, daß dieses von Hause aus demokratische Christentum sich jetzt besonderer Sympathie in aristokratischen Kreisen und bei d e m Stand erfreut, den auch Generalleutnant Litzmann zwar nicht als Stand aber doch als Beruf den „vornehmsten" nennt, – beim Militär.

Das Christentum ist ebenso von Hause aus durchaus international, – völkerverbrüdernd, in dem Sinne, wie es die Sozialdemokratie von ihrer Geburtsstunde her angestrebt hat. Mit dem Gruß „Friede auf Erden (– nicht etwa bloß: im Lande! –) und den Menschen ein Wohlgefallen!" (– nicht etwa bloß: diesem Volke! –) tritt es in die Welt ein.

Nithack-Stahn hatte vollkommen recht, mit dieser Losung zur weihnachtlichen Zeit seiner Leser-Gemeinde an's Herz zu legen, daß sie sich in Einigkeit mit aller Christenheit auf Erden einmal als Menschen, nicht bloß als Deutsche fühlen sollen. Generalleutnant Litzmann entsetzt sich zwar vor dem Gedanken, daß Nithack-Stahn derartiges nicht bloß im „Berl. Tageblatt", sondern von der Kanzel der Kaiser-Wilhelm-Gedächtniskirche äußern könnte, in d e m Gotteshause, „dessen Name ihm tagtäglich Kaiser Wilhelm den Siegreichen ins Gedächtnis zurückruft". Allein Herr Litzmann wird wohl selbst zugeben: ein Gotteshaus ist keine Ruhmeshalle! Solange es Gotteshaus bleiben soll, wird das Evangelium des Friedefürsten in ihm nicht zurückgestellt werden dürfen hinter die Erinnerungen an Kriege und Siege eines Mächtigen dieser Erde!

Das Christentum ist international durch seine Verkündigung. Es wendet sich damit an die Menschenherzen als solche und sucht sie loszulösen von allen traditionellen und völkischen Bindungen. Was allen Menschen gemeinsam ist, –

Wahrheitsdrang, Friedenssehnsucht, Erlösungsbedürfnis, – davon ist im Evangelium immerfort die Rede, niemals von dem, was Völker oder Rassen unterscheidet, wohl gar „trennen soll!" [...]

Es klingt durch seine [Litzmanns] Zeilen zuviel Freude an der Notwendigkeit hindurch, daß wir gerüstet sein m ü s s e n , – zuviel stolze Genugtuung, daß wir Deutschen uns den Teufel was darum zu scheren brauchen, ob Konfliktstoffe in der Luft liegen, – wenn wir nur stark bleiben! Mit dem christlichen Standpunkt ist dieses Sichabfinden mit der Schuld der Menschheitsentwicklung unvereinbar.

Unsere Nationalisten sehen eben darin keine Schuld in der Zerrissenheit der Völkerwelt; sie sehen darin eine Notwendigkeit – und nicht einmal eine bittere! Ein Christ wird, – wo er einmal die Notwendigkeit einsehen sollte! – allenfalls mit schwermütiger Entschlossenheit in einen Krieg ziehen, nimmermehr mit Frohlocken! Wie die Hellenen in den Kampf zogen, schweigend und stumm, während die Barbaren „sangen".

Herr Generalleutnant Litzmann „singt" zuviel von der Herrlichkeit der nationalen Wehr und Rüstung. Er sollte, wenn er sie verteidigen muß, wenigstens darüber knirschen! Dann wäre er noch allenfalls ein Christ.

Hans Francke: Gegen General Litzmann. In: Der Wehrverein – eine Gefahr für das deutsche Volk. Hg. von Otto Umfrid. Eßlingen o.J. (1914), 20-22. Hervorhebungen im Original.

Litzmann sollte noch Karriere machen – als Reichstagsabgeordneter der NSDAP (ab 1932) und preußischer Staatsrat. Nach dem Überfall Polens durch die deutsche Wehrmacht am 1. September 1939 wurde die Stadt Lodz nach ihm in Litzmannstadt umbenannt.

Die Berliner Kreissynoden
zum Thema „Kirche und Vaterland" im Mai 1914

Am 26. und 27. Mai 1914 tagten die Berliner Kreissynoden. Das Konsistorium gab das Thema „Kirche und Vaterland" für alle als verbindlichen Verhandlungsgegenstand vor.

Daß die Mark Brandenburg einschließlich Berlins kein sonderlich fruchtbarer Boden für den Pazifismus ist, ist nicht weiter verwunderlich. Ihr sandiger Boden ist zu sehr durchtränkt von militärischen Erinnerungen; die Identität militärischer Tüchtigkeit mit kultureller Menschengröße ist dem Märker eine zu ausgemachte Sache.

Sie sollte es aber nicht sein für die ziemlich stark vertretenen Kreise von ausgeprägter Kirchlichkeit in Berlin und Umgebung. Denen sollte zuweilen doch die Erkenntnis aufgehen, daß das Pochen auf physische Kraft, auf Schneid und auf soldatische Strammheit unverträglich ist mit dem Geist des Evangeliums Jesu von Nazareth. Es ist erstaunlich, wie langsam sich diese Erkenntnis in den Köpfen der Berliner Orthodoxie, übrigens auch in denen des kirchlichen Liberalismus durchsetzt. Aber es fängt doch an zu dämmern.

Einen Beweis für Beides brachten die d i e s j ä h r i g e n B e r l i n e r K r e i s - s y n o d e n , die in den Tagen des 26. und 27. Mai in den sechs Diözesen der Stadt Berlin fast gleichzeitig tagten. Ihnen allen war als Verhandlungsthema vom Berliner Konsistorium das Thema „Kirche und Vaterland" vorgeschrieben. Aus den Begleitworten, die das Konsistorium diesem Thema mit auf den Weg gegeben hatte, ließ sich entnehmen, daß eine Bearbeitung im „patriotischen" Sinne erwartet wurde, mit anderen Worten eine „Stärkung des nationalen Selbstbewußtseins" ohne Rücksicht darauf, daß alle Betonung menschlichen Eigenwertes widergöttlich ist.

Die Berliner Ortsgruppe der Deutschen Friedensgesellschaft hatte deshalb einen außergewöhnlichen Schritt unternommen. Sie hatte schon Anfang Mai an ca. 500 Geistliche in Berlin und Vororten die Broschüre „Der Wehrverein, eine Gefahr für das deutsche Volk" versandt, in der vier evangelische Pfarrer (Francke, Nithack-Stahn, Umfrid und Wagner) das Wort gegen Chauvinismus, Nationalismus und Kriegsverherrlichung ergreifen. Von den vier Mitverfassern dieser Broschüre war einer (Nithack-Stahn von der Kais.-Wilh.-Gedächtniskirche) für die Synode seines Kirchenkreises zum Referenten über das Konsistorialthema bestellt worden. Man konnte daher dem Verlauf dieser Synode mit besonderer Spannung entgegensehen.

Leider wurde das Interesse an der prinzipiellen Auseinandersetzung zwischen christlichen Friedensfreunden und Kriegsverteidigern stark in den Hintergrund gedrängt durch eine endlose Erörterung über kirchenpolitische Parteigegensätze, die Pfarrer Nithack-Stahn erst sehr spät zu Worte kommen ließen. Immerhin konnte er mit kurzer, eindrucksvoller Rede sein gedruckt vorliegendes Referat vertreten, dessen markanteste Thesen lauteten:

1. Durch die Uebertreibung nationalen Eifers sinkt die Völkermoral. Völkischer Pharisäismus entschuldigt am eigenen Volk, was er am fremden tadelt. Gegenseitige Verdächtigungen vergiften die Beziehungen der Staaten.

2. Die Kirche macht sich durch stillschweigendes Dulden dieses Zustandes mitschuldig an der dauernden Kriegsgefahr.

3. Die Kirche soll aber als „Botschafterin an Christi statt" das unbestechliche Gewissen der Völkerwelt sein. Sie kann dieses Richteramt nur üben, wenn sie sich nicht nur als Anwalt des eigenen Volkes, sondern als Vermittlerin zwischen den Völkern sieht.

4. Sie ist das der christlichen Religion schuldig, als deren vornehmste Lehre sie den einen Gott und Vater unser aller predigt, als deren höchstes Gebot die unbedingte Nächstenliebe.

Es folgte das Gegenreferat eines „positiv-gläubigen" Pfarrers (Lange aus Schöneberg), das die Pflicht der Kirche, unser Volk zur „Mannhaftigkeit" und Wehrhaftigkeit zu erziehen und durch die Bewunderung der Väter dafür zu begeistern, nicht genug betonen konnte.

Eine kurze Erörterung schloß sich an; schließlich gelangte eine Entschließung zur Annahme, durch welche die Synode sich mit den Grundgedanken b e i d e r Referate einverstanden erklärte, „in der Ueberzeugung von der Pflicht der Kirche, in allen vaterländischen Fragen mit heiligem Ernst, höchster Wahrhaftigkeit und peinlichster Gerechtigkeit gegen jedermann ist religiös sittlichen Gedanken des Christentums Raum zu schaffen, zugleich aber dem Reichsgottesgedanken, der alle Nationen zu einer Friedensgemeinschaft einigt, in den Lebensbeziehungen der Völker zum Siege zu verhelfen".

Also immerhin ein h a l b e r Erfolg!

Pfarrer F r a n c k e.

Anders war der Verlauf auf der Synode Berlin-Kölln-Stadt, an der Pfarrer Francke (von der Heilig-Kreuz-Kirche) teilnahm. Hier überraschte zunächst ein positiv gerichteter Geistlicher, Pfarrer Hölzel (von der Oelbergkirche) durch sein Eintreten für den Friedensgedanken. Bei Besprechung der Kirchenaustrittsbewegung erklärte er sehr wahr und sehr freimütig, daß eine Hauptanklage der Volksmassen gegen die Kirche dahin lautete: sie tut zu wenig für den Weltfrieden. Pfarrer Hölzel knüpfte daran die Anregung, die kirchlichen Behörden um Einführung eines Friedenssonntages zu bitten, wie ihn das Straßburger Konsistorium für Elsaß-Lothringen bereits eingeführt hätte.

Als diese „Anregung" bei den eigenen Parteigenossen des Pfarrers Hölzel eine mehr als kühle Aufnahme fand, nahm Pfarrer Francke sie als Antrag wieder auf, in der Hoffnung, daß ihm die Liberalen zur Annahme verhelfen würden. Der Antrag wurde aber abgelehnt (gegen eine allerdings beträchtliche Minorität), nachdem u. a. Oberhofprediger D. Dryander erklärt hatte: in Preußen lägen die Dinge doch wesentlich anders, wie in Elsaß-Lothringen (allerdings, Herr Hofprediger!) und von den g a n z u n k l a r e n u n d v e r s c h w o m m e n e n Zielen der Friedensgesellschaften müsse die Kirche weit abrücken!

Oberhofprediger Dryander hat wahrscheinlich zu viel Generalstabswerke und ähnliche Geschichtswerke der Vergangenheit lesen müssen, um sich von der enormen Gegenwartsarbeit, die die Friedensgesellschaften für Völkerverständigung und für die sehr klaren und bestimmten Zukunftsziele der Weltorganisation geleistet haben, eine Vorstellung zu machen.

Das Referat über „Kirche und Vaterland" hielt auf dieser Synode ein Gemäßigt-Liberaler, Pfarrer Dr. Violet (v. d. Thaborkirche). Er erging sich in Erinnerungen an die große Zeit vor 100 Jahren und schrieb den Sieg der Preußischen Waffen wiederholt dem Geist des Gottvertrauens und der christlichen Frömmigkeit zu, die damals die Truppen beseelt hätten. Bei Jena und Auerstädt ist diese Beseelung dann wohl auf französischer Seite, und im Burenkrieg auf Seiten der Engländer gewesen?

Als dann noch mehrere Synodalmitglieder die kriegerische Vergangenheit unseres Volkes auf Kosten der sündhaft-friedlichen Gegenwart verherrlicht und aus der Kriegsgeschichte den Nachweis göttlichen Waltens geführt hatten, erklärte Pfarrer Francke: er müsse im Namen des Christentums protestieren gegen solche Hereinziehung Gottes als einer Partei in die Händel der Völkergeschichte. Auch er liebe sein Vaterland; aber diese Liebe zu begründen auf die Erinnerungen an frühere Schlachten, bei denen Menschenblut in Strömen geflossen sei, sei ihm unmöglich.

Man sollte doch in der Kirche Christi nicht so leichtherzig über die furchtbaren Faktoren menschlicher Schuld und Sünde hinweggleiten, die auch im gerechtesten Krieg aufgehäuft klar zutage lägen, während die sogenannte „Offenbarung Gottes", die jedes Volk in den verworrenen Geschicken seines Landes zu finden wähnt, zumeist nur mit großer Willkür herausgelesen wird.

Wenn aber die Politik erheische, daß wir unsere Vergangenheit um jeden Preis verherrlichen, damit das deutsche Volk von heute dadurch in seinem Selbstbewußtsein gestärkt werde, so dürfe eben Politik und Christentum nicht identifiziert werden; und das „nationale Selbstbewußtsein" zu stärken, könne nicht einer Kirche zugemutet werden, die den Beruf hat, den Menschen Demut und Selbstverleugnung zu predigen.

Es war nicht gerade verwunderlich, daß diese Ausführungen wenig Verständnis fanden. Sie wurden auf der Rechten des Hauses mit lärmenden Zwischenrufen, auf der Linken mit betretenem Schweigen aufgenommen. Sie waren zu neu, so uralt sie für eine „christliche" Synode eigentlich sein müßten. Charakteristisch aber war, daß Pfarrer Francke hinterher eine ganze Anzahl Zustimmungen erhielt, er habe jedenfalls den christlichen Standpunkt konsequent vertreten, nur eben – z u konsequent!

Die Berliner Kreissynoden von 1914 werden für den Pazifismus in kirchlichen Kreisen nicht wirkungslos vorübergegangen sein; sie werden uns manchen Ehrlichen und Aufrechten als Anhänger gewonnen haben; und die Berliner Ortsgruppe tat recht daran, daß sie das Feld wirkungsvoll vorbereitete.

Völker-Friede, 1914, 87-89. Hervorhebungen im Original.

Die kirchliche Weltfriedenskonferenz zu Beginn des Ersten Weltkrieges

Anfang August 1914 fand in Konstanz eine internationale kirchliche Friedenskonferenz statt. Aus Deutschland nahmen, nicht zuletzt wegen der großen weltpolitischen Krise, nur drei Pfarrer an dieser Tagung teil, nämlich: Friedrich Siegmund-Schultze (Berlin), Zandt (Konstanz) und Ernst Böhme (Kunitz bei Jena). Organisiert wurde diese Weltfriedenskonferenz vor allem von Siegmund-Schultze und dem britischen Quäker und Abgeordneten Josef Allen Baker.

Im Vorwort des Programms der Tagung *Die Kirchen und freundschaftliche Beziehungen zwischen den Nationen* heißt es u. a.:

Der Zweck der Konferenz ist, den Vertretern der christlichen Kirchen der verschiedenen Länder Gelegenheit zu einer Beratung zu geben: in wieweit es für Christen verschiedener Kirchengemeinschaften und Völker ratsam und durchführbar ist, sich zu gemeinsamer Arbeit zu vereinigen, um die Einflüsse der Religion für die Förderung internationaler Freundschaft und Abwendung der Kriegsgefahr bei den Völkern der Welt geltend zu machen.

Evangelisches Zentralarchiv Berlin, 51/D I b 2

Die Resolution der Konstanzer Tagung bedeutete zugleich den Beginn der Arbeit des Weltbundes für Freundschaftsarbeit der Kirchen.

Der Schreiber dieser Zeilen hat sich damals [...] für die Vorbereitung der internationalen Konferenz eingesetzt, die auf Grund mannigfacher Beratungen in Konstanz am Bodensee stattfinden sollte. Abgesehen davon, daß das Inselhotel in Konstanz ein günstig gelegener internationaler Treffpunkt war, spielte für die Wahl dieses Ortes eine wesentliche Rolle, daß in unmittelbarer Nähe von Konstanz, nämlich auf der Insel Mainau im Bodensee, die Großherzogin Luise von Baden ihren Wohnsitz hatte, die sich in besonderer Weise aus tiefstem religiösem Interesse für diese Friedensarbeit der Kirchen einsetzte.

Nach mannigfachen Besprechungen, die ich mit der Großherzogin und anderen in Betracht kommenden Persönlichkeiten gehabt hatte, gingen die Einladungen aus, denen in der Tat Vertreter der meisten aufgeforderten Kirchen folgten.

Angesetzt waren für die Konferenz die Tage vom 2. bis 4. August 1914. Am 1. August sollten die Gäste eintreffen. Obwohl sich in den letzten Julitagen die dunkelsten Wolken über Europa zusammenzogen, waren es etwa 120 kirchliche Delegierte aus mehr als 30 Ländern, die der Einladung gefolgt waren. Am 1. August ergab sich dann die furchtbare Gewißheit, daß der erste Weltkrieg an diesem oder am folgenden Tage ausbräche. Die Delegierten, die irgendeinen Einfluß in ihrer Heimat hatten, taten alles, um noch – wenn irgend möglich – etwas für eine Verhinderung des Krieges zu tun.

Aber am Abend des 1. August war es offensichtlich, daß alle Bemühungen vergeblich waren. An diesem Abend fuhr ich noch einmal zu der Großherzogin von Baden nach Schloß Mainau, um sie zu bitten, daß auf Grund des Einflusses, den sie auf ihren Neffen, den deutschen Kaiser, hatte, der Mehrzahl der Delegierten ein Extrazug zur Verfügung gestellt würde, der sie am 3. August noch von Konstanz rheinabwärts über Köln nach den Niederlanden brächte. Am Sonntag, dem 2. August aber fand in verkürzter Form noch die Konferenz statt, die für die folgenden Tage geplant war. Nach einem Gottesdienst wurden in einer Aussprache, die von tiefster Begeisterung und heiligstem Friedenswillen getragen war, die Fragen in aller Kürze berührt, die sonst in den folgenden Tagen der Konferenz hätten besprochen werden müssen.

In Konstanz wurden noch am 2. August folgende Beschlüsse, die entsprechend vorbereitet waren, einstimmig gefaßt, durch die der Weltbund für Freundschaftsarbeit der Kirchen begründet wurde:

1. Da die Versöhnungs- und Freundschaftsarbeit eine wesentlich christliche Aufgabe ist, ist es geboten, daß die *Kirchen* in allen Ländern ihren *Einfluß* auf die Völker, Volksvertretungen und Regierungen *benutzen, um gute und freundschaftliche Beziehungen zwischen den Nationen herzustellen,* so daß sie auf dem Wege friedlicher Durchdringung den Zustand allgemeinen gegenseitigen Vertrauens erreichen, den zu erstreben das Christentum die Menschheit gelehrt hat.

2. *Da alle Zweige der Kirche Christi* in gleicher Weise an der Aufrechterhaltung des Friedens und der Förderung einer freundschaftlichen Stimmung unter den Völkern der Erde interessiert sind, empfiehlt es sich für sie, bei der Durchführung des obigen Beschlusses im *Einvernehmen* miteinander zu handeln.

3. Um die verschiedenen Kirchen instandzusetzen, miteinander Fühlung zu gewinnen, sollten Schritte getan werden, um in *jedem Lande* je nach den Umständen *Vereinigungen* einer Kirche für sich oder verschiedener Kirchen gemeinsam zu bilden, deren Aufgabe es sein würde, die Kirchen als solche zu gemeinsamen Bemühungen für die Förderung internationaler Freundschaft und die Vermeidung von Kriegen zu gewinnen. Es soll deshalb auch eine *Zentralgeschäftsstelle* zur Erleichterung der Korrespondenz zwischen den einzelnen Vereinigungen eingerichtet werden, die Nachrichten sammeln und weitergeben und die Arbeit der Bewegung einheitlich zusammenfassen soll.

4. Die Aufgabe der Ausführung der auf der Konferenz gefaßten Beschlüsse soll einem Komitee übertragen werden, zusammengesetzt aus nachstehenden Mitgliedern mit Ermächtigung der Zuwahl; dieses Komitee soll eine Konferenz für später festsetzen, auf der es über das Ergebnis seiner Arbeit berichten und Vorschläge für weitere Aktionen vorbringen soll: [es folgen 15 Namen].

84 Mitglieder der Konferenz, die ihre Heimat im Norden hatten, konnten in der Tat am Morgen des 3. August den Extrazug benutzen, der rheinabwärts, das heißt die deutsche Aufmarschlinie kreuzend, auf Befehl des Kaisers die Friedensfreunde sicher in ihre Länder bringen sollte.

Auf der Rückfahrt, auf der Unterzeichnete den Hauptteil der Gäste, das heißt diejenigen, die nach Norden fuhren, begleitete, wurden weitere Möglichkeiten einer Einflußnahme der Kirchen besprochen. Unter anderem kam es auf dem Kölner Bahnhof, wo der Zug etwas länger hielt, zu einer Szene, die keiner der Beteiligten vergessen wird:

Im Namen der britischen Delegation gab der Quäker Henry Hodgkin und der Deutsche Siegmund-Schultze im Namen ihrer Freunde die Versicherung ab, daß sie auch im Kriege alles, was in ihrer Macht stände, für den Frieden tun würden. Insbesondere wurden auch sofort einige Maßnahmen ins Auge gefaßt, um denjenigen Deutschen und Engländern, die durch die Kriegsereignisse in Not geraten würden, die Hilfe der Kirchen des „feindlichen" Landes zuteil werden zu lassen.

So entstand in jenen Minuten, in denen wir auf dem Perron des Kölner Bahnhofs standen, die Caritas Inter Arma, die während des ersten Weltkrieges so viel für deutsche und englische Zivilisten wie auch für Zivilgefangene und Kriegsgefangene beider Länder bedeutet hat. Es entstand auch de erste Anstoß zum Internationalen Versöhnungsbund, der sich in den nächsten Wochen aus einer britischen und einer deutschen Gruppe radikaler Friedensfreunde entwickelte.

Friedrich Siegmund-Schultze: Vor 50 Jahren: Weltbund für Internationale Freundschaftsarbeit der Kirchen. In: Die Zeichen der Zeit, 1964, 373f. Hervorhebungen im Original.

In dieser Zeit kam es zu einem dramatischen Konflikt. Mein Vater hatte nämlich, getreu seiner Glaubensüberzeugung, einen pazifistischen Quäkeraufsatz 1914 nach Ausbruch des Weltkrieges verbreitet und wurde von einem Mitglied der Kirchenbehörde bei den Militärs denunziert. Ein Verfahren wegen Hoch- und Landesverrat wurde eingeleitet. Ein Schreiben, das den Dank des Kaisers für den Quäkeraufsatz durch seinen Kabinettschef übermittelte, rettete meinen Vater vor der Füsilierung.

So Siegmund-Schultzes Tochter Elisabeth Hesse in Siegmund-Schultze, Friedenskirche, 401

Reaktionen auf den Beginn des Ersten Weltkrieges und die ersten Kriegsmonate

In zahlreichen Predigten, die in zwei Bänden gedruckt vorliegen, äußerte sich Nithack-Stahn vom August 1914 bis zum Januar 1915 zum Ersten Weltkrieg. Dabei wird eine sehr ambivalente Haltung sichtbar. Einerseits zeigt sich teilweise seine pazifistische Grundhaltung, andererseits macht er deutliche Zugeständnisse an den kriegerischen Zeitgeist.

Kriegsanfang

2. August. So jemand auch kämpfet, wird er doch nicht gekrönt, er kämpfe denn recht. (1. Timotheus 2,5)

Niemand von uns, auch der Älteste nicht, hat solche Stunden erlebt. In der Weltgeschichte ist kein Beispiel eines Krieges, wie er uns heute droht. Die führenden Völker der Erde, ausgerüstet mit den stärksten Mitteln der Vernichtungswissenschaft, in zwei Heerlager gespalten, schicken ihre Millionen zu Lande und zu Wasser widereinander. [...]

Wir Deutsche wollten den Frieden. Es ist keine leichtfertige Ausrede, wie sie bei Kriegsbeginn laut zu werden pflegt. Man lasse unser Volk abstimmen, ob es mit irgendeinem Volke der Erde Krieg haben wolle. Man frage den berufstätigen Bürger, den fleißigen Arbeiter, den sinnenden Gelehrten, den schaffenden Künstler; man frage die Frauen, die Mütter in Schloß und Hütte, man frage selbst die Männer, die von Berufs wegen das Schwert tragen – und 65 Millionen Deutsche würden mit überwältigender Mehrheit antworten:

Frieden!

Ja, es ist unter allen Völkern der Erde das gleiche. Nicht die Schuld der kulturtreibenden Völker ist dieser Weltkrieg, sondern die Schuld der Kriegschürer, die an Fürstentafeln sitzen und in Geschäftsbüros und Redaktionsstuben; derer, die das von Gott uns eingepflanzte Rasse- und Volksgefühl aufpeitschten zu wildem Haß. Der Fluch dieses ungeheuerlichen Krieges fällt auf ihre Häupter, sei es ein gekröntes schwachmütiges Haupt, das nicht den Mut fand, sich seiner kriegdürstenden Ratgeber zu erwehren und lieber zu fallen, als Völkermord zu entfesseln; sei es das Haupt eines unreifen Buben, der verwirrt von völkischem Wahnwitz ein Fürstenpaar niederschoß.

Dennoch, trotz allem, was sonst noch als Ursache dieser Völkerkatastrophe gewirkt haben mag – sie hätte nicht zu kommen brauchen. Noch gab es Möglichkeiten der Verständigung. Guter Wille auf allen Seiten, sittliches

Verantwortungsgefühl a l l e r Machthaber und die Erkenntnis, daß es auch für eine Großmacht nicht demütigend sei, in letzter Stunde einzulenken und Vermittelungen anzunehmen: das hätte den Frieden erhalten.

Und noch immer bin ich des Glaubens – trotz Spottes und Widerspruchs: Gott will nicht, daß seine Menschen einander vernichten, sondern daß sie auf dieser Erde mit vereinter Kraft wirken in Gerechtigkeit und Gesittung. Jeder Krieg ist Bruderzwist, alles da vergossene Blut ist Bruderblut. Wir wären nicht wert, uns mit dem Christusnamen zu schmücken, wenn wir anders dächten.

Und wenn heute die schwere Tatsache eines unabsehbaren Krieges vor uns steht, so darf uns das keine Widerlegung unseres Gottesglaubens sein, sondern nur ein Beweis dafür, wie weit die Völkerwelt noch von dem Ziele entfernt ist, das wir in jedem Vaterunser erbeten.

Was aber nützt es, in diesem Augenblicke vom Frieden zu reden, da kein Friede ist? Mit schwerem Herzen legt der Christ die Hand an das Schwert, aber mit gutem Gewissen, wenn das freie und selbständige Dasein seines Volkes auf dem Spiele steht. Auch dem Friedfertigen ist das Recht der Notwehr gegeben. Daß wir kämpfen müssen, ist entschieden, es handelt sich nur noch um das Wie. [...]

Dies Dreies [sic] gehört dazu, was man deutschen Kriegern wie etwas Selbstverständliches sagt, doch in dieser großen Stunde sagen muß: die gegen euch kämpfen werden, sind nicht eure persönlichen Feinde! Schont die Wehrlosen, führt nicht Krieg mit den Unbewaffneten, hütet euch vor der Bestie im Menschen! Laßt über den Schlachtfeldern die Sonne heiliger Menschlichkeit leuchten!

Zum anderen: gebt euch hin für die Sache eures Volkes, die Waffenfähigen wie die das Heimathaus Hütenden! Vergeßt nicht, daß ihr untereinander Glieder und Brüder seid! Und endlich: laßt die Töne der Religion mächtig in euch erklingen! Besiegt euch selbst, bevor ihr den Feind besiegt! Führt diesen Krieg als eine Gewissenssache, die euch ein ewiger Wille auferlegt! Und wenn der letzte Kampf euch naht, sterbt in der Hoffnung: mit Gott in Ewigkeit!

Diese [Kaiser-Wilhelm-Gedächtnis-]Kirche trägt das Gedächtnis eines Herrschers, der mit vielfachem Sieg gekrönt war. Aber vielmehr ist es eine Gedächtniskirche dem Manne zu Ehren, dessen Bild ob dem Altare steht. Er, der nie ein Schwert als das des Geistes gezückt, fiel doch als Held und Sieger. Er leuchte uns vor in dieser dunklen Zeit.

Walther Nithack-Stahn: Kriegsandachten. Halle (Saale) 1914, 3f. Hervorhebungen im Original.

Liebet eure Feinde!
18. August. (Matthäus 5, 44)

Ein Wort zur Unzeit? Ist es am Ende taktlos, heute darüber zu sprechen? Wie mag sich der Prediger da herauswinden? [...]

Was also heißt „lieben"? Zunächst: n i c h t   h a s s e n. Und das ist schon viel verlangt. Wenn wir jetzt fast täglich aus glaubwürdiger Quelle von belgischen, russischen Grausamkeiten hörten, verübt an Verwundeten, Frauen, Kindern – das Blut stieg uns zum Herzen, Empörung faßte uns. Das ist eben das Furchtbare am Krieg, daß er mit innerer Notwendigkeit Völkerhaß erzeugt. Dennoch, wappnen wir uns gegen das Untermenschliche. Übertragen wir nicht die Schuld einzelner auf ein ganzes Volk. Säen wir nicht Haßgedanken in die Seelen unserer Kinder. Sprechen wir uns Ruhe zu mit dem Christusworte: „Sie wissen nicht, was sie tun."

Denn Feindesliebe ist G e r e c h t i g k e i t. Abscheulich dünkt uns das Verhalten berühmter hochgebildeter Männer in Frankreich und Belgien, die in blindem Haß uns Deutsche „Barbaren" schelten. Ahmen wir ihnen nicht nach!

Die Völker da drüben sind ja dieselben, mit denen wir bis vor kurzem in friedlichem Austausch der Güter, in engen seelischen Beziehungen gestanden haben und hoffentlich einmal wieder stehen werden. Sagen wir es uns: wenn die Mehrheiten jener Völker die politische Macht im eigenen Lande, die volle Selbstbestimmung gehabt hätten – es wäre nicht zu diesem Äußersten gekommen. Wenn nicht der Einfluß lügnerischer Presse, die aufreizende Tätigkeit einzelner einen Kriegsrausch erzeugt hätte – der Haß gegen uns wäre nicht so schauerlich entflammt.

Sagen wir es uns: auch jenseits der Grenze wohnen unzählige gesittete Menschen, friedliebende Bürger – was sage ich? Auch fromme Christen. Und selbst unter denen, die auf unsere Brüder und Söhne die Todeswaffe richten, sind nicht alle von Mordlust beseelt. Sie gehorchen der grausen Notwendigkeit, gar nicht zu reden von den Armseligen im Osten, die von einer gewissenlosen Obrigkeit, oft wider Willen zur Schlachtbank getrieben werden.

Ist es gefährlich, Wasser in den brausenden Wein der Kriegsbegeisterung zu gießen? Aber die Pflicht der Selbsterhaltung entbindet nicht von der Christenpflicht. Ritterlich kämpft, wer den Gegner achtet. Und wenn Verbrecher wider das Völkerrecht streng zu bestrafen sind, so soll doch Rohheit nicht mit Rohheit vergolten werden.

Liebe – oder sagen wir deutlicher: Wohlwollen schulden wir auch dem Feinde, den wir züchtigen. Im Kriege ist das Letzte nicht der Krieg. [...]

Walther Nithack-Stahn: Kriegsandachten. Halle (Saale) 1914, 9f. Hervorhebungen im Original.

Gottesgesetze in der Geschichte
1. September. Er übt Gewalt mit seinem Arm und zerstreuet, die hoffärtig sind in ihres Herzens Sinn. Er stößet die Gewaltigen vom Stuhl und erhebt die Niedrigen. (Lukas 1, 51-52)

Heute vor 44 Jahren schloß sich der eiserne Ring um Frankreichs Kaiser und Heer. Wie oft haben wir des Tages gedacht als des größten in unsrer neueren Geschichte! Und heute? Die Siege im Westen, erkämpft mit Millionenheeren, der Tag von Tannenberg, sie stellen jenen in Schatten und enthüllen uns damit die ganze Größe dieser Weltenwende.

Wenn wir diesen ersten Kriegsmonat noch einmal bedenken und das Ungeheure, das noch vor uns liegt – wir wundern uns immer wieder über uns selber: w i e wir Deutsche in diesen Kampf hineingegangen sind, wie wir ihn führen, umstellt zu Lande und zu Wasser wie ein gehetztes Wild.

Und doch, die Grundstimmung aller – selbst die Ausländer, die unter uns leben, bezeugen es staunend: ruhige Zuversicht. Denn in der Tiefe der Volksseele liegt ein Glaube, der anscheinend geschlummert hatte, doch nicht tot war. Aus dem Unterbewußtsein tauchte er überraschend auf. Der Glaube, den auf dem Felde von Sedan der alte König bekannte: „Welch eine Wendung durch Gottes Führung!" [...]

Und wiederum: hüten wir uns, andere Völker gottlos zu schelten, gar den Einzelnen die Gottesfurcht abzusprechen. Aber die Art, wie die Kriegstreiber dort seit Jahren uns mit vereinten Kräften den Untergang angesonnen, dünkt uns unvereinbar mit der heiligen Scheu vor der Weltgerechtigkeit. Und warum stachelten sie die halbe Welt wider uns auf? Wie konnten sie so viel Unwahres über uns verbreiten? Warum unterdrückten sie nicht mit aller Kraft widerrechtliche Kampfmittel? [...]

Walther Nithack-Stahn: Kriegsandachten. Halle (Saale) 1914, 15f. Hervorhebung im Original.

Die zwei Antlitze des Krieges

6. September. Gott hat uns nicht gegeben den Geist der Furcht, sondern der Kraft und der Liebe und der Zucht. (1. Tim. 1,7)

[...] Auch ein grundsätzlicher Gegner des Krieges gesteht es ein: er treibt eine Fülle des Guten hervor. Welch eine edle Z u c h t ! Nicht nur die bewundernswerte Manneszucht des Kriegers, die Selbstanspannung des Beamten, die Ordnung des Wirtschaftslebens. Jeder einzelne nimmt sich in Z u c h t . Gern entbehrt er gewohnte Freuden. Frauen geben ohne Jammern ihren Gatten, ihre Söhne hin. Halbe Knaben eilen todbereit zu den Waffen. Das ganze Volk nimmt die Riesenlast als eine Ehre auf sich.

Und wieviel L i e b e ist da! Brudersinn unter den Kämpfenden, wo Prinz und Arbeiter nebeneinander fallen. Liebe auch zu den Feinden, die in den Krankensälen nicht mehr Feinde sind. Vaterlandsliebe ist nicht Redensart, ist flammende Tat. [...]

Manche singen deshalb dem Kriege Jubelhymnen als einem Völkersegen. Aber diesen Lichtseiten stehen dunkle Schatten gegenüber. Wie sind mit einem Schlage die Beziehungen der Völker zerrüttet! Wohin ist die Rücksichtnahme von Volk zu Volk, die Höflichkeit des Verkehrs auch unter Nebenbuhlern? Als wären Masken heruntergenommen: Spott und Beschimpfung in Wort und Bild. Man traut sich alle schlechten Gerüchte zu; ist geneigt, häßliche Züge einzelner sofort zu verallgemeinern. Man darf Kriegslisten zu den erlaubten Kampfmitteln rechnen.

Auch daß schmerzliche Verluste einem Volke schonend mitgeteilt werden, ist verständlich. Aber bewußte, offenkundige Lüge? Verleumdung des Gegners mit der Absicht, ihn wirtschaftlich zu schädigen, ihm neue Feinde zu schaffen? – Und das Tier im Menschen erwacht. Was uns in früheren Kriegen an den Grenzen der Kultur als Barbarei entsetzte, es ist auf uraltem Boden europäischer Gesittung geschehen. […]

Man möchte an der Menschheit verzweifeln. Zumal wir Arbeiter am Völkerfrieden sind tief enttäuscht, da wir meinten, die Kulturwelt sei innerlich weitergekommen. Der Krieg zerstört zwar nicht den Glauben an das kommende Gottesreich, aber an seine Nähe. […]

Aber noch einmal die Kehrseite: wo neben dem Furchtbaren so viel Zucht, Liebe, sittliche Kraft offenbar wird – unter allen Völkern – da ist Grund, der Verzweiflung zu steuern. […]

Walther Nithack-Stahn: Kriegsandachten. Halle (Saale) 1914, 17f. Hervorhebungen im Original.

Frieden im Kriege

20. September. Den Frieden lasse ich euch, meinen Frieden gebe ich euch. Nicht gebe ich euch, wie die Welt gibt. Euer Herz erschrecke nicht und fürchte sich nicht. (Joh. 14,27)

Wie uns das klingt. Noch keine zwei Monate haben wir Krieg und haben uns an das tägliche Grausen so gewöhnt, daß wir kaum noch wissen, wie das eigentlich ist: keine Schlachtberichte lesen, keine Gefallenen-Listen, kein Warten auf Extrablätter. Fast können wir uns in das Jahr 1648 zurückdenken, wo erwachsene Leute, als die Friedensglocken klangen, ihre alten Eltern fragten: Wie mag das nur sein, wenn kein Krieg mehr ist? Und wir wollen schon heute diese Glocken läuten? […]

Es liegt an der Unvollkommenheit menschlicher Sprache, daß wir für zwei verschiedene Dinge bisweilen nur e i n Wort haben. „Friede" – das bedeutet den Völkerzustand, wo zeitweilig die Waffen ruhen. Auf der Erde bisher unerhört. Oder wagt man, das letzte Menschenalter in Europa „Frieden" zu nennen?

Die Augen sind uns darüber aufgegangen, wenn wir's noch nicht wußten, daß der sogenannte Friede seit langem gebrochen war; daß die wohlklingenden

Versicherungen der Staatsoberhäupter im besten Falle fromme Wünsche, im schlimmeren List und Trug gewesen sind. Eine Pause zwischen zwei Kriegen, ausgefüllt durch angestrengtes Rüsten – das verdiente den schönen Namen?

„Nicht gebe ich euch, wie die Welt gibt", spricht Jesus Christ. In Marter und Todeskampf versank sein Leben, dennoch hatte er Frieden. Eine große Ruhe der Seele war das, sichergestellt durch das Einvernehmen mit dem Ewigen über ihm und in ihm. [...] Dieser Herzensfriede ist mitten im Krieg möglich.

Er ist auch eine wesentliche Bedingung des Waffensieges. Gibt festen Mut in der Gefahr, verscheucht die Todesfurcht, die auch den Tapferen anwandelt, und eröffnet Durchblicke in eine höhere Welt, die in heiliger Stille hinter allem menschlichen Irren und Wirren steht.

Dieser Gottesfriede ist auch die Bürgschaft jenes echten Weltfriedens, um den wir doch schließlich kämpfen. Er reinigt die Völkerleidenschaften, er bewahrt vor Ueberschätzung materieller Macht, er verbindet Menschheit durch den Gedanken göttlich bestimmter Einheit. [...]

Walther Nithack-Stahn: Kriegsandachten. Halle (Saale) 1914, 20f. Hervorhebung im Original.

Volkessaat und -ernte

4. Oktober. Irret euch nicht, Gott läßt sich nicht spotten. Denn was der Mensch säet, das wird er ernten. (Galater 6,7)

[...] Was ist der Krieg anderes als aufgegangene Drachensaat des Mißtrauens, Neides, Unverstandes, Hasses. All die heimlichen Minen, die da gelegt wurden, sind aufgebrochen. Da steht ein Erntefeld starrender Waffen. Und jedes fliegende, platzende Geschoß ist eiserne Frucht dieser furchtbaren Entwicklung.

Das grause Unwetter, das jetzt über Europa hinbraust, ist das Ergebnis menschlicher Machenschaften: wer Wind sät, wird Sturm ernten! Wohl darf man diesen Weltkrieg, wie alles Weltgeschehen, als göttliche Schickung ansehen, und manchem mag das tröstlich sein. Aber das ist doch nur e i n e Seite der Weltanschauung. Krieg ist Menschenwille, Menschenschuld. Wehe denen, auf die die Verantwortung fällt!

Erntefest! Ja wohl, Menschenernte, in blutigen Schwaden hingemäht, zu Bergen getürmt! Als Erntefeuer dazu brennende Städte und Dörfer und umher der heulende Kriegstanz!

Aber es ist auch eine a n d e r e Ernte gereift in goldener Herrlichkeit. Die Siege, die wir errangen; die wirtschaftliche und geistige Kraft, die sich bewährte – alles Frucht vorausgegangener Arbeit. Wohl danken wir Gott dafür. [...]

Walther Nithack-Stahn: Kriegsandachten. Halle (Saale) 1914, 21f. Hervorhebungen im Original.

Ueber den Tod hinaus

22. November, Totensonntag. Ich bin gewiß, daß weder Tod noch Leben ... uns scheiden mag von der Liebe Gottes. (Römer 8, 38-39)

[...] Sonst am Gedenktage unsrer Toten beruhigte uns der Gedanke: es war bestimmt in Gottes Rat. Aber heute? Menschenhand streckte die Geliebten nieder, Menschenrat beschloß diesen furchtbarsten aller Kriege. Heut schmerzt uns nicht nur, w a s wir verloren, sondern das Wie.

Aller Stolz auf die Tapferen enthebt uns nicht der bitteren Frage: mußte das sein? Ja, über alles persönliche Leid hinaus denken wir auch an die Todesopfer, die wir, der Not gehorchend, fällen mußten; an die Witwen und Waisen, die dort drüben klagen. Wie Riesenwellen türmt sich der Menschheit Jammer um uns auf. Vor diesem uferlosen Meer von Blut und Tränen könnte der Prediger des Trostes schier verzagen. [...]

Ja, es leiden unter den Geißelhieben des Schicksals nicht nur solche, die es heraufbeschworen: auch pflichttreue Menschen, hoffnungsvolle Jünglinge liegen zerschmettert. Das alte Gesetz wirkt sich aus, daß Unschuldige mit den Schuldigen, für sie leiden.

Aber nicht trostlos gingen die Wackeren in den Tod, wie Morgenrot leuchtete auf ihren Wangen die Liebe zur gottgeschenkten Heimat. Nun habt ihr Trauernde den heiligsten Krieg zu führen, den um Gott: Ich will dir glauben, daß es so sein mußte. Heldisch wie meine Gefallenen will ich um deinen Segen ringen. Du liebst mich dennoch!

Auch der Menschenhaß scheidet mich nicht von dir. Ja, er feiert jetzt seine Orgien. Kain erschlägt wieder einmal seinen Bruder Abel, und das Blut schreit zum Himmel ... Gott duldet's und schweigt. Aber er schwieg auch an jenem allerdunkelsten Tage, als das Blut des Reinsten unter den Menschenkindern freventlich vergossen wurde.

Siehe, aus diesem Blute wuchs die Wunderblume der Versöhnung und des Friedens. Und wenn in deiner Brust Haß aufsteigen will gegen die unbekannten Mörder deines Glücks und deren Treiber: lerne von den Deinen im Felde, wie am Ende die Menschlichkeit den Haß besiegt. Das letzte Ziel der Menschheit bleibt die Liebe. [...]

Walther Nithack-Stahn: Kriegsandachten. Zweite Folge. Halle (Saale) 1915, 7-9. Auslassungen und Hervorhebung im Original.

Tröstet mein Volk!

6. Dezember, II. Advent. Tröstet, tröstet mein Volk spricht euer Gott. (Jesaja 40,1)

[...] Gerade unsereiner, der den Krieg nicht als etwas Wünschenswertes, sondern als bares Unheil ansieht, sieht auch, wie er Charaktere bildet. Wie er dem Volke höchste Forderungen stellt: zeige, was du bist und kannst! Heraus mit deinen innerlichsten Kräften!

Dem Volk aber, das die Prüfung auf Tod und Leben bestanden, naht Gott als Tröster. Freilich, es ist kein Prophet unter uns, der uns und allen kriegführenden Staaten den Willen des Ewigen unfehlbar deutete. Dennoch wagen wir, nach unserem Wissen und Gewissen zu hoffen: das Ende dieser dunklen Zeit wird licht sein. Das heißt, Adventsglauben hegen.

Und so rauschte es wie mit Engelsfittichen über den Kämpfenden, Blutenden draußen, die Gefangenen in Feindesland, die Trauernden und Bangenden, die Witwen und Waisen und Obdachlosen – auch über die, die wir „Feinde" nennen müssen; über alle, die sich nach Frieden und Erlösung aus eisernen Banden sehnen: Tröstet, tröstet mein Volk!

Walther Nithack-Stahn: Kriegsandachten. Zweite Folge. Halle (Saale) 1915, 10f.

Das Heil einer verlorenen Welt

25. Dezember. Also hat Gott die Welt geliebt, daß er seinen eingeborenen Sohn gab, auf daß alle, die an ihn glauben, nicht verloren werden, sondern das ewige Leben haben. (Johannes 3, 16)

[...] Stille Nacht, heilige Nacht ...? Der Papst in Rom hat vorgeschlagen, es solle heut und morgen auf allen Schlachtlinien Waffenruhe sein, wie im Mittelalter am Karfreitag die Fehde schwieg. Der wohlgemeinte Gedanke ward als undurchführbar abgewiesen. Gerade jetzt dröhnt im Osten die Entscheidungsschlacht. Und pflichtvergessen wäre der Feldherr, der, falls der Augenblick günstig wäre, nicht am Heiligen Abende den Sturmangriff befehlen würde.

Friede auf Erden? Nein, er ist eben nicht. Und es nützt jetzt nichts, darüber zu klagen. Aber das müssen wir uns fragen, wenn uns dies Fest mehr als blinde Gewohnheit ist: dürfen wir dies Jahr Weihnachten feiern?

Auf einem Vulkane tanzt man nicht. Und im Feiertagsjubel zu rufen: nach uns die Sintflut! ist Lästerung. Aber nehmen wir das Fest in seiner ganzen Tiefe und Heiligkeit, dann dürfen wir nicht – wir m ü s s e n es heute feiern. Denn es ist unsre einzige Rettung vor seelischem Untergange. [...]

Was haben wir alles verloren! Volksvermögen, unersetzliches Menschenleben, die Blüte der Jugend. Dazu die seelische Gemeinschaft mit den uns feindlichen Völkern. Und was hat die Welt verloren an mühsam erreichter Gesittung! Zurückgeworfen sind wir in barbarische Zeiten.

Freilich haben wir auch manches an innerer Einheit und sittlicher Gesundung gewonnen, was wir uns oft zum Trost gesagt. Trotzdem, auf das Ganze der Völkerwelt gesehen, ist dieser Krieg ein ungeheuerlicher Rückschlag. Sintflutgedanken kommen einem. Wäre es nicht besser, die Menschheit ginge unter, anstatt sich zu zerfleischen? Und was sagt man von einem Gotte, der solche Welt schuf und ihren Lauf gehen läßt?

„Also hat Gott die Welt geliebt ..." klingt es geheimnisvoll. Er senkte sich hinab in Menschenfleisch und -blut. In engem Herzensraume vollzog sich die Menschwerdung Gottes. Und nicht nur das eine Mal. Wie im Stall von Bethlehem das Licht die Finsternis durchdringt, so gebiert sich das Ewige aus dem Menschlichen. Nein, die Welt ist nicht gottverlassen; der ist ein Gotteskind, der Liebe und Reinheit aus sich herausarbeitet.

An diese innere Welt zu glauben, das allein ist Rettung aus den unheimlichen Wirrsalen der Zeit. Dann mögen wir an Vergänglichem verlieren, verloren sind wir nimmermehr. Denn Gott ist in uns.

Walther Nithack-Stahn: Kriegsandachten. Zweite Folge. Halle (Saale) 1915, 14f. Auslassungen und Hervorhebung im Original.

In diesem seltsamsten aller Kriege kämpfen die Bekenner verschiedener Weltreligionen gegen- und füreinander. Dem Islam, der soeben seine Fahne entrollt, ist zwar der Krieg unter Umständen eine heilige Pflicht. Er gehört zu den erlaubten Mittel seiner Weltmission. Aber doch nur in dem Falle, wenn Halbmond gegen Kreuz steht. So liegen die Dinge aber heute nicht, wo Mohammedaner unter Oesterreichs Fahnen gegen Rußland, Turkos als Hilfstruppen Frankreichs und die Türkei gegen den Dreiverband kämpfen.

Mit dem christlichen England steht Japan im Bunde, in dem bisher der Buddhismus, eine entscheidende Friedensreligion, die Herrschaft hat. Und gar das Christentum! Wie es noch immer Christen geben kann, die aus ihrer Nachfolge Christi nicht die praktische Folgerung des Eintretens für den Weltfrieden ziehen, ist eines der schwersten psychologischen Rätsel, das uns die Gegenwart aufgibt.

Immerhin huldigt die gesamte Kulturwelt auch heute dem Friedensgedanken in der Form, daß jeder Staat sich mit Entrüstung dagegen verwahrt, den Krieg gewollt zu haben. Warum aber sollte man ihn nicht wollen, wenn er etwas schlechthin Herrliches und Segenvolles ist, wie uns so manchmal versichert worden? Wenn er doch Gottes Wille sein soll und ein unentbehrlicher Erzieher des Menschengeschlechts?

Ich leugne nicht, daß er erziehliche Wirkungen hat. Es ist mir sogar eine Genugtuung, zu denjenigen Pazifisten zu gehören, die immer die sittlichen Kräfte anerkannt haben, die der Krieg entbindet. [...] Und ich gestehe gern, daß das Erlebnis dieses großen Krieges meine gute Meinung von seinen Erziehereigenschaften übertroffen hat. Ich stehe nicht an, die Gegenwart „eine große Zeit" zu nennen.

Das ändert freilich kein Jota an der völlig unerschütterten Grundüberzeugung, daß der Krieg an sich ein Unheil und ein Unrecht ist. Sie ist nicht minder bestätigt worden: dieser Krieg liefert dem Pazifisten neue, ungeahnte Waffen gegen den Krieg. Was ich zu Weihnachten 1913 in einem heftig angefochtenen Aufsatz schrieb: daß der physische Machtkampf etwas Brutales sei, ein Aufgebot des Untermenschen in uns – es hat sich auf den Schlachtfeldern Belgiens und Ostpreußens in so entsetzlicher Gestalt bewahrheitet, daß auch die Freunde des Krieges solchen Rückfall in barbarische Vorzeit mit Schaudern erlebten.

Aber nun ist der Krieg doch wieder einmal da! Nun gilt es, vor allem uns Deutschen, daß wir ihn durchhalten! Wer leugnet das? Aber wenn wir dies Jahr überhaupt Weihnachten feiern wollen [...] so müssen wir es mit Ernst und Wahrheit tun. Leichtfertig aber wäre es und unwahrhaftig, wollten wir am heiligen Abend uns in Märchenstimmung entrücken und wehmütig lächelnd uns damit trösten, daß „Friede auf Erden" ja etwas Wunderschönes sei, zu schön für die rauhe Wirklichkeit. Sondern nur der feiert Weihnachten, dem etwas dabei g e s c h e n k t wird.

Und so laßt uns unserem, wackeren, heldenmütigen deutschen Volke und allen übrigen weihnachtfeiernden Völkern als beste Bescherung folgende E r k e n n t - n i s s e wünschen:

Zum e r s t e n : Waffenrüstungen erhalten den Frieden nun und nimmermehr. Auch wenn der Anlaß dieses Krieges nicht gefunden wäre, er wäre über kurz oder lang gekommen, weil die ewige Kriegsbereitschaft Krieg erzeugen muß.

Zum z w e i t e n : Jeder Krieg moderner Kulturstaaten ist ein Weltkrieg. Auch die Neutralen führen ihn leidend mit. Verarmung und Elend überall.

Zum d r i t t e n : Der Krieg zerstört sittliche Werte, ohne die wir nicht leben können. Oder glaubt jemand, daß europäische Gesittung möglich ist, so lange jeder Durchschnittsengländer jeden Deutschen für einen blutrünstigen Barbaren und jeder Durchschnittsdeutsche jeden Engländer für einen scheinheiligen Geldmacher ansieht?

Und e n d l i c h : So geht es nicht weiter. Nämlich, daß der „Friede", der dieser Völkerkatastrophe folgen wird, schon wieder den Keim eines neuen Krieges in sich tragen sollte. Sondern das sollte uns die Lehre dieser schicksalsgroßen Zeit sein, daß das Verhältnis der Völker auf eine andere Grundlage gestellt werden muß, als die der sich endlos steigernden und überbietenden Rüstungen.

Walther Nithack-Stahn: Kriegsweihnachten. In: Völker-Friede, 1914, 130f. Hervorhebungen im Original.

Weihnachten 1914
Scheu auf wolkenweichen Sohlen
steigt der Engelfürst zur Erde,
anzusagen, wie befohlen,
dass es wieder Weihnacht werde.

Weh! Die Erde dröhnt von Schlägen,
aus den Lüften saust Verderben,
Feuer lodert ihm entgegen,
wildes Stöhnen, blut'ges Sterben.

Schauernd wendet sich der Hohe,
winkt der Seligen Getümmel,
Blut bespritzt, versengt von Lohe,
kehrt er heim und schliesst den Himmel.

Aber horch! Die Donner schweigen,
tausend Hände sind erhoben,
tausend Bitten aufwärts steigen:
Lass uns nicht, du Herr da droben!

Nimmer, seit er uns geboren,
der der Menschheit Wunde heilte,
sind wir so in Nacht verloren,
wenn dein Segen uns enteilte!

Stumm die Welt! Doch aus den Sternen
leise tönt's: ihr Kampfesmüden!
Müsst die alte Botschaft lernen:
Gott ist Liebe! Gott ist Frieden!

Landesarchiv Berlin, E Rep. 300-66, Nr. 1. Dieses Gedicht zeigt den Lyriker Nithack-Stahn.

Völkerhaß und Christusgeist
22. Januar. [1915] Wisset ihr nicht, welches Geistes Kinder ihr seid? (Lukas, 9,55)
[...] Eine Welle des Hasses geht durchs deutsche Land. Menschlich wohl zu verstehen, nicht unedlen Ursprungs. Nicht den persönlichen Feind haßt man, sondern des Vaterlandes Neider und drohende Verderber. „Gott strafe England!"

ward zum Todesgruße, die Kinder lehrt man so fluchen, Frauengemüter sind besonders stark davon ergriffen.

Aber dieser Haß ist ein dem Christen fremder Geist, Eliasgeist, dem Gottesbilde vorchristlicher Zeit gemäß. Hat Jesus nicht gehaßt? Ja, die Heuchelei, die Arglist, den Kleinmut, den Mammonsgeist. Gezürnt hat er mit heiligem Zorn den Pharisäern, dem Krämervolke im Tempel. Gehaßt hat er die Sünde, nicht die Sünder; die wollte er befreien, erziehen.

Warum kann ein Christ nicht Menschen hassen, geschweige ein Volk? Weil er nicht „Seelen verderben" will, sondern retten. Feinde kampfunfähig machen, sie zu einem Frieden zwingen, der uns sicherstellt: das ist unser Ziel.

Vielleicht gelingt es uns auch, die stolze Seele Englands bescheiden zu machen, die rachedürstende Frankreichs zu bändigen, die dumpfe, unentwickelte Rußlands zum Erwachen zu bringen. Seelen überwinden – das wäre der größte Sieg.

Wisset ihr nicht, welches Geistes Kinder ihr seid? Deutsche konnten seit alters furchtbar grollen, den Unterdrückern ihrer Volks- und Geistesfreiheit. Aber giftiger Haß, Vernichtungswut, blindwütiger Eifer ist undeutsch, dem männlich gefaßten Wesen des Germanen, seinem Gewissensernste zuwider. [...]

Walther Nithack-Stahn: Kriegsandachten. Zweite Folge. Halle (Saale) 1915, 25

Der erste Diener des Staates

27. Januar. So jemand will unter euch gewaltig sein, der sei euer Diener. Und wer da will der Vornehmste sein, der sei euer Knecht. (Matth. 20, 26-27)

Kaisersgeburtstag, für uns Deutsche das lebendigste Vaterlandsfest. Denn unter allen Gedenktagen ist er der Tag nationaler Gegenwart. Alljährlich füllt er sich mit neuem, warmen Inhalt.

So ernst haben wir ihn noch nie begangen. Alles äußerliche Feiern ist verbannt, so wollte es der Kaiser. Beten solle sein Volk für ihn. Welch ein Jahr hat er hinter sich! Woran er gearbeitet hat 26 Jahre lang, ist ihm zerscheitert: er wollte Frieden, und das Schwert wurde ihm in die Hand gedrückt. Aber auch das Größte, worum ein Fürst ringen kann, ist ihm beschert worden. Keine festliche Redensart ist das heute: das ganze Volk auf des Kaisers Seite. [...]

Was wünschen wir unserem Kaiser zu diesem Jahre?

Zum ersten: Daß seine Arbeit fürs Vaterland ihm das größte Glück sei und bleibe. Sein Stolz, wenn ihn Verleumder kränken; sein Trost in allen Bitternissen der Zeit; seine Hoffnung in dunklen Schicksalstagen.

Zum anderen: Daß es ihm gelinge, sein Volk im Zeichen solchen Dienstes einig zu erhalten. Damit unsre Gegner sich immer wieder in uns verrechnen. Die Vornehmheit dienstwilliger Arbeit sei die Lösung der schwersten Aufgabe, die uns nach dem Kriege obliegt, der sozialen.

Zum dritten: Daß diese göttlich große Gesinnung unserem Volke den Sieg schaffe. Denn in dem Titanenkampfe der Großmächte wird diejenige siegen, die sich als die innerlich vornehmste, sittlich stärkste erweist; die am besten dient. Nicht in dem Sinne, wie es unsere Gegner uns gönnen würden: daß wir wie weiland der Fußschemel fremder Macht würden, Tummelplatz der Nachbarvölker, Fundgrube für Beutemacher. Sondern ein Volk dient, indem es den höchsten Zweck erfüllt, den der Schöpfer den Nationen gesetzt: echte Kultur, Gesittung, Menschlichkeit zu schaffen, das Reich zu bauen, das das Ziel der Geschichte ist. [...]

Walther Nithack-Stahn: Kriegsandachten. Zweite Folge. Halle (Saale) 1915, 28f.

Nithack-Stahn wandte sich auch während des Ersten Weltkrieges gegen die Kritiker der Friedensbewegung.

Wie der Krieg, in dem wir stehen, nicht e i n Krieg nach und vor anderen, sondern d e r Krieg ist, die höchste und kaum überbietbare Verwirklichung dieses Begriffes, so beispiellos sind auch schon jetzt seine Wirkungen. Schlechthin neu an ihm ist vor allem dies, daß zum ersten Male in der Geschichte der Krieg als solcher Millionen Menschen zum Problem geworden ist. Für immer vorbei ist die Zeit, wo die Völker ihn als selbstverständliches Ereignis hinnahmen, als natürliche Unterbrechung des Friedens, wie Sommer und Winter wechseln, sei er denn Gottes Schickung oder Naturereignis oder im Rate der Fürsten und Staatsmänner beschlossen.

In Millionen Köpfen ist die Skepsis gegen den Krieg erwacht – schon seit den letzten Menschenaltern langsam aufsteigend, aber erst heute weithin offenbar – nie wieder zu beschwichtigen. Daher eine Kriegsliteratur, die über alle politischen und wirtschaftlichen Fragen der Zeit hinaus die Fragwürdigkeit des Krieges überhaupt voraussetzt, seinen sittlichen Charakter untersucht. [...]

H e i n r i c h   S c h o l z, der sich über „Politik und Moral" vernehmen läßt (Schriften zum Weltkrieg 6. Gotha, Friedr. Andr. Perthes 1915) gehört zu denen, die „die unerträgliche Spannung" zwischen den Tatsachen des Krieges und den uns anerzogenen sittlichen Idealen empfinden und weit entfernt sind, die Moral aus der Politik weisen zu wollen. Aber es scheint ihm notwendig, gewisse Unklarheiten zu bekämpfen, die in der moralischen Beurteilung der kriegerischen „Realpolitik" zu herrschen pflegten. Er nimmt also die Front gegen die „humanistischen Idealisten", richtiger „Ideologen", soll heißen gegen die Bekenner des Weltfriedensgedankens. [...]

Was wollen wir viel beschrieenen „Humanisten" eigentlich? Es ist einfach nicht wahr, daß wir unter Politik „die Kunst verstehen, möglichst lange Frieden zu halten". Das, was man bislang fälschlich „Frieden" genannt hat, wollen wir überhaupt nicht. Sondern wir wollen einem geschichtlichen Prozeß die Bahn bereiten helfen, der auch ohne uns kommt, aber unserer Mitarbeit wert ist: der entstehenden Rechtsordnung unter den Völkern.

Wir bekämpfen darum das „grundirrtümliche Dogma" der „Realpolitiker" alten Schlages, daß „ein unter gewissen konkreten Bedingungen" politisches Verhalten die einzig mögliche Politik sei.

Wir „schematisieren" weder die Moral noch die Politik, sondern abstrahieren von der Wirklichkeit einer werdenden neuen Kulturgemeinschaft neue Begriffe von Völkerpolitik. Nicht nur wirtschaftliche, sondern auch geistige Realitäten geben uns das Recht dazu.

Wir finden in diesem Weltkriege keine Widerlegung, sondern eine Bestätigung unsrer Gedanken: daß Kriegsrüstungen durch die Furcht, die sie erregen, eine Zeit lang das Losschlagen der Waffen verhindern können, aber auch zugleich die Ursache zu ihrem Gebrauche werden müssen; daß die fortschreitende Verflechtung aller Lebensinteressen der Völker gemeinsame Aufgaben entstehen lasse, die die zentrifugalen Kräfte überwiegen; daß Kriege nicht von den „Völkern" gewollt, sondern suggeriert werden; daß das durch Kriege Erreichte in keinem Verhältnis zu den gebrachten Opfern steht; daß der Krieg sich nicht „humanisieren" läßt, weil es in seinem Wesen liegt, inhuman zu sein; daß trotz aller Völkerrechtsbrüche keine Partei wagt, die Notwendigkeit und Heiligkeit des Völkerrechts zu bestreiten.

Walther Nithack-Stahn: Politik und Moral. In: Die Christliche Welt, 1915, Sp. 582-584. Hervorhebungen im Original.

Nithack-Stahns Vorliebe für die (pazifistische) Lyrik zeigt sich auch in dem folgenden, undatierten Gedicht.

Pfingsthymne

Nun ist der Tag erfüllt!
Kommt, Völker, euch zu sammeln
im Tempel, drin der Ew'ge sich enthüllt!
Bezähmt der Zungen wirres Stammeln,
laßt ab von wilder Machtgebärde,
daß allen e i n e Sprache werde,
die jedes Menschenohr versteht.
Empor die Herzen, harrend im Gebet!

Nun fährt herab der Geist.
Die heil'gen Blitze sprühen,
der düstre Donnerwolkenschoß zerreißt,
und aller Seelen ineinander glühen.
Ihr, aller Völker Sprecher, aller Stände:
vertrauend reichet euch die Hände!
E i n Reich ist euer, e i n Gebot,
Wahrheit ist e i n e nur, und eins ist not!

Mag euch die arge Welt
als weinestrunkene verhöhnen,
ihr Erstlingsschar der neuen Zeit gesellt,
der Menschheit Hader zu versöhnen:
laßt ihre Götzen euch nicht irren,
nicht den Apostelmut verwirren!
Die ihr den Frieden stiftet, tragt den Spott.
Gewaltig spricht der Geist: in euch ist Gott!

Walther Nithack-Stahn: Pfingsthymne. In: Otto Herpel: Die Frömmigkeit der deutschen Kriegslyrik. Gießen 1917, 89f. Hervorhebungen im Original.

Hans Francke blieb sich auch während des Ersten Weltkriegs seiner pazifistischen Grundhaltung aus der Vorkriegszeit treu. Dies zeigt seine Stellungnahme zum Krieg vom Dezember 1914.

Die B e r l i n e r   O r t s g r u p p e der Deutschen Friedensgesellschaft hat sich entschlossen, den Zusammenhalt ihrer Freunde durch öftere Mitgliederversammlungen zu bestärken. In der ersten derartigen Versammlung am 15. Oktober, die Geheimrat Dr. Förster eröffnete und leitete, sprach Pastor Francke (Berlin) über „den Krieg und die pazifistische Bewegung".

Es handelt sich jetzt nicht darum, so führte er aus, was wir t u n können. Denn wir können gegenwärtig garnichts tun, als unsere gefährdete Sache möglichst unbeschädigt durch die Wogen einer erregten Zeit hindurch steuern. Also durchhalten und warten, bis uns die Stunde wieder braucht!

Aber d a r u m handelt es sich, daß wir uns durch die Ungunst der Zeit am guten Recht unserer Sache nicht irre machen lassen. Nicht zweifeln und verzweifeln, daß der Pazifismus eine Zukunft hat! Widerlegt wäre er nur, wenn der jetzige K r i e g s - a u s b r u c h   a l s   g e s c h i c h t s n o t w e n d i g ,   n i c h t   a l s   z u f ä l l i g erwiesen werden könnte. Das Gegenteil ist der Fall.

In allen Staaten war die Strömung im Vordringen begriffen, die die internationale Verständigung hätte sichern können. Neben den Kreisen, die den Krieg wollten, erstarkten überall die Kreise, die den Krieg n i c h t wollten; und sie erstarkten zusehends rascher, als jene. Sie waren am Werk, Einfluß auf die verantwortlichen Regierungen zu gewinnen. Auch in den Parlamenten wuchs ihr Anhang.

Auf die Konferenzen von Basel und Bern sollte eine noch viel umfassendere Parlamentarierkundgebung in Paris folgen. Das Zünglein an der Waage der Entscheidung zwischen den zwei sich bekämpfenden Strömungen schwankte gerade noch. Es wäre schließlich auf die uns Pazifisten erwünschte Seite ausgeschlagen, wenn die Entwicklung nur noch ein oder zwei Jahre Zeit gehabt hätte, sich in der bisherigen Weise fortzusetzen. Trotz Einkreisungspolitik und Rüstungssteigerung wäre dann ein Ausbruch des Völkerhasses vielleicht schon unmöglich gewesen. Das Gerede von der planmäßigen Zuspitzung des Konfliktes auf 1916 läßt außer Acht, daß neben aller Intrige [sic] auch die internationale Vernunft gewachsen wäre, die Selbstbesinnung der Völker, die alle Angriffsgelüste durchkreuzt hätte. –

Da brachte der brutale Zufall des Sarajewoer Attentats den Ausschlag nach der entgegengesetzten Seite. Er brachte das Rad ins Rollen, das schon so oft hatte losbrechen wollen und immer wieder glücklich festgehalten worden war, oft nur durch Hinzufügung eines einzigen Fadens zu den vielen Fäden, die es schon banden. Unseliger Zufall, daß es nicht gelang, noch dieses einemal die ausbrechenden Leidenschaften zu beschwichtigen. Es wäre vielleicht nie wieder so schwierig gewesen, wie diesmal, Beschwichtigung zu üben. –

Und um des elenden Zufalls willen, der hier seine Hand im Spiele hatte, sollten wir Pazifisten an unserer Sache verzweifeln?

Nein, wir wissen zu gut, daß es für die endgültige Friedfertigung der Welt keinen anderen Weg gibt, als den die bisher angebahnte Entwicklung gewiesen hatte. Diese Entwicklung ist jetzt unterbrochen: aber sie wird wieder aufgenommen und fortgesetzt werden müssen. Unsere letzten Ziele sind n i c h t w i d e r l e g t ; sie heißen: Organisation der Welt und Verdrängung der Anarchie im Leben der Völker durch ein geordnetes Rechtssystem.

Völker-Friede, 1914, 127. Hervorhebungen im Original.

Zu den unerfreulichen Erscheinungen, die der Krieg gezeitigt hat, gehört die Leichtigkeit, mit der die christlichen Geistlichen das Christentum der Zeitlage anpassen zu können meinen. Das wahre Christentum ist mit der Zeitlage, wie sie der Krieg geschaffen hat, schlechthin unvereinbar.

Es protestiert gegen dieselbe in der denkbar schärfsten Weise. Es ist eine Vergewaltigung des Evangeliums, wenn man aus ihm eine Rechtfertigung oder Idealisierung all der Tugenden herauslesen will, die heute gebraucht werden zur Erringung politischer oder kriegerischer Erfolge. Die Opferwilligkeit, die das Evangelium verlangt, ist eine ganz andere, als die, die unsere Zeit den Völkern predigt.

Die evangelische Opferwilligkeit dient nicht der Selbstbehauptung, am wenigsten der nationalen Selbstbehauptung, von der das Neue Testament nicht eine Silbe weiß, sondern der Selbstverleugnung und Selbstopferung. Und zwar sollen sich die Mutigen, die den Tod überwinden können, opfern, damit die Armen und Geringen leben können, die „Schwachen im Geist", die sanftmütigen Herzen, denen es nicht „wider ihre Ehre geht", sich einmal zu fürchten, wo es etwas zu fürchten gibt, und zu weinen, wo die Traurigkeit des Lebens und das Mitleid sie bezwingt. Und nur wer den moralischen Mut hat, sich zu diesen zu bekennen, sollte das Evangelium predigen. Die anderen sollten ihre Hand davon lassen, es ist nicht ihr Amt!

Sie sollten die ehrliche Konsequenz eines Nietzsche besitzen, der das Evangelium g e h a ß t hat, weil es für die Welt, wie sie einmal ist, völlig unbrauchbar ist. Zu brauchen ist es für die Welt, die werden soll! Sie sollten keine rabulistischen Verdrehungskünste üben und die armseligen paar Stellen, wo auch Christus der Gewalt das Wort zu reden s c h e i n t , künstlich aufbauschen und ins Feld führen gegen den großen Gesamtkomplex neutestamentlicher Ideen, der die Gewaltanwendung als widergöttlich verwirft.

Es wird im Evangelium allerdings auch ein Heldentum gepredigt, aber nicht ein Heldentum, das mit geflissentlicher Unterdrückung des Todesgrauens gegen menschliche Feinde anstürmt, um sie zu vernichten. Der Held des Evangeliums ist ein Mann, der die grauenvolle Bitterkeit des Sterbenmüssens langsam durchmacht, der Menschheit tiefsten Jammer sich damit qualvoll zum Bewußtsein bringt und dennoch willig stirbt, damit durch seinen Tod die andern alle „Leben und volle Genüge haben".–

Feind heißt diesem Helden kein sterblicher Mensch, sondern das radikale Böse, das er in Teufeln und Dämonen sieht. Nur etwa ein Volk, das dieses radikale Böse leibhaftig verkörperte, hätte Jesus von Nazareth mit dem Schwert zu bekämpfen erlaubt. Dieser Grundcharakter des Evangeliums negiert das, was man Weltwirklichkeit nennt. Aber die Negation des gemein Wirklichen ist eben das Wesen des religiösen Glaubens. Wer statt dessen meint, sich mit der Wirklichkeit immer irgendwie aussöhnen zu müssen, wohl gar in ihr immer das Walten Gottes verehren zu müssen, sollte nicht christlicher Prediger sein. Er bringt mit seiner Anpassungsfähigkeit das Christentum um seine beste Kraft. Und die Zukunft ist nahe, wo wir das Christentum bitter notwendig brauchen werden.

Die Zukunft ist nahe, wo Millionen Menschen nach einer Religion schreien werden, die ihnen zu sagen erlaubt, daß das Wesen ihres Menschentums Unbefriedigung und Angst ist, Angst vor den Härten und Grausamkeiten des Daseins, Zittern und Zagen vor seinen fortwährenden Enttäuschungen, sehnsüchtiges Verlangen nach einem wahrhaftigen göttlichen Leben.

Die das nicht kennen, sind vielleicht zu beneiden in ihrer Furchtlosigkeit und robusten Daseinsfreude, in ihrer Lust am Kämpfen und an Erfolgen. Aber sie sollen nur ja nicht wähnen, daß sie den Typus „Mensch" repräsentieren.

Ihre Empfindungen spiegeln nicht das wider, was die Allgemeinheit unseres Geschlechts empfindet. Der ist nicht geholfen mit einer Erziehung zum heroischen Gleichmut; denn das kommt auf Unnatur hinaus. Aeußerlich werden wir da übertüncht mit einem Firnis, der den Siegfried markieren soll, oder Achill oder Herakles. Innerlich wird nichts daran geändert, daß die Empfindung unserer Ohnmacht und Unbefriedigung bleibt, auch wenn sie schweigt. Und wo sie schließlich ganz aus dem Bewußtsein schwindet, da schwindet mit ihr das wahre Menschentum. Uebrig bleibt das Kunstprodukt einer Heroenkultur, das sich angesichts der furchtbaren Ueberlegenheit der Tatsachen wie eine große Lüge ausnimmt.

Der wahrhaftige Mensch bekennt, daß ihm auf sein Glücksverlangen das Leben mit lauter Härten antwortet, und daß die Möglichkeit zu leben nur auf der Verheißung beruht von einer erbarmenden, allumfassenden Liebe, die das Leben vom Grund aus umzuändern vermag. Solche Verheißung enthält das Evangelium, und die selbstverständliche Voraussetzung dabei ist das volle Verständnis für die abgrundtiefe Traurigkeit des natürlichen Lebens, das es wahrlich nicht not hat, daß sich Menschen als solche noch untereinander wehe tun.

Hans Francke: An die Bekenner des Evangeliums. In: Völker-Friede, 1914, 137. Hervorhebungen im Original.

Ende 1914 zählte Friedrich Siegmund-Schultze zu den führenden Mitbegründern der Auskunfts- und Hilfsstelle für Deutsche im Ausland und Ausländer in Deutschland. Die Arbeit dieser Organisation erstreckte sich auf die gesamte Dauer des Ersten Weltkrieges.

Auskunfts- und Hilfsstelle für Deutsche im Ausland und Ausländer in Deutschland

Der Krieg hat über unzählige Deutsche im Ausland harte Not gebracht. Viele haben sich mit ihren Klagen an uns gewandt, andere sind unserer Fürsorge oder Fürsprache empfohlen worden. Bei der Hilfe, die wir unseren Landsleuten zu leisten suchten, waren wir fast ausschliesslich angewiesen auf die Freundlichkeit der seit Jahren mit uns zusammenarbeitenden Vereine des Auslandes, insbesondere unserer englischen und amerikanischen Mitarbeiter in den kirchlichen Freundschaftsvereinigungen. In England, wo die besonderen Verhältnisse grosse Schwierigkeiten für die Deutschen erwarten liessen, hat sich sofort nach Kriegsausbruch ein Komitee gebildet, das die Unterstützung der in Not befindlichen Deutschen und Oesterreicher bezweckt und bereits vielen, die uns inzwischen davon erzählt haben, wertvolle Hilfe geleistet hat.

Von Kriegsbeginn an haben wir jedoch auch die Verpflichtung gefühlt, uns der bei uns in Schwierigkeiten geratenen Ausländer anzunehmen. Solche Bemühungen sind in Deutschland so unpopulär wie im Ausland. In einer Zeit, in der das deutsche Volk vom Höchsten bis zum Geringsten sich im Bewusstsein einer harten Notwehr gegen seine Feinde zusammengeschlossen hat, erscheint es vielen überflüssig, den Angehörigen feindlicher Völker mehr als die schuldigen Dienste zu erweisen.

Aber nicht nur der Gedanke an die im Ausland befindlichen Deutschen, auch nicht nur die Tatsache, dass die in Deutschland von der Not betroffenen Ausländer zumeist Deutschlands beste Freunde und durch tausend Bande mit uns verknüpft sind, sondern unser eigenes Verlangen, denen, die ohne ihre eigene Schuld unter den Folgen des Krieges besonders schwer leiden, Freundesdienste zu tun, treibt uns zu dieser Arbeit. Auch in Kriegszeiten ist der unser Nächster, der unserer Hilfe bedarf, und bleibt Feindesliebe das Erkennungszeichen derer, die dem Herrn die Treue halten.

Unsere Hilfsarbeit, die sich also in gleicher Weise auf die Unterstützung der Deutschen im Ausland wie der Ausländer in Deutschland erstreckt, geschieht in engster Verbindung mit den entsprechenden Hilfsstellen des In- und Auslandes, besonders den Organisationen der Wohlfahrtspflege und Jugendfürsorge, den kirchlichen Vereinen und Zentralstellen, den Vermittlungsstellen des Auslandes und den Friedensbüros.

Ebenso haben uns auch die deutschen Behörden ihre Unterstützung gewährt. Wir bitten um Mithilfe und Gaben an die folgende Adresse: Berliner Auskunfts- und Hilfsstelle für Deutsche im Ausland und Ausländer in Deutschland, zu Händen von Fräulein Dr. Elisabeth Rotten, Berlin NO 18, Friedensstr. 60.

Professor D. Baumgarten, Geh. Regierungsrat Prof. Dr. W. Foerster, Bankbeamter Erich Gramm, Fürstbischöflicher Delegat Probst Dr. Kleineidam, Eduard de Neufville, Prediger Jul. Rohrbach, Dr. Elisabeth Rotten, Dr. Alice Salomon, Lic. F. Siegmund-Schultze, Direktor D. Spiecker, Stadtpfarrer Umfrid, Dr. Kaethe Winkelmann.

Die Eiche, 1914, ohne Seitenzählung (letzte Seite des Jahrgangs)

Ein Jahr später, am 6. Dezember 1915 veröffentlichte Siegmund-Schultze den Aufruf erneut, und zwar mit einer aktuellen Vorbemerkung.

Als die Geschäftsstelle für Freundschaftsarbeit der Kirchen vor mehr als Jahresfrist den folgenden Aufruf zum ersten Mal ausgehen liess, war die Bedeutung einer Hilfstätigkeit für die „feindlichen Ausländer" im eigenen Lande noch nicht so verständlich wie jetzt. Inzwischen sind in den kriegführenden Ländern grosse Organisationen entstanden, die sich der notleidenden Ausländer, der Internierten und der Gefangenen annehmen. Unsere englische Schwesterorganisation allein („Emergency Comittee") hat während der vergangenen Monate über 6000 M. wöchentlich an notleidende deutsche Familien Londons aus freiwilligen englischen Beiträgen bezahlt.

Ebenso wie die Wirksamkeit dieses Komitees uns unmittelbar zu verstärkter Liebestätigkeit antreibt, so wird auch unsere Arbeit, je mehr sie in Deutschland unterstützt wird, einen desto weiteren Widerhall in den feindlichen Ländern finden.

Die Eiche, 1916, 108

Im Anschluss an den Wiederabdruck des Aufrufs veröffentlichte Siegmund-Schultze die umfangreiche Liste der Organisationen und Personen, die den Aufruf unterzeichneten.

Organisationen: Bund deutscher Frauenvereine, Bund für Mutterschutz, Charitas-Verband, Christlicher Verein junger Männer, Deutsch-Evangelischer Frauenbund, Deutsche Bahnhofsmission, Deutsche Christliche Studenten-Vereinigung, Deutsche Evangelische Missionshilfe, Deutsche Friedensgesellschaft, Deutsche Zentrale für Jugendfürsorge, Deutscher Lyceum-Club, Evangelischer Verband zur Pflege der weiblichen Jugend Deutschlands, Jüdischer Frauenbund, Mädchen- und Frauen-Gruppen für soziale Hilfsarbeit, Nationalvereinigung der Evangelischen Jünglingsbündnisse Deutschlands, Soziale Arbeitsgemeinschaft Berlin-Ost, Verein für Berliner Stadtmission, Verein der Freundinnen junger Mädchen, Verein für religiöse Erziehung, Zentrale für private Fürsorge.

Theologen: Prof. Baumgarten (Kiel), Pfarrer Dr. Burckhardt (Berlin), Dr. Curtius (Berlin), Prof. Deissmann (Berlin), Pfarrer Francke (Berlin), Dr. Grimm (Hamburg), Pastor Groscuth (Bremen), Pfarrer Horst (Berlin), Probst Dr. Kleineidam (Berlin), Geh. Konsistorialrat Prof. Loofs (Halle/Saale), Oberkonsistorialrat Dr. Lüttgert (Berlin), Prediger Mann (Methodistisches Seminar Frankfurt/Main), Pfarrer Nithack-Stahn (Berlin), Prof. Rade (Marburg), Prediger Rohrbach (Berlin), Prediger Simoleit (Baptistische Gemeinde Berlin).

Zusammenstellung nach Die Eiche, 1916, 109-111

Ebenfalls im Auftrag des Arbeitsausschusses für internationale Freundschaftsarbeit der Kirchen verfasste Siegmund-Schultze im Dezember 1915 ein vertrauliches Memorandum. Auf den ersten Seiten referiert der Autor die Entwicklung der deutsch-britischen Freundschaftsarbeit seit 1908, dann die Konstanzer Konferenz Anfang August 1914.

In mehreren Punkten widmet sich Siegmund-Schultze anschließend der Freundschaftsarbeit im Ersten Weltkrieg.

Mit Kriegsbeginn ergaben sich von selbst aus der Konstanzer Konferenz wie überhaupt aus der bisherigen Freundschaftsarbeit folgende Arbeitszweige:

a. Versorgung der kirchlichen Kreise des Auslandes mit deutschen Nachrichten.

Die Abschneidung des deutschen Nachrichtendienstes nach den überseeischen Ländern und die einseitige oder lügnerische Berichterstattung von feindlicher Seite stellten denen, die mit dem Ausland in Verbindung standen, zu Kriegsbeginn grosse Aufgaben. Die deutschen Kirchen hatten nicht die Aufgabe, neutrale Völker auf die deutsche Seite hinüberzuziehen, aber sie waren dazu berufen, den Christen in aller Welt die heilige Pflicht dieses Verteidigungskrieges anschaulich zu machen. […]

So ergab sich eine reichhaltige Tätigkeit, die hauptsächlich in der teils nacheinander, teils nebeneinander liegenden Gruppen erfolgte: 1. Es wurden regelmässig Broschüren, Zeitungen, Nachrichten an die mit uns in Verbindung stehenden Theologen des Auslandes geschickt. […]

Es zeigte sich aber, nachdem die grosse Propaganda der feindlichen Staaten ihre Wirkung gehabt hatte, dass 2. eine persönliche Korrespondenz mit vielen Neutralen, die früher etwas von Deutschland gehalten hatten und nun Deutschlands Verhalten nicht verstanden, notwendig war. Dieser persönliche Briefwechsel, an dem sich einige Freunde unserer Arbeit beteiligten, ist gegenwärtig das wichtigste Glied in dem kirchlichen Auslandsdienst. 3. Mit dieser Korrespondenz hat sich im Lauf der letzten Monate an einigen Stellen ein regelmässiger oder gelegentlicher Zeitschriftendienst verbunden. […]

b. Vermittlungsdienste für gefangene Pastoren, Missionare usw.

Eine weitere Reihe von Aktivitäten ergab sich aus den Nöten und Schwierig-keiten, in die der Krieg zahlreiche Geistliche und Missionare der verschiedenen Länder versetzt hatte. Die Internierung deutscher Geistlicher und Missionare in England und in den britischen Kolonien gab Anlass zu einer reichen Korrespon-denz mit der britischen Gruppe der Freundschaftsarbeit, speziell mit ihrem Schriftführer H.W. Dickinson, M.P. [Member of Parliament], die in den meisten Fällen zu einer glücklichen Erledigung der Schwierigkeiten, oft auch zu einem prinzipiellen Eingreifen der Stellen, die darüber zu entscheiden hatten, führte. [...]

c. Gefangenenseelsorge.

Zu einer Zeit, in der Seelsorge an Gefangenen, vollends an Engländern, noch als Ausländerei galt, ist die Seelsorge des Döberitzer Gefangenenlagers von uns in die Hand genommen und die Seelsorge in anderen Lagern von uns angeregt worden. [...]

d. Auskunfts- und Hilfsstelle für Deutsche im Ausland und Ausländer in Deutschland.

Unsere Beziehungen zum Ausland führten von Kriegsbeginn an dazu, dass uns eine Flut von Anfragen und Bitten von Deutschen im Ausland und von ihren Angehörigen und Freunden in Deutschland zuging, damit wir uns ihrer in den für sie entstandenen Schwierigkeiten und Nöten annähmen.

Ebenso wendeten sich zahlreiche Ausländer, die in Deutschland festgehalten waren und nicht aus und ein wussten, an uns. [...]

Als infolge grausamer Behandlung die Nöte der auf unsere Hilfe angewiesenen Auslandsdeutschen wuchsen und infolge der von den deutschen Behörden ange-kündigten Repressalien auch eine gesteigerte Not der in Deutschland wohnenden Ausländer zu erwarten stand, fühlten wir uns verpflichtet, die mehr persönliche und gelegentliche Hilfsarbeit, die wir bis dahin getrieben hatten, auf eine festere Grundlage zu stellen und auch denen zugänglich zu machen, die nicht persönliche Beziehungen zu uns hatten.

Ein Aufruf, der an einige Gesinnungsfreunde geschickt wurde, brachte ein Komitee zustande, das seitdem mitarbeitend und finanziell helfend hinter der Arbeit gestanden hat. Es ist den Mitarbeitern eine Genugtuung gewesen, dass die Mittel für die Hilfe ausschliesslich durch deutsche Geber aufgebracht worden sind. [...]

Die Hilfsarbeit für „feindliche Ausländer" hatte selbstverständlich in allen kriegführenden Ländern mit Misstrauen und Schwierigkeiten zu kämpfen. Vielfach ist sie ja auch einem weichlichen Mitleid oder einem vaterlandslosen Internatio-nalismus entsprungen, während allein das Christusgebot der Feindesliebe den Forderungen des Patriotismus einerseits und der Humanität andererseits gerecht wird, indem darin einerseits ausgesprochen ist, dass es sich um Feinde des Volkes handelt, indem anderseits aber die Verpflichtung des Christen anerkannt wird, innerhalb der Grenzen der Treue gegenüber dem Nächsten-Volk dem Feinde Liebe zu erweisen.

Wenn der Weltkrieg ein Bankerott des Christentums genannt worden ist und in der Tat die Illusion einer „Christlichkeit" der Völker dadurch zerstört worden ist, so ist jeder Beweis praktischer Feindesliebe, der im vollen Bewusstsein der durch den Krieg aufgerichteten Schranken geschieht, ein Beweis des Christentums, ja ein Gottesbeweis.

[...]

Der Krieg hat von neuem gezeigt, was allen Sachverständigen schon längst klar war, dass innere und äussere Beziehungen zwischen den evangelischen Christen Deutschlands und der anderen Länder leider nur in viel zu geringem Masse bestanden.

Die Bestrebungen der evangelischen Allianz hatten in den letzten Jahrzehnten keine Fortschritte mehr gemacht; die Verbindung der deutschen Gemeinschaftschristen mit dem englischen Christentum war einseitig; die Beziehungen der Missionsleute, die durch die Edinburger Weltmissionskonferenz besonders eng geworden waren, reichten noch nicht in die Gemeinden hinein; die christliche Studentenbewegung und andere aufkommende Bewegungen waren noch nicht weit genug vorgeschritten.

Keiner dieser Stränge erwies sich als stark genug, um auch nur die persönliche Gemeinschaft ihrer Mitarbeiter nach Kriegsausbruch zu gewährleisten. Vor allem aber zeigte es sich, dass alle diese kirchlichen Beziehungen Deutschlands zum Ausland nicht stark genug waren, um in den neutralen Ländern eine auch nur nennenswerte Beeinflussung der öffentlichen Meinung hervorzubringen. [...]

Aber wichtiger noch als die Erzielung einer Wirkung auf die anderen Völker ist die Notwendigkeit der Arbeit im eigenen Volk. In Deutschland ist die Arbeit gerade jetzt notwendig, weil gerade jetzt feindliche Mächte innerhalb unseres Volkes bekämpft werden müssen, die unsere Waffen beflecken und uns infolgedessen schädigen könnten, nämlich die Mächte des Hasses und der Lüge.

Nur wenn wir mit reinen Waffen kämpfen, können wir den Druck, den dieser Krieg auf das Gewissen der Christenheit ausübt, als Christen durchhalten. Wir können nicht den Hass gegen die Feinde als eine Kraft anerkennen, die vor den Augen Christi bestehen kann. Und wir zittern für die Seele unseres Volkes, wenn wir sehen, dass sein Bund mit der Wahrheit nicht von allen gehalten wird, sondern noch immer, teils leichtfertig, teils absichtlich, von gewissenlosen Hetzern Lügen ins Volk gebracht werden, wie sie das Empfinden kirchlicher Kreise des Auslandes vergiften.

Nur wenn wir jetzt diese finsteren Mächte bekämpfen, werden wir im Frieden über sie die Kontrolle behalten, die wir als Christen wünschen, und nur dann werden wir überhaupt nach dem Kriege für Liebe und Wahrheit eintreten können. [...]

Letztlich ist es dem Christen um die Aufrichtung der Gottesherrschaft, also um die Gemeinschaft der Heiligen in der ganzen Welt zu tun. So sicher wir dabei die Stufen kirchlicher Gemeinschaft und völkischer Zusammengehörigkeit nicht überspringen dürfen, so sicher kann doch unser letztes Ziel nur die Gemeinschaft der Völker und Kirchen in friedlichem Zusammenwirken sein.

Und wenn wir dies Ziel nie erreichen sollten, so würde es doch immer das Gebot Christi und die Forderung unseres Gewissens bleiben, dass wir uns unter einander lieben und die Gemeinschaft der Christen herbeiführen sollen, „auf dass sie alle eines sein, gleich wie du, Vater, in mir und ich in dir" (Joh. 17, 21).

Sobald der Krieg beendigt ist, muss eine energische Arbeit auf diese Ziele hin einsetzen. Wenn nicht die ganze Welt an dem Berufe des Christentums irre werden soll, muss der Friedensschluss zu einem überwältigenden Zeugnis des Schuldbewusstseins und der Erneuerung der Christenheit werden.

Schon vor dem Kriege haben die Missionare der sogenannten heidnischen Völker den Weg nach Europa gefunden. Die Art, wie wir uns nach dem Kriege verhalten, wird darüber entscheiden, ob die Christenheit überhaupt noch das Recht behält, nicht nur einzelne Menschen zu bekehren, sondern auch von der Ausbreitung des Christentums über die Völker der Erde zu reden. [...]

Erst wenn der Friede da ist, wird es Zeit sein, das Friedensprogramm der Arbeit zu besprechen. Jetzt aber, zu einer Zeit, da die Stimmen des Friedens so mächtig übertönt werden von dem Lärm des Kriege, gilt es, sich zu einer festen, starken Friedensgesinnung zu bekennen.

Wir treten daher dafür ein, dass der Freundeskreis, der sich hinter die Arbeiten und Aufgaben dieser Denkschrift stellt, sich festige und erweitere, damit wir während des Krieges unsere Christenpflichten besser erfüllen können und nach dem Kriege auf bessere Zeiten gerüstet sind.

Evangelisches Zentralarchiv Berlin, 626/7 (Memorandum, 9-13, 18-21). Hervorhebungen im Original bleiben unberücksichtigt.

Die Soziale Arbeitsgemeinschaft Berlin-Ost während des Ersten Weltkrieges

Von 1911 bis 1933 entwickelte Friedrich Siegmund-Schultze in den Elendsvierteln Berlins in der Nähe des Ostbahnhofs das Modell einer wegweisenden Sozialarbeit, die Soziale Arbeitsgemeinschaft Berlin-Ost. Mit einem breit gefächerten Netz von Initiativen sollte die Verbindung von christlicher Kirche und den Ausgebeuteten hergestellt werden. Junge Studierende, vor allem angehende Theologinnen und Theologen, konnten sich in diversen Projekten engagieren und mit der Arbeiterklasse leben.

Siegmund-Schultze erhoffte sich davon eine Überwindung der tiefen Kluft zwischen Proletariat und Kirche. Sein Vorbild stellte Toynbee Hall im Londoner Bermondsey District dar, den der Pfarrer erstmals 1908 besuchte.

Siegmund-Schultze und seine Mitarbeiter und Mitarbeiterinnen lernten zunächst das Leben in dem Problemviertel kennen. Dann erfolgte der Aufbau von Programmen und Klubs für die männliche und später auch weibliche Jugend sowie, ab 1914, eine Beratungsstelle für Familien und ein Wohnheim für Lehrlinge. Bei Beginn des Ersten Weltkrieges meldeten sich sehr viele der männlichen, studentischen Helfer freiwillig zum Kriegsdienst. Siegmund-Schultze kommentierte die Folgen des Kriegsbeginns.

Unsere Mitarbeiter stehen im Feld. Sie haben sich zu den Waffen gedrängt, weil sie fühlten: es gilt den heiligen Kampf, die Rettung des Vaterlandes. Wie sie in der Heimatarbeit „Freiwillige" waren, so jetzt im Felde. Manche Todesfreiwillige – liebe Freunde der ersten Stunde, die gefallen sind. Manche Verwundete, die unsern Arbeitern und Jungen von dem Krieg erzählen. Einige wenige, die noch auf ihre Einberufung warten. Sie treten an die Stelle der Toten. Unerschöpflich ist das Leben der Gerechtigkeit. Auch wir in der Heimat, die wir unter dem Urteil leiden „nicht felddienstfähig", können doch manches tun, daß das Volk daheim nicht müde wird.

Feldbriefe, mit frohen und traurigen Berichten, erzählen uns täglich von dem Wechsel, den unsere Freunde durchgemacht haben. Statt der Friedensarbeit im Herzen des Volkes nun Kriegsdienst im feindlichen Lande. Statt Lebenserhaltung Vernichtung. Statt Aufbau Zerstörung. Aber das andere überwiegt: Innere Erhebung, Freude, Stolz. Unsere Soldaten sind ja nicht regiert vom Haß gegen die Feinde, sondern von der Liebe zu Freunden, für die sie ihr Leben lassen. Und darin steht ihr jetziger Dienst der Arbeit von Berlin-Ost ganz gleich: das Leben für die Brüder lassen; Zusammenschluß mit dem Volk.

Der Krieg hat uns ja mit einem Schlage eine schnelle, wenn vielleicht auch nur kurze Erfüllung unserer tiefsten Wünsche gebracht; ein einiges Volk, Verschwinden aller harten Standesunterschiede, die Hohen zwischen den Niedrigen, die Studenten im engsten Verkehr mit den Arbeitern, alle bereit Opfer zu bringen, ja ihr Leben hinzugeben, Verantwortungsgefühl für Nachbar und Freund, Liebe zum Nächsten, Rückkehr zu Gott. Die ersten Kriegswochen haben lauter Wunder gewirkt.

Alle Menschen hatten plötzlich in sozialen Fragen ganz dieselben Anschauungen wie wir. Staatliche und städtische Behörden taten das, wofür wir immer eingetreten waren. Die Arbeiterbevölkerung war überall mit im Bunde – ja war von allen geduldet. Der Vorwärts wurde Heereszeitung. Die Parteien verschwanden. Deutschland, Deutschland, über alles, über alle andern Fragen und Interessen.

Vollends unser Osten wie umgewandelt: Nach den ersten Siegen schwarzweißrot. Nicht wie im Westen an jedem Hause e i n e Fahne, sondern zehn, zwanzig an jedem Hause. Die Wacht am Rhein tönt durch die Straßen. Das Gespräch in den Kneipen nur noch Krieg. Das Spiel der Straßenjungen: Krieg. Der Stolz aller: unser Heer. Und die Herzen – für den Kaiser.

[...]

Wohl nie in den letzten Jahrzehnten sind die Möglichkeiten einer Beeinflußung der Arbeiterbevölkerung so günstig gewesen wie jetzt. Nie haben die Arbeiter so danach verlangt, wieder in den Besitz innerer Werte, religiöser und nationaler Gesinnung zu kommen. Die jungen Leute bitten um Aufstellung einer Kompanie. Die Jungen werden nicht müde, sich vom Kriege erzählen zu lassen. Aber diese Anforderungen, die wenigstens nicht um jeden Preis erfüllt werden müssen, sind gering gegenüber denen, die die Not an uns stellt – Anforderungen, die wir gleichfalls nicht erfüllen konnten.

Zwar der Hunger der Frauen, die noch keine Kriegsunterstützung erhielten, wird jetzt durch die Fürsorge von Staat und Stadt gestillt; und auch für die Arbeitslosen wird immer besser gesorgt. Aber in unserer Stadtgegend kommt es ja gerade darauf an, daß die Leute Beratung haben. Wenn geholfen wird, kommt alles darauf an, daß die Helfer die Familien genau kennen! Und gerade jetzt gilt doch unsere Ueberzeugung, daß äußere Hilfe im Grunde garnichts bedeutet, wenn der innere Mensch nicht gerettet wird.

Während das Arbeitsfeld ins Ungemessene gewachsen ist, sind gleichzeitig die Arbeitskräfte auf ein kleinstes Maß zusammengeschmolzen. Alle studentischen Mitarbeiter, sowohl die vom Sommer wie auch die für den Winter angemeldeten, im Felde. Ein einziger von den älteren Mitarbeitern, die im Sommer hier waren, bleibt uns voraussichtlich noch für einige Zeit erhalten. Nur allmählich finden sich einige andere wieder zusammen, die nicht felddiensttauglich, aber brauchbar sind zum Heimatdienst. Die Folgen für unsere Arbeit sind schwer: den Klubs sind ihre Leiter genommen, den Familien ihre Freunde. Kein Nachfolger kann sich das Herz der jungen Arbeiter in wenigen Wochen oder auch nur Monaten erobern.

[...]

Denen aber im Felde senden wir in der Heimat aus vollem Herzen brüderliche Grüße. Wir fühlen, daß wir mit Euch dort draußen in einer Schlachtreihe stehen und daß wir uns in derselben Gemeinschaft wie früher mit Euch vereinigen.

Es gilt für Euch und für uns jetzt denselben Kampf, den wir im Frieden kämpften: den Kampf für Gerechtigkeit und Freiheit, den Kampf fürs Vaterland, für ein einiges Volk. [...]

[Im Anschluss an den Artikel wurden mehrere Briefe von inzwischen gefallenen Mitarbeitern der SAG abgedruckt, allerdings von der Zensur gekürzt.]

Friedrich Siegmund-Schultze: Krieg. In: Nachrichten aus der Sozialen Arbeitsgemeinschaft, November 1914, 77-79. Hervorhebung im Original.

Im Frühjahr 1915 zog Friedrich Siegmund-Schultze eine ernüchternde Bilanz des ersten Kriegshalbjahres. Die Klassengegensätze wurden nicht, wie er im November 1914 noch hoffte, überwunden – im Gegenteil, sie verschärften sich deutlich durch den Krieg. Siegmund-Schultzes Beitrag gibt einen sehr genauen, sozialen Einblick in den Berliner Alltag des Krieges. Ferner entlarvt er die Mythen und Lügen der Propaganda.

Wie sieht es in unserem lieben Osten aus? – fragen viele frühere Mitarbeiter, die in Schützengräben oder Lazarett über ihren Vaterlandsdienst von früher und jetzt nachdenken. Wer an der Front steht, sieht besser als wir das kämpfende Heer; w i r sollen den Kämpfern Nachricht geben über die, f ü r die sie kämpfen. Und auch die Heimat selbst fragt sich: sind wir der Opfer wert, die für uns gebracht werden. Ist vor allem das sterbende Volk unserer Großstädte es wert, daß die lebenskräftigsten Elemente Deutschlands in Feindesland für sie verbluten? [...]

Es ist eigentümlich, daß in e i n e r Stadt die äußeren Lebensverhältnisse so verschieden sein können wie diejenigen von Berlin West und Ost während des August. Um nur eines zu erwähnen: Es war während dieses Monats fast unmöglich, auf den Straßen und in den Läden des Ostens Gemüse und Obst zu erhalten. Selbst die Bananen versagten, nur die Zwiebeln blieben, mit denen nun auch die Verkaufswagen in den Straßen gefüllt waren.

Ganz anders wurde es, wenn man ins Zentrum oder gar in den Westen kam. Der Hauptgrund für diese Verpflegungs-Schwierigkeiten des Ostens liegt darin, daß die kleinen Geschäftsleute auf Bezugsquellen angewiesen sind, die gerade zu Beginn des Krieges versagten und auch jetzt noch zum Teil versagen. Die Einstellung des Eisenbahnverkehrs nimmt den kleinen Händlern die Möglichkeit von Ankauf und Verkauf, während die großen Geschäfte sich ihre Bestände vermittelst ihrer großen Lager ergänzen können.

Wenigstens wurde nach dem ersten Kriegsmonat die Versorgung der Markthallen wieder regelmäßiger, sodaß auf diesem Wege auch wieder reichlichere Zufuhr in die kleineren Geschäfte kam. Auch stellten sich allmählich die Verbindungen wieder her, die zu Anfang des Krieges versagt hatten.

Selbstverständlich machen sich noch jetzt die Schwierigkeiten, die überhaupt den Verkauf von Lebensmitteln treffen, am stärksten in den armen Gegenden der Großstädte fühlbar. Hierzu gehört neben der Brotfrage besonders der Kartoffelverkauf, der ja aber auch in einigen vornehmeren Stadtteilen gestockt hat. Dauernd ist schwierig geblieben der Handel mit besseren und frischen Gemüsen.

Eine besondere Not, die längst nicht genug wegen ihrer Folgen für das Volksleben beachtet wird, war die Petroleumnot. Während es von Mitte Oktober ab im Osten nur aufgrund besonders guter Verbindungen zu einigen mit Petroleum versorgten Geschäften möglich war, auch nur ein kleinstes Quantum zu erhalten, trat in manchen Stadtgegenden des Westens ein Mangel überhaupt nicht ein. […]

Der Osten Berlins hat ebenso wie einige andere ärmere Stadtteile im Gegensatz zu dem reichen Berlin in vielen Geschäftszweigen Teuerungspreise. […] Diese Preissteigerungen wieder haben ihren Grund zum Teil in dem Verhalten der Käufer. Zu Beginn des Krieges wars bei den kleinen Geschäftsleuten durchaus verpönt, aus dem Kriege Vorteil zu ziehen, aber gerade in den ersten Kriegstagen kamen hunderte von armen Leuten in die Geschäfte, um ihre Spargroschen in Lebensmittel umzusetzen. Die Geschäfte, die ihren anderen Kunden gegenüber Verpflichtungen hatten, halfen sich teils durch Sperrung des Verkaufs im Großen, teils durch Erhöhung der Preise. Nur darf man nicht, daß solche Maßnahmen sorgsam überlegt oder gar volkswirtschaftlich berechnet waren, vielmehr ergaben sie sich einfach aus den Notwendigkeiten des täglichen Lebens und aus der damals entstandenen Nervosität. Eben dieser Zustand dauert in vermindertem Maße bis in die neueste Zeit.

Die Geschäftsleute hatten von Kriegsbeginn an infolge der Unsicherheit ihrer Lage wenig Gefühl für „die große herrliche Zeit". Sie sprachen immer nur von „schlechten Zeiten". Man rechnete ja damit, daß Handel und Wandel vollständig stocken würden. Erst im September trat die Beruhigung ein. Eine neue Not erwuchs dann freilich den kleinen Geschäftsleuten durch die Einberufung der Väter zum Landsturm. Eine ganze Reihe von Geschäften wurde damals aufgegeben, wodurch wieder andere Personen beschäftigungslos wurden. Ueberhaupt ist eine Eigentümlichkeit dieses Krieges, daß nicht so viele arbeitslos werden, umso mehr aber beschäftigungslos. [...]

Selbstverständlich vollzog sich auch in der Arbeiterbevölkerung der Umschwung von der ersten Begeisterung zum besorgten Miterleben schneller als in den Kreisen, die durch patriotische Begeisterung hochgehalten wurden. Während zu Beginn des Krieges fast jede Arbeiterfamilie in einen Sturmwind der Begeisterung hineingestellt wurde, der sich in dem Schmuck der Fahnen und im Singen der Lieder äußerte, brachte der September und vollends der Oktober bereits wieder ein ganz anderes Bild hervor.

Der Umschwung begann etwa Mitte September, d. h. etwa gleichzeitig mit dem Rückzug unserer Armeen in Frankreich. Nicht als ob man das sehr bald gewußt hätte, aber die für den Sedantag [2. September] angekündigte Einnahme von Paris blieb aus; die Einkreisung der französischen Armee desgleichen; und überhaupt: allzuviele Hoffnungen erfüllten sich nicht. Es zeigte sich jetzt, was das Johlen der Scharfmacher und Imvoraussieger angerichtet hatte. Gemäß den Zeitungsnachrichten erwartete man einen völligen Zusammenbruch der französischen Verteidigung, ein gänzliches Versagen der englischen Hilfe, verbunden mit dem Abfall der britischen Kolonien, und eine allgemeine Revolution in Rußland, nachdem Odessa bereits von der Flotte bombardiert, Warschau vom Militär verlassen und der Zar in Moskau eingesperrt war. Nun kam die Enttäuschung. Und zugleich kam das beängstigende Wachsen der Verlustlisten, vergrößert durch das Bewußtsein, daß von den Behörden nicht alles gesagt wurde.

Trotz alledem ist jetzt noch vorhanden in der Bevölkerung die Einsicht, daß der Krieg unser Volk auf eine große Probe stellt, die über Sein oder Nichtsein entscheidet. Wenn zuweilen der f ü n f t e Stand daran zweifelt, die o r g a n i s i e r t e A r b e i t e r s c h a f t zeigt auch hier ihre bewunderswürdige Disziplin. Jetzt kann jedermann sehen, welchen belebenden und bindenden Einfluß die Sozialdemokratie auf die Arbeiterbevölkerung hat. Vollends seit einige politisch und wirtschaftlich so einsichtige Menschen nicht mehr außerhalb, sondern innerhalb der Volksgemeinschaft das Geschehen erleben.

Die Arbeiter sehen alle den Krieg als etwas furchtbares an, aber doch als etwas großes. Dies letztere Bewußtsein dagegen ist bei der nur angeröteten Schicht, besonders auch bei dem fünften Stande wie überhaupt bei den meisten, die nicht durch die Gewerkschaftserziehung gegangen sind, kaum vorhanden. Sie begnügen sich jetzt meist mit einer gewissen Spannung gegenüber den Nachrichten vom Kriege, um in dieser schwierigen Zeit nicht zu kurz zu kommen.

Das Vertrauen zu dem Heere, besonders zu der Führung, ist fast überall groß. Infolgedessen ist auch die Zuversicht zum Siege Deutschlands meist vorhanden. Freilich, fügt man in der ärmeren Bevölkerung überall hinzu, „unter ungeheuren Verlusten". Wer herauskommt, rechnet im allgemeinen nicht damit wiederzukommen; und zwar gerade die, die jetzt einberufen werden, vor allem die Landsturmleute, sind sehr pessimistisch darin: „Zurückkommen tut ja doch keiner". Auch den Frauen ist dies Gerede nicht abzugewöhnen. Aber das sagt ja nicht, daß die Leute nicht gut ihre Pflicht tun könnten. [...]

Zu den auch während des Krieges festgehaltenen Idealen, und zwar nicht nur im vierten, sondern besonders auch im dritten Stand, gehört das Urteil: auch die Feinde sind Menschen.

Ein Schneider empfängt einen unserer Mitarbeiter mit den Worten: „Erlauben Sie mir mal ne Frage: Sind die Turkos und Zuaven auch Menschen, ganz genau wie wir Deutschen?" – „Natürlich, sind sie das!" – „Nu, das wollte ich auch meinen. Der Pastor, der in unserm Restaurant an einem Stammtisch saß, ist aufgestanden und weggegangen, weil die anderen sagten, die Turkos sind genau so Menschen wie wir."

Zu den festgehaltenen Idealen gehört weiterhin die Erkenntnis, daß die wirtschaftliche Zusammengehörigkeit der Arbeiterschaft gestärkt werden muß. Gerade weil diese Erkenntnis keinen Augenblick verlassen worden ist, verdienen die wundervollen Leistungen der freien Gewerkschaften während des Krieges besonderen Dank. Vom 3. August bis zum 1. Oktober 1914 sind von den freien Gewerkschaften 12 Millionen Mark an Arbeitslosenunterstützungen gezahlt worden. Dazu fast 3 Millionen an Wehrmannfamilien und über 7 Millionen an Invaliden und Kranke.

Hier handelt es sich ausschließlich um Arbeitergroschen, die für die Zwecke der Landesverteidigung geopfert worden sind. Es kommen Hunderte von Millionen dazu, die von den Landesversicherungsanstalten für die Kriegswohlfahrtspflege oder andere Zwecke zur Verfügung gestellt worden sind. Und seit Oktober ist selbstverständlich in demselben Maße die Arbeit weitergegangen.

Die große Frage, die infolgedessen jetzt die Arbeiterschaft beherrscht, ist die: Wird das Ergebnis des Krieges für unser Volk der Opfer wert sein, die jetzt gebracht worden sind? Oder mehr noch von den Interessen der Arbeiterschaft aus formuliert: werden die „herrschenden Klassen" die Dankbarkeit, die wir bei unseren ersten großen Entschlüssen erwartet haben, zur Tat werden lassen?

An der Front und in der Heimat erhebt sich die bange Frage: Sind etwa die Anzeichen, die sich jetzt zeigen, wonach die bürgerlichen Parteien die Haltung der Sozialdemokratie als eine Selbstverständlichkeit ansehen, ernst und schwer zu nehmen; wird die Regierung die unseren Vertretern gegebenen Versprechungen durchführen können? Es wäre furchtbar, wenn die Arbeiterschaft in dieser Richtung nach dem Kriege enttäuscht würde.

Bis zu einem gewissen Grade müssen die unteren Stände bereits enttäuscht s e i n . Das Verhalten der sogenannten Gebildeten auf der Straße und in den Häusern war zu Kriegsbeginn ein völlig anderes als es früher zu sein pflegte und jetzt wieder großenteils geworden ist. Typisch war für die ersten Wochen der Ton in den Eisenbahnabteilen und Straßenbahnwagen. Ein erfreulicher Wechsel war auch mit Kriegsbeginn im Verhalten der Beamten festzustellen, der Bahnbeamten, der städtischen Beamten und vor allem der Polizei. Selbst in unserem mißhandelten Osten, wo früher manchmal der Besucher des Reviers auf die Vermutung kommen konnte, er sei ein Schwerverbrecher, entwickelt sich jetzt ein gemütliches Gespräch. Nur in einer Art von Angelegenheiten wars seit Kriegsbeginn schwierig: wenn es sich um Ausländer handelte. [...]

In einer Frage hat die Polizei, wie überhaupt die Behörde, durchaus den Beifall der armen Bevölkerung, das ist in den Bestimmungen gegen die Vergnügungen. Wohl in keinem Stande hat man zu Beginn des Krieges so energisch gegen unnötige Vergnügungen Front gemacht wie in den Kreisen der besseren Arbeiter. [...]

In den eigentlichen Arbeiterkreisen ist auch der Opfersinn am größten. Für die Feldgrauen tut man alles. Den Frauen liegt es näher, für die Verwundeten etwas zu tun; die Männer denken mehr an die an der Front. Weihnachten besonders konzentrierte sich alle Liebe auf die „Feier" im Schützengraben.

Eine Familie fängt im November an, für den eigenen Weihnachtsbaum zu sparen. Am Sonnabend Abend, wenn alle verdienenden Kinder ihr Geld ausgezahlt bekommen haben, geht es mit der Sparbüchse herum. Ende November ist denn auch eine kleine Summe vorhanden. Da hört der Vater, daß den Soldaten wieder Feldpakete geschickt werden dürfen, und – mit dem gesparten Geld wird ein Weihnachtspaket für einen Bekannten gepackt, der ganz allein steht. [...]

Während die größeren Lokale der Arbeiterquartiere durch den Krieg sehr gelitten haben, haben die kleineren im allgemeinen gute Geschäfte gemacht. Es sind zwar ein paar eingegangen. Die meisten sind jedoch jetzt so voll wie nie zuvor. Das hängt teils mit dem Austauschbedürfnis der Leute in den Kriegsmonaten, teils mit der Petroleumnot, teils mit den veränderten Lebensverhältnissen vieler Familien zusammen.

Es ist traurig, daß die niedersten Schichten der Bevölkerung durch die mit der Veränderung verbundene Aussichtslosigkeit und Regellosigkeit auf ein Niveau herabgesunken sind, das gerade in der Masse der Betrunkenheit seinen charakteristischen Ausdruck findet. Nie ist auf den Straßen des Ostens so viel Betrunkenheit zu sehen gewesen wie seit Oktober 1914. Selbstverständlich ist es schwer, Zahlen anzugeben, aber es kann wohl gesagt werden, daß die dreifache Zahl von Betrunkenen jetzt zu finden ist.

Aehnliches gilt für die Unsittlichkeit. Wenn auch die energischen Maßregeln der Behörden im Anfang des Krieges und auch neuerdings wieder mancherlei Besserung gebracht haben, so ist doch das Treiben auf den Straßen während des Winters noch trauriger gewesen als in früheren Jahren; trotz der großen Abwanderung der schlechten weiblichen Elemente zu den Lagern und den Ausbildungs- und Armierungsplätzen!

Bedauerlich ist auch, daß so viele beschäftigungslose Mädchen durch das Nichtstun in Versuchung geführt werden; und noch trauriger vielleicht das oberflächliche Bedürfnis den ausziehenden Soldaten und den Verwundeten alles zu Gefallen zu tun, was auch manches bessere Mädchen ins Unglück bringt.

Traurig ist es auch festzustellen, wie wenig inneren Halt die verheirateten Frauen haben; die Ungewohnheit, Maß zu halten und zu verzichten, macht jetzt die Wehrmannsfrau der Heimat ebenso wie die Wehrmänner draußen unfähig, sich gegenseitig die Treue zu halten.

[...]

Tieftraurig ist es auch, wie wenig im allgemeinen die Frauen an dem großen Schicksal des Volkes teilnehmen. Das Interesse der ersten Kriegswochen ist gerade bei den Frauen verschwunden. Nicht viel mehr als Neugier ist geblieben. Nur bei den Frauen der für die Partei ernsthaft interessierten Arbeiter ist das anders. Aber im allgemeinen steht es so, daß die Frauen nur durch die Nachrichten der Kinder, die aus der Schule kommen, jetzt noch über die Kriegsereignisse unterrichtet werden und nur noch bei ganz besonderen Ereignissen den Gang des Krieges mit verfolgen.

Eine Ausnahme bildet die Ernährungsfrage. Aber auch hier erstreckt sich das Interesse der meisten armen Frauen nicht viel weiter als auf die Frage: wie teuer wird das Brot? und: wo kauft man? [...]

Auch jetzt zeigt sich wieder, daß die Kinos sich zu der eigentlichen Hochschule des Volkes ausbilden. Auch während des Krieges wieder haben die Kinematographentheater an den Stimmungswandlungen der Berliner Bevölkerung getreulich und geschäftstüchtig teilgenommen. [...]

Eigentlich ist nur auf einem Gebiet alles versucht worden, um den Geist der Zeit mit allen Mitteln, die den höheren Ständen zu Gebote stehn, ins Volk hineinzutragen: das ist auf dem Gebiet der militärischen Jugenderziehung. Fast alle bestehenden Jugendvereine haben diese Gedanken zeitweilig oder dauernd mit Begeisterung aufgenommen. Der Erfolg freilich ist sehr verschieden.

Während von den höheren Schulen fast keiner der älteren Schüler sich von der Teilnahme an den militärischen Uebungen ausschloß, war schon auf den w e s t l i c h e n Fortbildungsschulen der Eintritt in die Jugendkompagnien geringer. Vollends blieb im Norden und Osten ein Zustrom aus: es waren verschwindend wenig Jugendliche aus Arbeiterkreisen, die sich in Berlin für die Jugendkompagnie meldeten und noch weniger, die ihr treu blieben. Einige frühere Mitglieder unserer Knabenklubs und andere Bekannte meldeten sich in den ersten Kriegsmonaten auch bei uns und baten, daß eine Jugendkompagnie gegründet würde. Als sich aber herausstellte, daß sie regelmäßig am Sonntag antreten müßten, verliefen sie sich bald wieder trotz des ausgezeichneten Führers, der die Jungens sammelte. Die Gründe sind für die, die Wohnungsverhältnisse und das Familienleben des Ostens nicht kennen, schwer verständlich, uns aber beinah selbstverständlich: Die jungen Leute, die die Woche über täglich schwere Arbeit gehabt haben, wollen einen Tag ohne feste Ordnung und schwere Leistungen zubringen. Dazu gehört vor allem, daß sie am Sonntag früh ausschlafen.

[...]

Die Stellung der älteren Arbeiter zur militärischen Ausbildung war fast durchweg unerfreulich. Schon bei Anfragen, ob der Sohn regelmäßig zum Turnen kommen wollte, antworten sie: „Der kommt noch früh genug zu den Preußen." Es ist durchaus falsch anzunehmen, daß die gesinnungstreuen Arbeiter, auch die, die große Opfer für das Vaterland brachten, ihre Meinung über den Militarismus völlig geändert hätten. Das, was sie jetzt in Bezug auf [die] Notwendigkeit der Heeresvermehrung zugaben, ist bei ihnen nicht so stark und tief empfunden, daß es auch in die Friedenszeiten hinein durchhielte.

Wenn auch viele Arbeiter, mit denen wir zusammenkommen, jetzt ausdrücklich erklären, daß sie mit den Rüstungen einverstanden wären, die sie früher bekämpft haben, und daß es gut wäre, wenn man noch mehr für die Flotte ausgegeben hätte, so ist doch diese Meinung bisher mit dem ganzen System ihrer Theorien so wenig verknüpft, daß wir noch nicht recht sehen können, wie daraus einmal eine Macht in ihrem eigenen Empfinden werden soll.

Nur die Jungen unter 14 Jahren können ohne Widerspruch der Eltern ihren Sinn für „Militärisches" pflegen. Während es früher schwierig war, die Kinder des Ostens für Kriegsspiele zu begeistern, ordneten sie sich im August und September selbst zu Zügen und Kompagnien, den selbstgewählten Führern willig folgend, bis an die Zähne bewaffnet. Es gab in jener Zeit wenig Jungen zwischen 6 und 12 Jahren, die nicht ein Gewehr oder einen Säbel besaßen.

Der Herbst schlug ihnen die Waffen entzwei, der Winter vertrieb sie von der Straße; die Auferstehung, die dieser Frühling den militärischen Uebungen bringen sollte, tritt im Osten nur in beschränktem Maße ein. Das Interesse für die Schlachtberichte, Feldbriefe und Kriegsvorträge tritt wieder zurück; auch die Lieder, die zeitweilig täglich im Gebrauch waren, verschwinden wieder mehr und mehr.

„Heil dir im Siegerkranz" und „Deutschland, Deutschland" hört man gar nicht mehr. „Ich bin ein Preuße" wurde stets abgelehnt. Dagegen bleibt in einer gewissen Geltung die „Wacht am Rhein", und noch immer beliebt sind „O Straßburg" und „Wohlauf Kameraden".

Gerade bei den Jungen, die durch unsere Klubs gegangen sind, ist aber trotz dieses Nachlassens der ersten Begeisterung, das selbstverständlich ist, ein gewisser Ertrag des Kriegshalbjahres festzustellen: Mehr Achtung vor dem deutschen Heer, mehr Sinn für Ordnung und Disziplin, mehr Interesse für die vaterländische Geschichte, mehr Drang zur körperlichen Uebung, mehr Verständnis für Forderungen, die an den Charakter gestellt werden, etwa in dem Sinne: eine große Zeit erfordert große Menschen. Da haben manche Jungen ein ziemlich starkes Wachstum an Verantwortungsgefühl und Treue erlebt.

[...]

Im Felde dauert die Rückkehr zu Gott noch jetzt an, – in der Heimat ist sie innerhalb der Arbeiterschaft und im allgemeinen innerhalb der armen Bevölkerung überhaupt verschwunden. Die Kirchen haben zwar einige Anstrengungen gemacht, um sie wieder zu gewinnen, haben aber im allgemeinen die Selbstsucht des kirchlichen Interesses nicht verleugnen können. Es hat ihnen daran gelegen, die Kirchen zu füllen, nicht aber, die Arbeiter glücklich zu machen.

Vereinigungen und Bestrebungen, denen die Seele der Arbeiterschaft am Herzen lag und die in den ersten Kriegsmonaten offene Türen bei der Arbeiterschaft hatten, die darauf brannten, die große innere Bewegung der Arbeiterschaft zu heben und zu halten, womöglich auch das Feuer auf den Altären in der Kriegszeit brennen zu lassen und für den Frieden zu retten, – diese Bestrebungen fanden auch bei den Männern der Kirche, die ihre Notwendigkeit einsahen, keine Unterstützung. Immer mehr wird uns klar, daß wir auf äußere Hilfe verzichten müssen, ganz auf Gott gestellt.

Deshalb ergeht dringender als je an die, die mit uns durch dieselben Ideale verbunden sind, der Ruf, ihr Leben mit einzusetzen für das Vaterland, das aus dem Kriege neu erstehen soll.

Friedrich Siegmund-Schultze: Haltung und Stimmung von Berlin-Ost während der ersten Kriegsmonate. In: Nachrichten aus der Sozialen Arbeitsgemeinschaft, März 1915, 113-120, 122-125, 127. Hervorhebungen im Original.
Vgl. ferner Friedrich Siegmund-Schultze: Das religiöse Erleben der Arbeiterschaft während des Krieges. In: Die Christliche Welt, 1915, Sp. 742-746, 755-758

Friedrich Siegmund-Schultzes besonderes Anliegen galt den Jugendlichen.

Der Krieg hat nicht so sehr die Jugendfürsorge selbst verändert als vielmehr die Auffassung mancher Kreise darüber. Die s o z i a l e Pflicht hat etwas mehr den Charakter einer n a t i o n a l e n Pflicht angenommen. [...]

In der Erregung der ersten Kriegstage ist daher manche Veranstaltung aus dem Boden hervorgewachsen, die der Sache der Jugendfürsorge dienen sollte. Manches hat sich als lebenskräftig erwiesen, manches ist bald wieder vom Erdboden verschwunden. Wir alle, die wir in der Arbeit an der Jugend stehen, freuen uns des Neuerreichten, zugleich beklagen wir die vielfach vergeudete Kraft. Unser Volk hat so große Kräfte der Organisation in diesem Kriege gezeigt; da tut es weh, wenn gerade auf den Gebieten der sozialen Fürsorge Querkunst getrieben wird.

Eine Lehre des Krieges für die, die selbst in der Arbeit der Jugendfürsorge stehen, wird sein: mehr Ordnung, mehr Zusammenarbeiten, mehr Zielstrebigkeit! Mag das nun dadurch erreicht werden, daß die Zentralorganisationen besser ihre

Pflicht erfüllen, oder dadurch, daß die Einzelorganisationen sich besser einordnen, oder mag es darauf ankommen, daß Stadt und Staat, Kirche und freie Arbeit in Friedenszeiten besser zusammenarbeiten lernen – jedenfalls haben wir's bisher schlecht gemacht. [...]

Der Kriegsbeginn mit seiner sittlich nationalen Erhebung hat unzählige Jugendliche, denen nur noch ein großer Anstoß zur Wiederaufnahme der guten Richtung fehlte, in die rechte Bahn gebracht. Die Fürsorgezöglinge, die jetzt vor dem Feinde stehen, scheinen mit die besten Soldaten zu sein.

Aber auch daheim haben sich gute Neuanfänge gezeigt. Oft ist zu beobachten ein tapferes Eintreten für die Eltern, besonders für die Mutter, wenn der Vater im Felde steht oder schanzen gegangen ist. Hilfsbereitschaft überhaupt. Eintreten für die Wahrheit. Strammheit. Opferbereitschaft. Leidensmut. So sind allerlei gute Geister wachgeworden, die die Arbeit der Jugendfürsorge erleichtern.

Daneben ist aber auch nicht abzuleugnen, daß in den Großstädten innere Schäden zu Tage getreten sind, die uns mit Schrecken erfüllen. Was wird aus denen, die an d i e s e m Kriege ganz gleichgültig vorübergehen?

Es gibt Jugendliche, deren Sinn ähnlich wie der vieler Alten, nur darauf gerichtet ist, aus dem Kriege ein Geschäft zu machen. Sinnlichkeit und Vergnügungssucht sind bei vielen verstärkt. Die Aussichtslosigkeit der Halberwachsenen größer als je. Auch die Gelegenheiten der Versuchung vermehrt. Und zu dem allen das allmähliche Erlahmen der Begeisterung. Die Erschlaffung, die die späteren Monate eines Krieges zu bringen pflegen. Das Gespenst der inneren Fäulnis, das nach einem Kriege droht, wenn frühere Erfahrungen gelten sollen. Das alles stellt uns vor Aufgaben, die eine Verdoppelung der Kräfte erheischen.

Vor allem gilt es, viel intimer, viel persönlicher, viel treuer für den einzelnen zu arbeiten. In dieser Kriegszeit haben wir sehen können, daß das Volk als ganzes eine Seele hat. Die Volksseele bleibt nur dann gesund, wenn unsere Jugendfürsorge S e e l s o r g e für die einzelnen wird.

Friedrich Siegmund-Schultze: Jugendfürsorge im Kriege. In: Mitteilungen der Deutschen Zentrale für Jugendfürsorge, 1915, 1. Hervorhebungen im Original.
Die Verwahrlosung von männlichen Jugendlichen durch den Ersten Weltkrieg nahm deutlich zu. Dies musste Siegmund-Schultze bereits ein Jahr später feststellen. Vgl. Friedrich Siegmund-Schultze: Maßnahmen gegen die Verwahrlosung der Jugend: Großstadtjungen im Alter von 12-14 Jahren. In: Monatsschrift für das Kinderhortwesen, 1916, 2-8, 25-42

Neben den beiden schon existierenden Periodika (*Die Eiche* und *Nachrichten aus der Sozialen Arbeitsgemeinschaft*) erschien, erstmals 1917, noch eine weitere Zeitschrift, die Siegmund-Schultze herausgab, die *Akademisch-Soziale Monatsschrift.*

Wir müssen alles dransetzen, unserm Volke das gemeinsame Erleben, das ihm der Krieg gebracht hat, zu erhalten. Wir wollen keinen Frieden, der uns nicht diese für uns wertvollste und doch zugleich gefährdetste Eroberung des Krieges bestätigt. Gerade weil wir wissen, daß die Gegensätze sich allmählich wieder verschärft haben, fühlen wir die zwingende Pflicht, Gut und Blut dafür zu opfern, daß die Kräfte der Einigung, die unserm Volke in seinen schwersten Zeiten gewachsen sind, den Sieg behalten.

Ohne Opfer ist kein Sieg möglich, im Innern so wenig wie nach außen. Unser Kaiser, der dem Volk zuliebe selbst zu jedem Opfer bereit war, hat jetzt alle, die zu den „herrschenden Klassen" gezählt wurden, zu gleicher Opferbereitschaft aufgerufen. Wir empfinden stärker als je zuvor, daß nur auf diesem Wege ein neues Deutschland entstehen kann.

Der Krieg hat das sich erneuernde Deutschland gelehrt, alle Lasten gemeinsam zu tragen. Was die allgemeine Wehrpflicht noch nicht vermochte, hat der eigentliche Kriegsdienst erreicht: gleiche Nöte für Arm und Reich, ja größere Blutopfer der Führenden als der Geführten. Aber auch in der Heimat wurden die Lasten gleichmäßiger verteilt: Nahrungssorgen für alle, oder wenigstens für fast alle – die wenigen, die sich um alle Sorgen herumgedrückt haben, beneide ich nicht; arme vaterlandslose Tröpfe, die sich selbst um das größte Erleben ihres Volkes brachten! –

Der Durchschnittsreiche und der Durchschnittsarme sind sich, was Lebenshaltung und Sorgen anlangt, sehr nahe gekommen. Wir wünschen, daß alle noch an denselben Tisch und vor die gleiche Schüssel gesetzt werden! Aber auch ohne solche äußerliche Gleichheit: die Sorge um das Leben der Familie wie des Volkes hat doch auf allen in gleicher Weise gelastet. Weithin ist das erreicht, was wir mit unserer sozialen Arbeit immer erstrebten und mit dieser Zeitschrift mit erstreiten möchten: gemeinsames Tragen der Lasten des Volkes.

[...]

Die Soziale Arbeitsgemeinschaft Berlin-Ost, von der diese Zeitschrift ausgeht, hat während mehrerer Friedensjahre und weiterhin im Kriege eine solche Gemeinschaft des Erlebens und Tragens im Großstadtquartier herzustellen versucht. Wir haben insbesondere die deutsche Studentenschaft zur Mitarbeit aufgerufen und im Laufe der Jahre einige Hundert Studenten und Studentinnen in Berlin und in anderen Städten durch Siedeln im Arbeiterviertel, durch Teilnahme an Arbeiterversammlungen und Veranstaltungen, durch die gemeinsame Behandlung sozialer Probleme und durch die verschiedensten Formen sozialer Arbeit in dies gemeinsame Erleben hineingezogen.

Was vor dem Kriege wenige taten, müssen nach dem Kriege alle tun. Wie unsere Akademiker jetzt draußen im Feld im „Arbeiterquartier" wohnen und alles mit dem „Mann aus dem Volke" teilen, so müssen auch weiterhin alle Deutschen sich verpflichtet fühlen, die „soziale Arbeitsgemeinschaft" des Krieges fortzusetzen und so das geeinte Deutschland aus dem Kriege erstehen zu lassen.

Friedrich Siegmund-Schultze: Akademisch-Soziale Monatsschrift. In: Akademisch-Soziale Monatsschrift, April/Mai 1917, 2f.

Feldbriefe von Berliner Arbeitern wurden in der gleichen Nummer abgedruckt, vgl. 15-20

Friedrich Siegmund-Schultzes Konzept, wonach Studierende die Berufs- und Alltagswelt des Proletariats näher kennenlernen sollten, bedeutete für ihn während des Krieges auch, die Arbeit in der Rüstungsindustrie zu erfahren. Grundsätzliche Probleme ergaben sich für den Theologen dabei nicht, lediglich einzelne Aspekte sah er problematisch.

Schon in Friedenszeiten haben wir unsern Mitarbeitern in Berlin-Ost oft geraten, selbst einmal die Fabrikarbeit zu versuchen. Wir haben uns nicht eingebildet, im Gegenteil vor der Auffassung gewarnt, daß einige Monate Fabrikarbeit die ganze Schwere eines Arbeiterlebens aufzeigen könnten. Aber die Erfahrung ergab doch wenigstens: Studenten und Studentinnen haben auf diesem Wege enge Berührung mit Arbeitern gewonnen.

Auch für die Soziale Arbeitsgemeinschaft selbst bedeutete jeder solche Versuch eine Bereicherung. Es lag uns daher nahe, im Kriege denselben Rat zu geben, vollends als der Arbeitermangel stieg und der Ruf nach mehr Munitionsarbeiterinnen laut wurde. Wenn wir öffentlich unsere „Standesgenossen" zum Eintritt in die Fabriken aufriefen, so hatte das seinen Grund darin, daß wir die bestehenden Schwierigkeiten und Gefahren gut kannten.

Wir sahen mit Besorgnis, daß diejenigen, die die Studentinnen zur Munitionsarbeit veranlaßten, es zumeist an der nötigen Sorgfalt in der Vorberatung, Vorbereitung und Vermittlung fehlen ließen.

So mußte, das sahen wir bald, auch mancher Schade für den Gedanken einer Mitarbeit Gebildeter in Fabriken aus den Kriegsversuchen großen Stils erwachsen. Wenn heute in weiten Kreisen der Studentinnenschaft, zumal an einigen kleinen Universitäten, eine allgemeine Enttäuschung über die Munitionsarbeit eingesetzt hat, so liegt das meines Erachtens an den Fehlern, die gemacht worden sind. [...]

Wenn Studentinnen in die Fabrik gehen, ist das nicht eine Ehre für den Betrieb, sondern eine Erschwernis der Arbeit. Daher ist es durchaus notwendig, daß sie mit der erforderlichen Bescheidenheit, überhaupt in einer wahrhaft sozialen Gesinnung, sich unter die Arbeiterinnen mischen. Es genügt nicht die Laune, „mal ein praktisches Semester zu bauen", erst recht nicht die Absicht, „ein paar Monate ordentlich zu verdienen und Speck zu bekommen", auch nicht der bloße Wille, ein Stück notwendiger Kriegsarbeit zu tun.

Vielmehr müssen sich die Vertreterinnen der „herrschenden Klassen" in einer ihnen fremden oder gar feindlich entgegenstehenden Welt bewußt sein, daß ihr persönliches Verhalten aufbauend oder zerstörend wirken kann. Hochnäsiges, schlappes, gleichgültiges, reserviertes, gönnerhaftes Verhalten hat in zahlreichen Fällen schweren Schaden angerichtet.

In Spandau und in Torgau ist die Stimmung ganzer Buden und Schichten dadurch verdorben worden. Der auf diese Weise angerichtete Schaden ist viel größer als der durch die Arbeitsleistung gestiftete Nutzen. Also rufe man nicht wahllos und warnungslos Studentinnen zur Munitionsarbeit auf, sondern mache die soziale Gesinnung zur Voraussetzung der Mitarbeit.

Friedrich Siegmund-Schultze: Studentinnen als Munitionsarbeiterinnen. In: Akademisch-Soziale Monatsschrift, Februar/März 1918, 174-177
Der Autor druckte in der gleichen Nummer positive Erlebnisberichte von Studentinnen ab, vgl. 177-184

Im Frühjahr des letzten Kriegsjahres machte sich Siegmund-Schultze Gedanken über ein neues Deutschland nach dem Ersten Weltkrieg – im Sinne eines Friedens innerhalb der Gesellschaft. Seine Erfahrungen mit der Sozialen Arbeitsgemeinschaft Berlin-Ost bildeten hierbei die zentrale Grundlage.

Wer hat gegenwärtig die Führung über unser Großstadtvolk, d. h. über die große Masse unseres Volkes? Zweifellos nicht die sogenannten Gebildeten. Erst recht nicht die „herrschenden Klassen". Diese üben vielleicht durch ihren Reichtum eine Herrschaft im äußeren Sinne aus, haben aber gerade dadurch die innere Führung aus der Hand gegeben. Wer also leitet die Massen?

In den Proletariervierteln unserer Großstädte könnte es manchmal so scheinen, als müßte man antworten: Jeder hergelaufene Schwätzer. Jeder Unzufriedene. Jeder, der den Augenblicksinstinkten einen möglichst niedrigen Ausdruck geben kann. […]

Kurz und einfach gesagt: Die Reichen müssen zu den Armen kommen. Diejenigen, die Kräfte abgeben können, müssen für Stunden, Tage, womöglich für Wochen, Monate, am besten für Jahre, ja fürs ganze Leben, selbst in die Viertel der Not und des Neides gehen, um dort zu helfen und zu heilen.

Sie müssen zugleich auf ihren Wegen voll Ehrerbietung und Dankbarkeit zu den Stätten körperlicher Arbeit pilgern und womöglich auch dort im engsten Verkehr und in voller Bescheidenheit um die Freundschaft derer bitten, die durch ihrer Hände Arbeit dem geistigen Leben seine Existenz bieten. So muß sich in den Arbeitervierteln der Städte ein Freundeskreis im Austausch der Geister bilden, zugleich im Anschluß daran eine Hilfsgemeinschaft für alle Bedürftigen entstehen.

Solche sozialen Arbeitsgemeinschaften sind nach unserer Meinung die Urzellen des neuen Deutschland.

Soziale Neuorientierung, wie wir von der Sozialen Arbeitsgemeinschaft sie verstehen, heißt also nicht weniger als Neuordnung der Gesellschaft. Die Stellung der Menschen und der menschlichen Gruppen zueinander muß eine andere werden, wenn ein Neues erstehen soll. Es kann nicht so weitergehen, wie es bisher ging, nämlich daß die aufeinander angewiesenen Kräfte, Kapital und Arbeit, Industrie und Landwirtschaft, Altes und Neues, Masse und Geist, sich gegenseitig bekämpfen und zerstören. Unerträglich ist ein Gegensatz von „hoch und niedrig" nach einem Kriege wie dem gegenwärtigen.

Wer zum Klassenhaß hetzt, sei es von oben oder von unten, ist des Landesverrats, ja ist der Verleugnung der Menschheit überhaupt schuldig. Wenn Deutschland schon vor dem Kriege durch den Gegensatz seiner Stände unendlichen Schaden genommen hat und infolgedessen im Kriege durch die falschen Eindrücke, die das Ausland aus diesem Gegensatz von unseren inneren Zuständen gewonnen hat, an den Rand des Abgrundes gebracht worden ist, so wird vollends die schwere Zeit eines Wiederaufbaues nach dem Kriege uns nicht gestatten, unsere Kraft durch ein Gegeneinander der einzelnen Kräfte zu verzetteln und zu vergeuden. Das ganze Volk muß eine soziale Arbeitsgemeinschaft werden, wenn es im wirtschaftlichen und kulturellen Kampfe sich emporarbeiten soll. […]

Wenn ich daran denke, welche Irrtümer ich während der letzten Wochen in gebildeten Kreisen über die „drohende Revolution" gefunden habe, erscheint es mir schon wertvoll, wenn eine indirekte Berührung dieser Kreise mit der Masse des Volkes zustande käme. Wenn in solchen Kreisen über die Möglichkeit einer Revolution gesprochen wurde, hört man wohl die Worte: „Zwei Maschinengewehre am Brandenburger Tor, und die Ruhe ist wiederhergestellt." Als ob die Maschinengewehre des Oberkommandos in die Betten der Hinterhäuser von Berlin-Ost träfen!

Diese Herren stellen sich die Revolution noch immer so vor, als nähmen die „Arbeiter" zur verabredeten Zeit ihre Rasiermesser aus der Schublade und die von der „Landflucht" mitgebrachten Heugabeln von der Wand, krempelten sich die Ärmel auf, zögen ausgerechnet vor das Brandenburger Tor und liefen dann die Linden herunter mit dem Rufe: „Jetzt sind wir dran!"

Die moderne Revolution ist für die, die die Massen dafür zu gewinnen und zu organisieren vermögen, viel einfacher. Sie bleiben im Bett liegen. Damit ist in wenigen Wochen, zumal im Kriege, der Zweck erreicht. Daß die Verhältnisse so liegen, sollte denen, die regieren wollen, klar sein.

Diese Leute müssen auch wissen, was sie vor der Revolution bewahrt. Es ist die großartige Organisation der deutschen Arbeiterschaft. Die ungeheure Aufgabe, die stetig wachsenden Massen der Industriearbeiter durchzuorganisieren, ist eben, wenn auch nur bis zu einem gewissen Grade, von der Sozialdemokratie bewältigt worden. Daß ein Streik nicht revolutionären Charakter annimmt, hängt an der Haltung der politischen und gewerkschaftlichen Führer der Sozialdemokratie.

Friedrich Siegmund-Schultze: Das neue Deutschland. In: Akademisch-Soziale Monatsschrift, April/Mai 1918, 1-3

Der Bund Neues Vaterland 1914–1916

Am 16. November 1914 erfolgte in Berlin die Gründung einer neuen Friedensorganisation. Der Bund Neues Vaterland umfasste Konservative, Liberale und Sozialisten. Begünstigt wurde die Entstehung dieses Bundes einerseits durch die Erstarrung des Kriegsverlaufs an der Westfront nach der Marneschlacht und andererseits durch die erwachende Kritik an der offiziellen Behauptung von dem angeblichen Verteidigungskrieg, den Deutschland führe. Schließlich sollte der Vorkriegspazifismus, neben der bereits bestehenden Deutschen Friedensgesellschaft, neu konturiert und schärfer akzentuiert werden.

Den Vorsitz dieser neuen Friedensorganisation führte Kurt von Tepper-Laski. Im Bund Neues Vaterland wirkten einige ehemalige Diplomaten mit, welche die imperialistische Außenpolitik des Kaiserreichs sehr kritisch beurteilten, so etwa Fürst Max Lichnowsky (ehemaliger Botschafter in London). Die außenpolitische Kompetenz dieser Personen führte u. a. zu einer von Ernst Reuter (Der spätere Regierende Bürgermeister von Berlin-West) verfassten kritischen Denkschrift im März 1915. Hier zeigte sich ein typisches Merkmal dieser Friedensvereinigung: Ziel war nicht die Entwicklung zu einer Massenbewegung, sondern die Einflussnahme auf die Außenpolitik durch einen hohen Sachverstand.

Im April 1915 nahmen einige Mitglieder des Bundes Neues Vaterland an einer internationalen pazifistischen Konferenz in Den Haag teil. Die Minimalforderungen dieser Tagung bestanden aus fünf Punkten: Keine Annexionen ohne Zustimmung der betroffenen Bevölkerung, Liberalisierung des Handels mit den Kolonien, Fortsetzung der Haager Friedenskonferenzen von 1899 und 1907, Abbau der Rüstungen, Kontrolle der Außenpolitik durch die Parlamente.

Im Juni 1915 kritisierte der Bund Neues Vaterland durch seine Flugschrift *Sollen wir annektieren?* die annexionistische Eingabe von sechs großen Wirtschaftsverbänden. Ab dem Herbst 1915 wuchs der Druck der Militärbehörden auf die pazifistische Organisation merklich an. Diskussionen über Annexionen sollten unterbunden werden. Die überwiegend nationalistische Presse setzte ihre Diffamierungskampagnen fort, vor allem der Vorwurf des angeblichen Landesverrats wurde öfters bemüht, obwohl es faktisch während der gesamten Kriegszeit nie zu einer solchen Anklage kam. Am 2. Oktober 1915 verhinderte ein Verbot die Versendungen von Mitteilungen des Bundes Neues Vaterland an die eigenen Mitglieder – ein Verstoß gegen das Vereinsrecht im kaiserlichen Deutschland.

In der Satzung dieses Bundes heißt es u. a.:

§ 1. Zweck des Bundes.

Der Bund ist eine Arbeitsgemeinschaft deutscher Männer und Frauen, die sich unbeschadet ihrer sonstigen politischen und religiösen Stellungnahme zusammenschließen, um an den Aufgaben, die dem deutschen Volk aus dem europäischen Kriege erwachsen, mitzuarbeiten. Daher beabsichtigt der Bund:

1. Die direkte und indirekte Förderung aller Bestrebungen, die geeignet sind, die Politik und Diplomatie der europäischen Staaten mit dem Gedanken des friedlichen Wettbewerbs und des überstaatlichen Zusammenschlusses zu erfüllen, um eine politische und wirtschaftliche Verständigung zwischen den Kulturvölkern herbeizuführen. Dieses ist nur möglich, wenn mit dem seitherigen System gebrochen wird, wonach einige Wenige über Wohl und Wehe von hunderten Millionen Menschen zu entscheiden haben.

2. Insoweit sich bei der Arbeit für dieses Ziel ein Zusammenhang zwischen innerer und äußerer Politik der Staaten ergibt, darauf hinzuwirken, beide in volle Uebereinstimmung zu bringen – zum Besten des deutschen Volkes und der gesamten Kulturwelt.

Otto Lehmann-Rußbüldt: Der Kampf der Deutschen Liga für Menschenrechte vormals Bund Neues Vaterland für den Weltfrieden 1914-1927. Berlin 1927, 139

Auf der Mitgliedsliste des Bundes Neues Vaterland vom Herbst 1915 standen folgende Personen aus Berlin:

Graf Georg von Arco, Dr. Rudolf Breitscheid, Elsbeth Bruck, Siegfried Brünn, Siegmund Caminer, Minna Cauer, Georg Ehlers, Elsa und Prof. Dr. Albert Einstein, Pastor Hans Francke, Deutsche Friedensgesellschaft/Ortsgruppe Berlin, Dr. Eduard Fuchs, Hellmut von Gerlach, Bruno Gumpel, Otto Haas-Heye, Dr. Recha Halpert, Hamburg, Anna Hamburger-Ludwig, Dr. Magnus Hirschfeld, Arthur Holitscher, Frau Prof. Dr. Jannasch (Berlin/Wiesbaden), Lilli Jannasch (Wiesbaden/Berlin), Leo Kestenberg, Grete Kestenberg, Luise Kleiß, Emma Krappek, Friedrich Ladewig, Otto Lehmann-Rußbüldt, Ida Loewenfeld, E. Loewenthal, Benjamin Marx, Albert Mendel und Frau, Thea Mertelmeyer, Dr. Ernst Meyer, Dr. Franz Mockrauer, Ilse Müller-Oestreich, Prof. Paul Oestreich, Ernst Reuter, Bernhard Roeßler, Dr. Elisabeth Rotten (Vacha/Berlin), Luise Rotten, René Schickele (Badenweiler/Berlin), Sophie Schönbeck, Pfarrer Friedrich Siegmund-Schultze, Gertrud und Hugo Simon, Max Steinschneider, Dr. Helene Stöcker, Anna Thiessen, Prof. Dr. Wilhelm Traube, Frau Prof. Dr. Vogt, Dr. Hans Wehberg (Berlin/Düsseldorf), Dr. Berthold Weiß, Alfred Wiemann, Richard Witting, Arthur Wolff.

Zusammengestellt nach Otto Lehmann-Rußbüldt: Der Kampf der Deutschen Liga für Menschenrechte vormals Bund Neues Vaterland für den Weltfrieden 1914-1927. Berlin 1927, 140-142

Die Berliner Ortsgruppe der D.F.G. hat während des zu Ende gehenden Sommers ihre Mitglieder wiederholt zu Versammlungen zusammenberufen, um den Zusammenhalt Gleichgesinnter in dieser stürmisch erregten Zeit möglichst aufrecht zu erhalten; und es hat sich gezeigt, daß diese Veranstaltungen unseren Freunden ein willkommener Anlaß waren, sich in ihrer vielangefochtenen pazifistischen Ueberzeugung zu bestärken und die Fülle neu auftauchender Zeitprobleme in freiem Meinungsaustausch zu erörtern. –

Es fand im Juni eine Versammlung statt, in der Herr Lehmann-Rußbüldt, der Geschäftsführer des Bundes „Neues Vaterland" über die Arbeit dieses Bundes sprach und die Gemeinsamkeit unserer Bestrebungen aber auch die Abgrenzung der beiderseitigen Tätigkeit erörtert wurde. Am 25. August berichtete Fräulein Dr. Elisabeth Rotten über den Frauenkongreß im Haag; darauf sprach Pastor Francke über „Kriegsziele und Burgfrieden". –

Endlich hielt am 15. September ein holländischer Missionar, Herr Cornelius Boeke, der früher im Dienst der Quäker-Gesellschaft gestanden hat, einen Vortrag über „die Friedensagitation des Neuen Versöhnungsbundes (Fellowship of Reconciliation) in England". Es war interessant zu hören, daß sich eine religiöse Gesellschaft, wie die Quäker, in England von Kriegsanfang an mit ihrem Programm gegen jede Art von Kriegsrechtfertigung hervorwagen konnte.

Völker-Friede, 1915, 126. Hervorhebungen im Original bleiben unberücksichtigt.

Die Zentralstelle Völkerrecht und die Vereinigung Gleichgesinnter 1916

Bis Ende 1915 konnte die Arbeit des Bundes Neues Vaterland trotz der Schikanen seitens des Militärs sowie Diffamierungen durch die staatliche Propaganda und die alldeutsche Presse stark eingeschränkt fortgeführt werden. Dies änderte sich schlagartig am 7. Februar 1916, denn da wurde dieser Friedensorganisation jegliche Tätigkeit verboten. Am 31. März 1916 erfolgte die Verhaftung von Lilli Jannasch, der Geschäftsführerin des Bundes. Sie blieb 14 Wochen in so genannter Schutzhaft, ohne Angabe von Gründen – eine illegale Maßnahme. Auch Elsbeth Bruck, Jannaschs Nachfolgerin, wurde inhaftiert.

Mehrere Proteste des Bundes Neues Vaterland an den Reichstag erfolgten, blieben jedoch ergebnislos. Die gezielte Lahmlegung des Bundes bedeutete den Anfang eines Schlags gegen die deutsche Friedensbewegung, nur wenig später traf es die Deutsche Friedensgesellschaft.

Als Reaktion auf diese Maßnahmen gründeten Friedensbewegte nun bewusst die Zentralstelle Völkerrecht. Ende August 1916 erschien das Flugblatt Nr. 1, das für diese neue Friedensorganisation warb. Nach 1918 ging diese Zentralstelle in der Deutschen Friedensgesellschaft auf.

Nachdem der „Deutsche Nationalausschuß" und der „Unabhängige Ausschuß für einen deutschen Frieden" den gegenwärtigen Zeitpunkt für geeignet gehalten haben, sich mit Kundgebungen zu Kriegszielen an die Oeffentlichkeit zu wenden, haben sich deutsche Männer und Frauen, die einen dauernden Frieden auf der Grundlage des Selbstbestimmungsrechtes der Völker und einer neu einzuleitenden Verständigungspolitik erstreben, zu einer deutschen Zentrale für dauernden Frieden unter dem Namen Zentralstelle „Völkerrecht" zusammengeschlossen.

Der Friede, der diesen Krieg beendigt, soll selbstverständlich nach der Auffassung der Zentralstelle die Freiheit des deutschen Volkes, die Unabhängigkeit des Deutschen Reiches, die Unversehrtheit des deutschen Bodens, die Wahrung der deutschen Interessen im Auslande und die Erhaltung der wirtschaftlichen Entwicklungsmöglichkeiten des deutschen Volkes sicherstellen; aber er soll auch jede Gewähr der Dauer in sich tragen.

Dazu ist erforderlich, daß er von allen Beteiligten als eine befriedigende Ordnung ihrer internationalen Beziehungen anerkannt werden kann, daß er also nicht die Unterlegenen durch gewaltsame Annexionen, durch Beeinträchtigung ihrer Selbstbestimmung oder durch andere unerträgliche Bedingungen zur Vorbereitung eines Vergeltungskrieges nötigt, daß er zugleich wirksame Einrichtungen schafft für friedliche Erledigung künftiger internationaler Streitigkeiten auf dem Wege geordneter Vermittelung oder rechtlicher Entscheidung, und daß er damit der alten friedensgefährdenden Politik des Wettrüstens ein Ende setzt.

Um einem solchen Frieden volle Wirksamkeit zu geben, muß ein neuer Geist das nationale und internationale politische Leben erfüllen. Die deutsche Zentralstelle „Völkerrecht" ist der Ueberzeugung, daß im deutschen Volke, wie bei allen anderen Kulturvölkern, die Vorbedingungen für diese neue Politik gegeben sind, und daß nur ein solcher Friede der „Deutsche Friede" im besten Sinne des Wortes sein würde.

Zweigstellen der deutschen Zentrale „Völkerrecht" sind in allen Teilen Deutschlands gebildet oder in Bildung begriffen. Die Zentrale wird, sobald Freiheit für die Erörterung von Kriegs- und Friedenszielen gewährt ist, mit Kundgebungen an die Oeffentlichkeit treten. Zustimmungserklärungen werden einstweilen erbeten an die Geschäftsstelle Charlottenburg, Kantstraße 159, Gartenhaus III.

Bestandteil dieses Flugblattes Nr. 1 ist u. a. der folgende Aufruf vom 28. September 1916:

An den Deutschen Reichstag!

Die Zentralstelle „Völkerrecht", Deutsche Zentrale für dauernden Frieden und Völkerverständigung, vertreten durch die Unterzeichneten, richtet an den Deutschen Reichstag die Bitte, er möge als seinen und des deutschen Volkes Willen bekunden, daß der Friede, der diesen Krieg beendet, nicht nur selbstverständlich die Lebensinteressen des deutschen Volkes, die Unabhängigkeit seines politischen Daseins, die Unversehrtheit seines vaterländischen Bodens, die Freiheit seiner wirtschaftlichen Entwicklung sicherstellen, sondern auch jede erreichbare Gewähr der Dauer in sich tragen soll.

Deshalb möge der Reichstag insbesondere erklären:

1. Der kommende Friede soll, um nicht den Keim künftiger Kriege in sich zu tragen, keinem Volke unerträgliche Bedingungen aufzwingen, insbesondere nicht Annexionen enthalten, die den freien Willen einer Bevölkerung vergewaltigen, oder Eingriffe in die Selbständigkeit bisher unabhängiger Staaten vornehmen.

2. Der kommende Friede soll aber auch, um ein dauernder Friede zu sein, die Grundlage für ein neues Völkerrecht legen, durch Schaffung einer überstaatlichen Organisation, die Gewähr bietet für friedliche Erledigung künftiger, internationaler Streitigkeiten auf dem Wege geordneter gütlicher Vermittlung oder rechtlicher Entscheidung. [Es folgen die Begründungen.]

BayHStA/Abt.IV, MKr 13371 und Evangelisches Zentralarchiv Berlin 51/G III a. Hervorhebungen im Original bleiben unberücksichtigt.

Folgende evangelische Theologen unterzeichneten diesen Aufruf:

Pfarrer Ernst Böhme (Kunitz bei Jena), Pastor Emil Felden (Bremen), Pastor Hans Francke (Berlin), Pfarrer Ehrhart Kraus (Münchham in Niederbayern), Pfarrer Andreas Müller (Frankfurt/Main), Pastor emer. W. Schloemer (Hildesheim), Pfarrer Schütz (Neukirch im Oberwesterwald), Pastor Lic. Friedrich Siegmund-Schultze (Berlin), Pastor Friedrich Steudel (Bremen), Stadtpfarrer a. D. Otto Umfrid (Lorch, ehemals Stuttgart), Pastor August Witzel (Nienhagen im Kreis Celle).

Evangelisches Zentralarchiv Berlin, 51/G III a

Anfang Dezember 1916 konstituierte sich offiziell die Zentralstelle Völkerrecht. Darüber informierte das Flugblatt Nr. 2.

Am 2. und 3. Dezember 1916 fand in Frankfurt a.M. im „Frankfurter Hof" unter zahlreicher Beteiligung (nahezu 250 Personen aus allen Gegenden Deutschlands) die erste Tagung der Zentralstelle Völkerrecht statt. [...]

Dr. Wirth (Frankfurt a.M.) berichtete über zahlreiche (an 200) Begrüßungs- und Zustimmungskundgebungen, u. a. von [...] Pfarrer Böhme (Kunitz b. Jena), Pfarrer Dr. Budde (Hamburg) [...], Pastor H. Francke (Berlin)[...]

Beschlüsse der Gründungsversammlung.

Leitsätze.

I.

Die Zentralstelle „Völkerrecht" will alle Männer und Frauen, unabhängig von ihrer Partei-, Berufs- und Religionszugehörigkeit, sammeln, die dem Rechte und allen Gemeinschaftskräften auch im Völkerleben eine größere Wirksamkeit verschaffen wollen.

Die Macht des Staates ist nicht Selbstzweck und findet ihre Grenze in den Lebensgesetzen einer die Völker verbindenden Gemeinschaft.

Die Erfahrung des Krieges hat die Notwendigkeit einer weiteren Entwicklung des Völkerrechts und der Völkergemeinschaft ergeben.

II.

Der Schwerpunkt der weiteren Entwicklung wird in völkerrechtlichen Maßnahmen liegen müssen, welche die Entstehung von Kriegsursachen möglichst verhindern und die Regierungen verpflichten, entstandene Völkerstreitigkeiten einem friedlichen Ausgleich zuzuführen.

Diese Entwicklung bedarf der stets wachsenden Einsicht in die höhere Zweckmäßigkeit einer internationalen Rechtsordnung für die Verfolgung der materiellen und geistigen Lebensinteressen der Völker, des immer allgemeiner werdenden Willens, eine solche Ordnung herbeizuführen, und der planvollen Stärkung der die Völker verbindenden, aus ihrer gegenseitigen Abhängigkeit folgenden Gemeinschaftskräfte.

Eine solche Gemeinschaft wird die Mannigfaltigkeit des Völkerlebens als Grundlage eines wirklichen Kulturfortschritts nicht gefährden. Sie wird vielmehr die freie Entwicklung eines jeden Volkes, entsprechend seiner nationalen Eigenart, erst wahrhaft sichern und es auch im Innern mit einem höheren Gemeinschaftsgeist erfüllen.

III.

Als Ziel des Krieges sehen wir eine solche friedliche Organisation Europas und der übrigen Kulturwelt an, die gegensätzliche Machtbündnisse nicht mehr aufkommen läßt.

Dem Geiste einer solchen künftigen Gemeinschaft widerspricht ebenso ein annexionistischer Gewaltfriede wie der Gedanke des „Krieges bis zum Ende". Denn er setzt die freiwillige Verständigung der sich bekämpfenden Völkergruppen ohne die Vergewaltigung des einen oder des anderen Volkes voraus.

Darum erheben wir von neuem, auch in der höchsten Anspannung der militärischen Kräfte, den Ruf nach Verständigung, ehe eine allseitige völlige Erschöpfung Europas Zukunft für immer gefährdet.

BayHStA/Abt.IV, MKr 13370. Hervorhebungen im Original bleiben unberücksichtigt.
Vgl. ferner Die Friedens-Warte 1917, 17-19

Aus Berlin standen folgende Personen auf der Mitgliedsliste der Zentralstelle Völkerrecht::

Selma Abramczyk, Dr. Max Adler, Dr. med. Albrecht Albu, Melitta Altmann, Dr. Graf Georg Arco, Anna Aschenbrenner, Charlotte Aschenbrenner, Siegfried Aufhäuser, Hanna Auler, Else Aurenberg, Felix Bab, Friedrich Bauermeister, S. Beccard, Carl Beckmann, Dr. C. F. W. Behl, H. Bejach, Edith Bendix, Edwin Bendix, Edm. Berger, Rud. Berger, Eugen Bernhardt, Dr. Art. Bernstein, Eduard Bernstein, Phil. Bernstein, Frau R. Bernstein, Jenny Blechner, Hans Blüher, Gg. Blumenthal, Ilse Blumenthal, M. Bögner, Anna Bössenroth, R. Bosselmann, Ad. Brand, Jul. Braun, Wolfg. Breithaupt, Johanna Bretschneider, Jenny Brünn, A. Brunke, Gg. Freiherr v. Buol, Hedwig Buschmann, Adolf Busse, Minna Cauer, Isaac Cohn, Dr. med. Max Cohn.

Dr. phil. Ed. David, Ann Delius, Elli Denninghoff, Dr. Bernh. Dernburg, Ida Deutschmann, Margarete Dietzel, Franz Döring, Hedwig Dohm, Ferd. Doodt, Jul. Dosmar, Jos. Dreyfuss, E. Drucker, Fritz Dzieyk, Bernh. Ebersbach, Dr. Otto Ehlers, Sophie Ehrlich, Frau Einstein, Prof. Dr. Albert Einstein, Dorothea Elkan, Erna Eilert, E. Elkan, Franz Erdmenger, Marie Fällenbacher, Dr. Berth. Färber, Max Färber, Morris Falk, Carl Felgentreu, Alb. Fischer, Hans Fischer, Agnes Fleischer-Griebel, D. Forell, Victor Fränkl, Rich. Franck, Hans Francke, Frida Frankwitz, Albert Fraustädter und Frau, H. Friedländer, Johannes Friese, Dr. Jacob Fromer, Aug. Fuchs, Hans Fuchs, Max Fürst.

Prof. Dr. Gade, A. Gassau, Jos. Gatzka, W. Gehse, Dr. Manfred Georg, Hellmut von Gerlach, Silvio Gesell, Dr. I. Ginsberg, Carl Gottberg, Helene Grasse, Thea Graziella-Schneidhuber, Dr. Curt Grelling, Ada Gros, Baron Grothe, Max Gundt, Dr. Emil Gumbel, Minni Gumpert, Dr. Alfred Gurau, Heinr. Gutberlet, P. Guttmann, Dr. Hugo Haase, Anatolie Habicht, Caroline Hagnauer, Martin Hahn, Agnes Halberstädter, Dr. jur. David Halpert, Carl Hamburger, Hanna Hamburger, Heinr. Hammer, Julius Hart, Else Hauff, Frau Ag. Hecht, Dr. B. Heimann, Hugo Heimann, Ernst Heinrich, Clara und Rob. Heinze, H. Heimwinkel, Stephanie Hess, Hubert Heyter, Frau K. Heymann, Regina Heymann, G. Hiller, Kurt Hiller, Max und Käthe Hirsch, Dr. Magnus Hirschfeld, Max Hodann, H. Holtzen, Dr. A. Hompf, Alfred Hoppe, Willy Hoppe, Paul Huber, Ernst Hummel.

Ed. Jablonski, Helene Jacobi, S. Jacobi, Siegfried Jacobsohn, Frau Prof. Jannasch, Ernst Jahns, Dr. B. Jaroslaw, Anna Ingelfinger, Alfred John, Prof. Dr. K.F. Jordan, Eva und Rosa Jürgensohn, Bertha Jusi-Conrad, Alois Kaffka, Elisabeth Kappel, Addi Kay, Dr. Rudolf Kayser, Else Kehrl, Alfred Klein, Kleine, B. Knaut, Prof. Dr. phil. V. Knorre, Elly Koblinski, Alice Koch, Jacob und Lina Koch, Marie Köster, Hermann Kötzschke, Willy Kornblum, H. Krumbuck, Dina Ksinski, Max Kühl, Fr. Kühl, Prof. Kühnberger, Karl Kühne, Hanna Kunsch, Margarete Kuntz, Wilh. Kunse.

Hedwig Lachmann-Landauer und Gustav Landauer, Fred Ladewig, Dr. Erich Lahse, Frida Laudon, Ferd. Lehmann, Herm. Lehmann, Dr. W. Leiden, Frieda Leonhardt, G. Liepold, Ed. Levy, Laura Levy, Leo Lewy, Max Lewy, Else Liebig, Martin Liebner, Sigm. Löb, Fr. A. Löbell, Ida Löwenfeld, A. Ludowieg, Georg Mahn, Martin Mahn, Waldeck-Manasse, Georg Mantze, Emmy Marshall von Bieberstein, Fr. Masson, Otto Mattha, Carl Ernst und Margot Matthias, Thusnelda Mau, Walter und Ella Mau, Paul Mauermann, Hans Mayer, Leo Mayer, Otto Mertens, F. Meyer, H. Meyer, Anna Meyer-Liepmann, Anna Minuth, C. Mittag, Georg Müller, Käte Müller, M. Müller, Oskar Müller, Ludwig Müller, Elfriede Müneberg, Dr. Naumann, Rich. Neuhäuser, Elsa Neumann-Paulsen, Walther Nithack-Stahn, Anna Nuggel, Willi Nüsse.

Friderike Oerth, Ilse Müller-Oestreich und Prof. Paul Oestreich, G. Oswald, Dr. Arthur Pakscher, Clemens Panzram, W. Passekl, Dr. Manuel de Pedroso, Hugo Peiser, Dr. Rudolf Penzig, Carl Perls, Otto Peschlow, Charlotte Pett, Franz Pfemfert, Emil Polentz, Walter Pellter, Prof. Dr. Hugo Preuss, Jonas Prochownik, Albert Rathenau, Eugen Reck, Frieda Reichelt, Prof. Dr. Reifferscheid, S. Reiter, W. Rettig, Hedwig Rickmann, Else Röder, Bernh. Rössler, Dr. phil. Ilse Rosendorn, Albert Rosenstiel, Ernst Rosenthal, Theod. Rudert, Dr. Alice Salomon, Hermann Scherk, Henny Schlichthaar, Schlimper, Wilhelm Schlutz, Georg Schmelzer, Franz Schmidt, Lucia Schmidt, W. Schneidewind, Bernhard Schönberg, Helene Schröder, Aug. Schütte, Margarete Schütz, Fritz Schultz, Fritz Schulz, Doris W. Schumacher, Margarete Schurgast, Luise Seelig, Alfred Seligmann, Emil Seling, Lic. Friedrich Siegmund-Schultze, Felix Silber, Eugen Silberstein, Georg und Gertrude Silberstein, V. Stasny, Emil Staub, Herm. Stein, Gertrud Steiner-Rothstein, Paul Stern, Dr. Helene Stöcker, Strassberg, Ad. Strassburger, Heinr. Ströbel, Fr. Karl Ströher, Dr. Richard Sussmann.

Robert Tautz, Gertrud Teichner, Kurt von Tepper-Laski, Otto Tiede, Prof. Dr. J. Traube, Prof. Dr. Wilhelm Traube, Carl Trudel, Moritz Ury, Frau Dr. Ury, Dr. M. Vaerting, Emil Vogt, Herr und Frau Prof. Vogt, Anna Voigt, Katharina Voigt, W. Voigt, Helene Wächter, Max Wasbutzky, Käte Weber, Lotte Weigert, Dr. Werner Weissbach, Otto Wendel, G. Werschow, Dr. Edm. Wetzel, Ines Wetzel-Mai, Fritz Wildenhagen, Dr. Wintritz, L. Wirth, E. Witthuhn, Fritz Wittig, Johanna Wolff, Carl Wrensch, Paul Wustrow, Anna Zehle, Gustav Zeitz, Dr. G. Zeppler, Karl Ziebel, Ernst Zink, K. Zoll, Frau Zorn, Gertrud Zucker.

Zusammenstellung nach BayHStA/Abt.IV, Mkr13371

Vor allem dank der Initiative des Berliner Privatdozenten Dr. Werner Weissbach (Mitglied in der Zentralstelle Völkerrecht) kam es am 14. Juni 1916 in seiner Privatwohnung zur Gründung der pazifistischen Vereinigung Gleichgesinnter. Es handelte sich hierbei um einen Zusammenschluss männlicher Intellektueller aus Universität, Kirche, Publizistik und Wirtschaft. Die Werbung von Mitgliedern verlief aus innenpolitischen Gründen äußerst behutsam und vertraulich.

Folgende Theologen gehörten zu dieser Friedensvereinigung: Friedrich Siegmund-Schultze (Berlin), Dr. Friedrich Curtius (Berlin und Heidelberg), Prof. Martin Rade (Marburg), Pfarrer Theodor Schmidt (Niesky) und Prof. Frommel (Heidelberg).

Im Frühjahr 1917 wurden die folgenden Leitsätze angenommen:

1. Unsere Vereinigung will dafür arbeiten, daß der dem Geiste der Humanität entgegengesetzte Nationalismus überwunden werde, daß der ethische Gedanke

mehr und mehr in der Weltpolitik zur Geltung komme und im Gegensatz zu einer reinen Machtpolitik als realpolitischer anerkannt werde.

2. Das nächste Mittel zur Erreichung dieses Zieles soll eine im Stillen wirkende Werbung von zuverlässigen Gesinnungsgenossen und der geistige Austausch in einem langsam wachsenden Kreise solcher sein.

3. Auf Grund fortschreitender Klärung der Auffassungen wären dann auch praktische Aktionen zur Verbreitung der gewonnenen Überzeugung und zur Beeinflussung der öffentlichen Meinung zu unternehmen.

Evangelisches Zentralarchiv Berlin, 51/F III a 6. Das Ende des Ersten Weltkrieges führte zur Auflösung dieser pazifistischen Vereinigung.

Der Evangelisch-Soziale Kongress in Berlin 1917

Im Mai 1890 gründeten u. a. Adolf Stoecker und Adolf Wagner den Evangelisch-Sozialen Kongress. Dank dieser Organisation sollte die anwachsende Sozialdemokratie bekämpft sowie die sozialreformerischen Kräfte des Protestantismus gegenüber dem Katholizismus gebündelt werden. Ein Schwerpunkt lag auf der akademischen Behandlung sozialethischer Probleme im Rahmen von Diskussionen und dem jährlichen Kongress.

Die erste Kriegstagung der Evangelisch-Sozialen fand im April 1917 in Berlin statt. Ein Hauptreferat hielt dabei der Geheime Konsistorialrat Professor D. Arthur Titius (Göttingen), der sich deutlich von pazifistischen Positionen distanzierte, und, trotz einer in Ansätzen vorhandenen Verständigungsbereitschaft, an einem deutschen Sendungsbewusstsein fest-hielt. Eine völlig andere Position vertrat dagegen der Pfarrer a. D. und Journalist Hermann Kötzschke (1862–1943).

Eine besondere reichsweite Popularität erreichte dieser evangelisch-soziale Pfarrer in der Auseinandersetzung mit dem saarländischen Großindustriellen und Freund des Kaisers Wilhelm II. Karl Ferdinand Freiherr von Stumm-Halberg. Dieser konservative Reichstags-abgeordnete diffamierte die Arbeiterbewegung und die Evangelisch-Sozialen. Kötzschke antwortete in einem Offenen Brief, der 82 Seiten umfasste und 1895 gedruckt erschien. Stumm-Halberg verklagte Kötzschke wegen Beleidigung. Der Prozess endete mit einer Verurteilung des Pfarrers zu einer Geldstrafe.

Obwohl der Prozess also beendet war, leitete der Evangelische Oberkirchenrat der Altpreußischen Union ein Disziplinarverfahren gegen Kötzschke ein. Der sozial engagierte Pfarrer wurde gegen seinen Willen und den Willen seiner Gemeinde in eine sehr kleine Gemeinde nach Westpreußen strafversetzt. Allerdings verweigerte sich Kötzschke der Versetzung, weshalb er 1896 aus dem kirchlichen Dienst (ohne Pension) entlassen wurde. Danach arbeitete er als Publizist.

Erst im Jahre 1919 erfolgte Kötzschkes Rückkehr in den Pfarrdienst, und zwar in die Gemeinde Prösen (bei Elsterwerda), bis zu seiner Emeritierung 1932. Kötzschke engagierte sich in der Weimarer Republik als religiöser Sozialist, vor allem kümmerte er sich um die Belange kleiner Bauern.

Ich stehe nicht ganz auf dem Standpunkt des Herrn Referenten [Titius], der Heraklit noch als Zeugen dafür angeführt hat, daß der Krieg der Vater aller Dinge sei. (Zuruf: Der Streit!) „Polemos" [Krieg] sagt aber Heraklit, und das mag für eine frühere Zeit ganz richtig gewesen sein. Auch bei den alten Deutschen war zweifellos der Krieg eine Art Wettkampf, eine körperliche Übung. Ich meine, über den Standpunkt sind wir doch hinausgekommen.

Heute kann man wohl nur noch sagen, daß der geistige Wettkampf zwischen den Völkern nötig ist, daß Kriege aber im Widerspruch mit der Kultur und dem Christentum stehen, und es war doch ein furchtbares Wort, wenn in einer deutschen Zeitschrift am 1. August 1914 geschrieben wurde: „Wie haben wir diesen Tag des Weltkrieges herbeigesehnt!". Dieser Gedanke ist ein starker Widerspruch gegen das Christentum. Die Kirche hätte das Gefühl haben sollen: Sie hatte auch vor dem Kriege ihre Pflicht nicht voll getan. Denn die Rüstungen, der Rüstungswettbewerb, den wir vor dem Kriege hatten, war eigentlich auch schon eine Art halborganisierter Krieg.

Es ist natürlich, wenn bei dem Wettrüsten schließlich das eine Volk einmal glaubt, eine Pferdelänge dem anderen voraus zu sein, daß es dann zum Kriege kommt und kommen muß, weil schließlich ein rasend gewordenes Pferd sich einmal überschlägt und der Krieg dann von selber losgeht, wie scharfgeladene Pistolen von selber losgehen, wenn man immer gefährlichere Patronen hineintut.

Ich meine, auch der Völkerhaß war vor dem Kriege zu stark, und man kann wohl sagen: während des Krieges hat dieser Völkerhaß auf den verschiedensten Seiten – ich nehme auch unser Volk gar nicht aus – geradezu Orgien gefeiert.

Wenn wir heute zum Frieden kommen wollen – der Krieg muß doch, sollte man glauben, einmal ein Ende nehmen – dann fehlen eigentlich die inneren Voraussetzungen dafür. Es fehlt die Voraussetzung, daß die Völker sich nicht immer noch gegenseitig beschimpfen und gegenseitig hassen, sondern endlich einmal innerlich mit diesem Völkerhaß ein Ende machen und sich sagen: wir müssen einmal herauskommen aus diesem furchtbaren Hetzen, aus diesem furchtbaren Getöse und innerlich uns bereit machen, den anderen Völkern wieder die Hand zu bieten zu einem Weltfrieden, zu einem dauernden Frieden.

Dem Aufhören des Völkerhasses nach außen sollte der Burgfriede im Innern, das Aufhören des Klassenhasses entsprechen. Auch da müssen wir stark an die eigene Brust schlagen und bekennen, daß von dem Aufhören des Klassenhasses außerordentlich wenig bei uns zu entdecken ist.

Es wurde daran erinnert, daß es in der letzten Kundgebung des Königs geheißen hat: in Preußen keine Klassenwahl mehr. Es war eigentlich selbstverständlich, daß die Klassenwahl fallen musste. Es ist nur schade, daß es bei der Ankündigung geblieben ist. Ankündigungen haben schon von den Freiheitskriegen her einen sehr bösen Ruf. Es ist bedauerlich, daß die Frage des Aufhörens der Klassenwahl nicht jetzt gleich unter dem Burgfrieden durchgefochten werden kann, daß wir nicht innerlich bereit sind, eine solche Wahlreform jetzt durchzuführen. Man sagt zwar: dieser Krieg hat die verschiedensten Schichten stark national erwiesen, er hat gezeigt, daß alle ihre Pflicht getan haben, und die Klassenwahl muß daher verschwinden; aber man ist leider nicht geneigt, eine dahingehende Gesetzgebung jetzt ohne weiteres durchzuführen.

Von Herrn [Verbandssekretär] Tischendörfer ist auf die Kriegsgewinne hingewiesen worden, darauf, daß allerdings, man kann beinahe sagen, eine Art Räuber-
stimmung hier und da Platz gegriffen hat bei den einen, die in den Städten
Kriegsgewinne machen, und bei denen, die vom Lande aus die Städte auszubeuten
versuchen. Während draußen der Feind tobt, ist leider im Innern von einer wirklichen Friedensstimmung, von einem gegenseitigen Sichdiehändereichen, davon,
daß man wirklich brüderlich gesinnt ist, daß alle ein Herz und eine Seele werden,
noch recht wenig zu merken.

Wenn der Krieg einen Nutzen haben soll, wenn eine religiöse Stimmung, eine
religiöse Erweckung daraus hervorspringen soll, dann wäre es unbedingt nötig, daß
wir uns inniger und gläubiger die Hände reichen, daß die Kluft auch innerhalb
unseres Volkes überbrückt wird und wir in der Tiefe des Herzens bekennen: die
Schuld trifft nicht nur die Feinde, die Schuld trifft auch uns, trifft jeden einzelnen,
der in gegnerischer, statt brüderlicher Stimmung zu den Brüdern und Schwestern
sich befindet.

Die Verhandlungen des sechsundzwanzigsten Evangelisch-sozialen Kongresses abgehalten in
Berlin vom 11. bis 12. April 1917. Göttingen 1917, 36-38.
Vgl. ferner Hermann Kötzschke: Englische Rüstungslieferanten. In: Die Eiche, 1914, 37-39 und
ders.: Die deutsch-französische Journalistenkonferenz in Gent. In: Die Friedens-Warte 1913, 386f.
Nach Konferenzen in Bern, Nürnberg und Gent engagierte sich Kötzschke in der deutsch-
französischen Verständigung, vgl. Völker-Friede 1914, 18f.

Die Unterstützung der päpstlichen Friedensnote durch einen Pfarrer

Im Namen von Papst Benedict XV. überbrachte der Nuntius Pacelli am 26. Juni 1917 dem Reichskanzler Bethmann Hollweg einige Friedensvorschläge. Am 1. August veröffentlichte der Papst seinen Friedensappell der Verständigung an die kriegführenden Staaten. Im deutschen Protestantismus stieß dieses Friedensengagement überwiegend auf Ablehnung.

Der Charlottenburger Pfarrer Karl Aner begrüßte im September jedoch die päpstliche Friedensnote.

Aner selbst hatte sich bis zu diesem Zeitpunkt nicht pazifistisch geäußert – im Gegenteil. In seiner Schrift *Kriegsbilder aus der Bibel* (1914) vertrat er einen weit verbreiteten theologischen Militarismus, der gut zur Propaganda des Kaiserreichs passte. Völlig unkritisch verherrlichte Aner in seinem Werk *Bismarck. Sein Wesen und sein Werk. Ein deutsches Volksbuch* (1915) den ersten Reichskanzler. Dieses Buch gleicht einer Heiligsprechung, auch hier unterscheidet sich Aner nicht von den meisten seiner Kollegen.

Die kritischen Stimmen, die sich bisher im evangelischen Lager über die Papstnote vernehmen ließen, haben Dreierlei vorgebracht:

1. „Es ist eine Anmaßung, wenn das Oberhaupt der römischen Kirche sich den Vater aller nennt; sie erinnert an die Sprache, die während des Kulturkampfs Pius des IX. Brief an Kaiser Wilhelm I. führte." – Allein diese geschichtliche Parallele verblüfft nur auf den ersten Blick. Wer näher zusieht, findet einen erheblichen Unterschied zwischen zwei nur ganz von ferne ähnlichen Aeußerungen.

Pius IX. beanspruchte in einer konfessionellen Konfliktzeit, während er doch selbst Partei war, eine religiös-kirchliche Autoritätsstellung auch für die andere Partei; denn jeder, der die Taufe empfangen habe, gehöre irgendwie dem Papste an. Benedikt XV. fühlt sich in gemeinsamer Not als „ein Vater, der alle seine Kinder mit gleicher Zuneigung liebt, ununterbrochen bestrebt, allen möglichst viel Gutes zu erweisen – ohne Ansehen der Person, ohne Unterscheidung der Nationalität oder der Religion."

Dort also die Sprache einer fordernden Selbstüberhebung; hier die Sprache des Gefühls, eines Gefühls, das dem obersten Priester der katholischen Christenheit natürlich ist. […]

2. „Der Papst ist kein aufrichtig Neutraler, sondern steht innerlich auf Seiten der Feinde. Er ist Italiener, folglich Partei. Demgemäß müssen seine Einzelvorschläge von uns mit größtem Misstrauen aufgenommen werden. Es hätte ihm besser

angestanden, sich auf eine allgemeine Mahnung zur Versöhnlichkeit zu beschränken." –

Nun, es mag ein diplomatisch richtiger Schachzug sein, die eigene Freude über die päpstliche Vermittelung zu verbergen. Ein geschickter Unterhändler wird zunächst jedes Angebot als unannehmbar bezeichnen. Aber wir haben es hier nur mit der ethischen Beurteilung der Papstnote zu tun, nicht mit einer politischen Beantwortung. Und da müssen wir offen erklären: die päpstliche Kundgebung, die von beiden Seiten Entgegenkommen fordert, verdient den Vorwurf der Parteilichkeit nicht. Ein Mann, der die zwischen Oesterreich und Italien strittigen Fragen einer ruhigen Verständigung anheimgibt, der ist kein Italiener. Ein Mann, der sich zu der Losung „Freiheit der Meere", die doch das Ende der englischen Seeherrschaft bedeuten würde, bekennt, der steht nicht im Dienste Englands.

Natürlich auch nicht im Dienst der Zentralmächte; der Friede, den er vorschlägt, ist kein einseitig „deutscher" Friede. Uebrigens wäre heute, nachdem bereits bestimmte Friedensziele laut geworden sind, ein allgemeiner Appell an die Kriegführenden nutzlos. Frieden möchte jeder; nur um die Bedingungen handelt es sich noch. Also muß ein Vermittler Vorschläge machen.

3. „Der Papst versteht wieder meisterlich, aus der allgemeinen Zeitlage Kapital zu schlagen. Er kennt die Friedenssehnsucht der Völker; indem er die Friedensschalmei bläst, nährt er die Treue gegen den heiligen Stuhl und weckt Sympathien." –

Darauf sage ich: es ist unedel, ohne Beweis einer Tat egoistische Motive unterzuschieben. Und wenn die Sorge für Papsttum und Katholizismus (beide gehören nach römischen Begriffen zusammen) wirklich mitspräche, wäre es etwas so Schlimmes? Muß einem Papst nicht seine Kirche das Höchste aller Güter sein? [...]

Aber wer will behaupten, daß eine Mahnung zur Versöhnung dem Geist des Christentums zuwiderlaufe? Schlimm genug, daß unsere evangelischen „Kriegstheologen" nicht besser die Zeichen der Zeit verstehen und damit unserer Kirche unabsehbaren Schaden antun!

So scheinen mir alle die evangelischerseits vorgebrachten Bedenken hinfällig. Der Protestant darf die Tendenz des päpstlichen Erlasses sich zu eigen machen. Rechter Protestantismus fragt nicht nach der Person, sondern nur nach der Sache. Ihm kommt es darauf an, daß die Wahrheit gesagt werde – gleichviel, wer sie sagt. Und hier dürfen wir mit Befriedigung feststellen, daß es ein Gedanke unseres Kant ist, zu dem sich der römische Pontifex bekennt, wenn er sich für die Idee einsetzt, daß künftig auch im Völkerverkehr das Recht an die Stelle der Macht treten müsse.

So segnen wir Evangelischen den Papst für sein Wort und wünschen, der Herrgott möge seiner Stimme Gehör schaffen.

Freilich die Frage wird wiederum in den Tiefen unseres Herzens wach: warum tritt der sozialistischen und katholischen Internationale keine protestantische Gemeinschaft mit dem Ziel einer Verständigung der Kriegführenden an die Seite? Es finden sich bewußt evangelische Christen in allen feindlichen Ländern, die der grauenhaften Verirrung des Völkerhasses Halt gebieten möchten. Sollte es nicht möglich sein, daß Stimmen hinüber- und herüberdringen? Sollte nicht eine protestantische Solidarität langsam sich bilden?

Damit komme ich auf den Aufruf aus Galizien zurück, den Nr. 30 der Christlichen Welt brachte [Fritz Seeberg: Kirchen und Pfarrer hinein in den Frieden. In: Die Christliche Welt, 1917, Sp. 560-562. Der Name des Autors geht erst aus dem Inhaltsverzeichnis hervor.]. Gewiß hat der Herausgeber recht, wenn seine Nachschrift bemerkte, daß es weder in der Macht noch in dem Beruf unsrer evangelischen Kirche liege, eine Friedensaktion zu unternehmen.

Aber die evangelischen Christen Deutschlands und seiner Verbündeten sollten sich vereinigen, in ihrem christlichen Friedenswillen einander zu stärken, sich und weitere Kreise über alle Bestrebungen zur Pflege der christlichen Solidarität im In- und Ausland zu unterrichten und auf Kundgebungen wie die herrliche Erklärung der theologischen Fakultäten von Lund und Uppsala ein deutsches Echo zu geben.

Die Sache ist eingeleitet. Wer tut mit? Losung: Phil. 1,6.

Charlottenburg Karl Aner

Es hat sich inzwischen in Berlin eine Zentralstelle zur Förderung des in Nr. 30 und oben Gesagten gebildet. Von da aus geht denen, die sich der Leitung der Christlichen Welt als Interessenten zu erkennen geben, Näheres zu. D[er] H[erausgeber] [Martin Rade]

Karl Aner: Protestantische Gedanken zur Papstnote. In: Christliche Welt, 1917, Sp. 670f. Hervorhebungen im Original bleiben unberücksichtigt.

Von der Centralstelle zur „losen Vereinigung" evangelischer Friedensfreunde

Karl Aner (federführend) und Martin Rade wandten sich in einem Brief vom 27. August 1917 an befreundete, pazifistisch eingestellte Personen. Den Ausgangspunkt dieses Schreibens stellte der Beitrag des galizischen Pfarrers Fritz Seeberg dar, der in Rades Zeitschrift erschien und positive Reaktionen hervor rief (siehe vorige Quelle).

Verehrter Freund!

Ihre Zustimmung zu der in der „Christlichen Welt" ausgesprochenen Anregung eines Zusammenschlusses evangelischer Friedensfreunde haben wir erhalten. Indem wir als dankbar grüssen, teilen wir ihnen mit, dass wir als Mittelpunkt für [einen] zunächst vertraulichen Gedankenaustausch und zur Vorbereitung etwaiger Schritte eine Zentralstelle in <u>Berlin-Charlottenburg</u> (Leibnizstr. 42) geschaffen haben, welcher der Erstunterzeichnete vorsteht.

Wenn sich ein öffentliches Interesse nötig macht, wird Ihr Name nicht verwendet werden, ohne dass Sie vorher deswegen noch besonders befragt worden sind.

<u>Unsere Arbeit zielt daraufhin</u>: Gleichgesinnte Freunde unter Theologen und Nichttheologen von bewusst evangelischer Gesinnung zu sammeln, sie und weitere Kreise über die bereits vorhandenen und noch auftauchenden Bestrebungen zur Pflege der christlichen Solidarität im In- und Ausland zu unterrichten und, wenn möglich, durch ein deutsches Echo auf Kundgebungen wie die der schwedischen Theologen dazu beitragen, dass der sozialistischen und katholischen Internationale eine protestantische Gewissensgemeinschaft zur gegenseitigen Verständigung der Kriegführenden an die Seite trete.

Zu den schon jetzt entstandenen Kosten bitten wir Sie einen freiwilligen B e i t r a g der bezeichneten Zentralstelle freundlichst einzusenden.

Gerne würden wir über die Stellung der sich uns anschliessenden Männer und Frauen zu den schon vorhandenen <u>verwandten Organisationen</u> Bescheid wissen; deshalb richten wir an Sie alle die Frage, ob Sie der Deutschen Friedensgesellschaft oder einer ähnlichen Vereinigung angehören.

Herr Geheimer Konsistorialrat Professor D. Deissmann-Berlin, hat sich freundlichst bereit erklärt, seine „Evangelischen Wochenbriefe" uns allen zugehen zu lassen.

Ihre freundliche Antwort, ebenso Ratschläge, Arbeitsangebote u. dgl., auch den zugedachten Beitrag bitten wir der Centralstelle <u>recht bald</u> zu gehen zu lassen. Gott befohlen!

Evangelisches Zentralarchiv Berlin, 51/F II a 7. Hervorhebung und Unterstreichungen im Original. Deissmann veröffentlichte in seinen Wochenbriefen u. a. pazifistische Stellungnahmen ausländischer Theologen, jedoch keine Dokumente aus der deutschen Friedensbewegung. Vgl. Adolf Deissmann: Evangelische Wochenbriefe 1914-1921.

Ein zweites, vierseitiges Rundschreiben, das Aner allein unterzeichnete, erschien am 12. September 1917.

Sehr verehrte Herren!

Gestatten Sie mir, zur Beförderung unseres Gedankenaustausches über die bei Prof. Rade oder bei der Centralstelle eingelaufenen Briefe zusammenfassend zu berichten.

Der galizische Aufruf [Fritz Seeberg] in Nr. 30 Chr. W. hat in einem zwar nicht sonderlich grossen, aber desto tatenfreudigeren Kreise Widerhall gefunden. Fast täglich gehen Geldbeiträge und Arbeitsangebote bei uns ein, und es steht zu hoffen, dass ein bevorstehender neuer Appell in der Chr. W., Ihrer Werbearbeit und die bereits eröffnete literarische Diskussion […] weitere Gesinnungsgenossen aufrütteln werden. Viele wollen – wie überall – vor ihrem Anschluss erst sehen, was aus der Sache wird.

Die weitaus meisten Briefe sind auf den Ton freudigster Bereitschaft gestimmt.

„Es wird höchste Zeit, dass wir zielbewusste, furchtlose Friedensarbeit in Angriff nehmen". Oder: „Es ist beschämend, feststellen zu müssen, dass die katholischen Kreise und die Sozialdemokratie uns Protestanten darin überflügelt haben; aber noch ist es nicht zu spät". Einigen Freunden freilich verursacht das „Nachhinken" Bedenken. Allein wenn wir das Reformationsfest als Zeitpunkt unseres Hervortretens wählen würden, so würde dieser Eindruck vermieden.

Andere Freunde sind zu bescheiden und denken sich unser zukünftiges Votum als ein allgemeines Bekenntnis zu christlichem Brudersinn und Friedensliebe, während sie zu den bereits öffentlich erörterten Friedensbedingungen keine Stellung nehmen möchten.

Die Mehrzahl von uns ist jedoch der Ansicht, dass ein allgemeines Bekenntnis heute nicht mehr genügt, dass wir vielmehr zwischen dem Streben nach einem Vergewaltigungsfrieden und der Tendenz auf Verständigung die klare Wahl zu treffen haben, die das Evangelium uns eingibt. Natürlich wollen wir nichts zu den technischen Einzelheiten des Friedensschlusses sagen, aber <u>auf der Basis der Verständigungsidee müssen wir alle einig sein</u>.

Hie und da, wenn auch ganz spärlich, regt sich in den Briefen noch etwas wie ein böses Gewissen. Man entschuldigt gleichsam den eigenen Standpunkt vor den nationalistischen Kreisen; man schilt auf das „Kriegsgejammer" einer B. von Suttner, deren ernsthafte Lebensarbeit damit freilich sehr ungerecht behandelt wird; man rückt von den Friedensgesellschaften ab, weil sie nicht rein aus dem Geiste Jesu, sondern durch technische Massregeln eine Erlösung der Menschheit aus dem Kriegswahn erstreben; man verteidigt sich gegen den Vorwurf der „Leidensscheu", der doch nichts als eine alberne Kraftmeierphrase ist, während schlichte Menschen das Leid Leid nennen und abzuwenden trachten.

Es ist gewiss richtig, dass bei manchen Pazifisten die Menschheitsliebe die Liebe zu Heimat und Volk in den Hintergrund gedrängt hat, es ist richtig, dass B. von Suttners Denkweise (vgl. ihren Roman „Die Tiefinnerster") mehr naturwissenschaftliche als religiös-idealistisch orientiert ist; es ist nicht ausgeschlossen, dass wir nach dem Krieg das Bedürfnis empfinden werden, den vorhandenen Friedensgesellschaft[en] eine bewusst evangelische an die Seite zu stellen.

Aber im Augenblick wäre es ein schwerer Fehler, um des Wohlgefallens der Kriegsfreunde willen Gegnerschaft gegen andere Gruppen von Friedensfreunden zu markieren. Ueberhaupt: nicht Verteidigung gegenüber alldeutscher Gesinnung, sondern Angriff muss unsere Lösung sein.

Wahrhaft erhebend wirkt bei der Lektüre der Briefe zu lesen, wie wackere Laien – Arzt, Jurist, Kaufmann usw. – den Theologen zur Seite treten, oder wenn ein Feldgrauer schreibt: „Als zukünftiger Pfarrer halte ich es für meine Pflicht, mich daran zu beteiligen".

Oder wenn den Pfarrern zur Pflicht gemacht wird, einen Bussruf an die Christenheit zu erheben und zur eigenen Gemeinde von der Möglichkeit einer Niederlage zu reden, anstatt den Nationalgott um Sieg anzuflehen, mit dessen Versagen der Glaube überhaupt zusammenbräche.

Zwei Aufgaben liegen uns evangelischen Friedensfreunden ob: einmal die Pflege der christlichen Solidarität mit den Glaubensgenossen der neutralen und feindlichen Länder, sodann die Förderung der Idee eines Verständigungsfriedens. Der ersten Aufgabe dienen die von Siegmund-Schultze herausgegebene „Eiche", sowie Deissmanns „Evangelische Wochenbriefe", deren Zusendung wir alle dankbar begrüssen. Die zweite Aufgabe fällt unserem Kreise insbesondere zu. Die Idee eines Verständigungsfriedens wird vielfach mit dem Hinweis bekämpft, dass die nur unter Katholiken, Juden und Sozialdemokraten zu finden sei. Darum müssen wir evangelischen Friedensfreunde mit lautem Zeugnis dahinter treten. Dann würde zugleich das Ausland erkennen, dass die Friedensangebote unserer Regierung kein Bluff sind, sondern von aufrichtigem Friedenswillen auch des evangelischen Volkskernes getragen werden.

Um diesen Kern zu bilden, müssen wir dem evangelischen Volk über die ebenso die realen Verhältnisse ausser acht lassende wie religiös anfechtbare <u>Gewaltpolitik</u> der Alldeutschen Kreise <u>die Augen öffnen</u>; müssen das beliebteste Argument der Kriegsverlängerer, die gebrachten Opfer erheischen doch einen Lohn, durch die Erwiderung entkräften, dass ein sogenannter „Deutscher Friede", auch wenn er möglich wäre, nur dauernden Hass, damit neuen Krieg, neue Opfer erzeugen würde, also kein wirklicher Lohn, nur ein Scheinerfolg wäre.

Wir müssen uns dafür einsetzen, dass dem <u>Protestantismus</u> – zumal des durch Traub diskreditierten freien Protestantismus – nicht der Vorwurf nationalistisch-militaristischer Gebundenheit haften bleibt.

Wir müssen endlich, da die Zeitungen gewöhnlich nur bringen, was den Hass steigert, dafür sorgen, dass die Regungen christlichen Friedenswillens in den feindlichen Ländern bei uns bekannt werden. <u>In Predigten, Vorträgen und Gemeindeblättern gilt es, das Deissmannsche Material zu verbreiten.</u>

Sehr dankenswert ist es, wenn wir – wie bereits geschehen – einander mitteilen, welche Literatur uns bisher wertvoll gewesen. [Es folgen Hinweise auf pazifistische Zeitschriften und Bücher.]

Evangelisches Zentralarchiv Berlin, 51/F II a 7. Unterstreichungen im Original.

Es war dann Karl Aner selbst, der daran ging, die Lügen der alldeutschen Kriegshetzer publizistisch zu entlarven. Im Herbst 1917 erschien seine Flugschrift *Hammer oder Kreuz?*, für die der Leiter der Centralstelle evangelischer Friedensfreunde in einem Brief vom 27. Oktober 1917 an die Mitglieder Werbung machte.

Sehr geehrte Herren!

Anbei übersenden wir Ihnen eine Flugschrift und bitten Sie <u>dringend</u>, bei ihrer Verbreitung mitzuhelfen. Wir können augenblicklich dem Vaterland und der Kirche keinen besseren Dienst erweisen, als wenn wir uns mit allen Kräften bemühen, der ungeheuren Propaganda der gegnerischen Seite eine Volksaufklärung in unserem Sinn entgegenzusetzen.

Wir rechnen damit, dass <u>ein jeder</u> unserer über ganz Deutschland verbreiteten Gruppe sich sogleich 100 Exemplare zum Preise von Mk. 20.- vom Herausgeber Dr. M. Hobohm, Charlottenburg, Königin Luisestrasse 11, <u>kommen lässt</u>, um sie versenden oder verteilen zu lassen. Zur Deckung der geringen Unkosten werden sich schnell ein paar warmherzige Friedensfreunde in Ihrem Bekanntenkreis bereitfinden.

Der herrliche Idealismus, der in so vielen erhebenden Briefen und Geldsendungen an die Centralstelle, wie in den zahlreichen Unterschriften unter die Berliner Pfarrer-erklärung erklingt, wird auch hierbei das Seine tun!

Evangelisches Zentralarchiv Berlin, 51/F II a 7. Unterstreichungen im Original.

Die Gründung des Alldeutschen Verbandes erfolgte in Berlin am 9. April 1891. Zu den Gründern gehörten Reichstagsabgeordnete, Mitglieder des Preußischen Abgeordneten-hauses, Hochschullehrer, Kolonialpolitiker, Diplomaten, Künstler, Großgrundbesitzer und Industrielle. Zum Vorsitzenden wurde der Bankier und Kolonialpolitiker Karl von der Heydt gewählt, Ehrenmitglieder wurden der berüchtigte Kolonialist Afrikas, Carl Peters, sowie der ehemalige Reichskanzler Otto von Bismarck.

Zum programmatischen Selbstverständnis dieser Organisation gehörten ein radikaler Kolonialismus, ein völkischer Nationalismus und ein rassistischer Antisemitismus. Daraus ergaben sich u. a. die folgenden politischen Schwerpunkte: Kolonialpolitik, Flotten- und Wehrpolitik, Kampf gegen die SPD und den Parlamentarismus, Verfassungsumbau und geplante Staatsstreiche und sowie eine antipolnische Germanisierungspolitik. Besonders das protestantische Besitz- und Bildungsbürgertum stellte die wichtigste Trägergruppe dar. Die nationalistischen und sehr aggressiven Presseagitationen der Alldeutschen wurden vom Auswärtigen Amt mitfinanziert.

Bei Beginn des Ersten Weltkrieges umfasste der Alldeutsche Verband ca. 17.000 Personen, die sich bei Kriegsende mehr als verdoppelt hatten (ca. 36.000) – und damit zu einer festen antidemokratischen Größe der jungen Weimarer Republik avancierten.

Mit seiner Schrift *Hammer oder Kreuz?* bezog Karl Aner 1917 deutlich Stellung gegen die Alldeutschen, bereits ein Jahr später erschien seine Schrift in zweiter Auflage. Aner zeigte sich als belesener Kenner der alldeutschen Positionen, um sie stark – teilweise ironisch – zu kritisieren.

Ferner richtete sich Aner mit seiner Schrift gegen die am 2. September (Sedanstag) 1917 gegründete Deutsche Vaterlandspartei, ein Sammelbecken nationalistisch-konserva-tiver Kreise mit dem klaren Ziel eines „Siegfriedens".

Felix Dahn erklärt sich […] als einen „Feind der Phrase christlich-germanisch", und begründet dies mit der klar geprägten Formel: „Was christlich ist, ist nicht germanisch; was germanisch ist, nicht christlich. Germanisch sind Mannestrotz, Heldenmut und Walhall – nicht Demut, Zerknirschung und Sündenelend und ein Jenseits mit Gebet und Psalmen".

Diesem Grundsatz entspricht d i e F o r d e r u n g , d i e B i b e l a u s d e m S c h u l u n t e r r i c h t z u e n t f e r n e n und durch germanische Sagen und Märchen zu ersetzen, als ob nicht das Beste daraus schon jetzt in Kinderstube und Schule der Jugend vermittelt würde.

Vor allem gegen das alte Testament wird Sturm gelaufen. Das berührt freilich seltsam; denn Gestalten wie Saul und David oder die Makkabäer sind geradezu prachtvolle Musterbeispiele für Mannestrotz und Heldenmut, und der althebräische Grundsatz „Auge um Auge, Zahn um Zahn" entspricht doch der Denkart der Hammerleute mehr als die Vergebungsmoral der Bergpredigt. Aber das alte Testament hat nun einmal den Fehler, daß es ein semitisches Buch ist. Und was kann nach alldeutschen Begriffen von einem nichtarischen, zumal dem jüdischen Volke, Gutes kommen? […]

Aber die Forderung der Hammerleute reicht noch weiter; sie begehren sogar die Einführung eines germanischen Kults. Dabei haben sie für die Lächerlichkeit kein Auge, daß sie zwecks seiner Ausgestaltung beständige Anleihen bei den Formen des christlichen, ja, sogar jüdischen Gottesdienstes machen müssen. […]

Das Christentum gilt eben als die Religion der Schwachen, der das Alldeutschentum die Denkart der Starken entgegensetzt. Was ist es um diese Denkart der Starken? Sie wettert gegen die christliche Seelenpflege und Liebesarbeit, die möglichst viele aus leiblicher und seelischer Not zu retten sich mühen. […]

Durch den Gedanken der notwendigen Auslese wird auch der Krieg gerechtfertigt. Er ist „das auslesende Gericht der allumfassenden, allerhaltenden Gewalt, die von den Schlechten die Guten nicht knechten läßt ,,, Der moderne Naturkundige sieht im Krieg das günstige Auslesemittel". Also aufgemerkt: der Sieg der Engländer über die Buren oder die Erfolge der Raubzüge Ludwig XIV. dienten dem Zwecke der Vorsehung, die Guten vor den Schlechten zu schützen.

Eine Auslese aber soll der Krieg nicht nur zwischen den Völkern, sondern auch innerhalb des einzelnen Volkes treffen. […]

Hört es, ihr Feldgrauen! Wenn euch eine Granate zerreißt oder die tödliche Lohe des feindlichen Flammenwurfs streift, so waret ihr eben nicht lebensfähig, nicht lebenswert! Ihr aber, die ihr heimkehrt, mit zuckenden Gliedern, erblindeten Augen und schleichendem Todeskeim in der Brust – frohlocket: euch hat der Krieg als die Gesunden und Starken ausgelesen aus der Masse der Schwachen, die nicht zu leben verdienten! […]

Das also ist die Denkart der Starken – eine erbarmungslose Betrachtung des Menschengeschlechts vom Standpunkt des Tierzüchters. Da wollen wir es lieber mit der Religion der Schwachen halten, dem Troste der Mühseligen und Beladenen, dem „unmännlichen" Christentum!

Ist das Christentum aber wirklich so unmännlich?

Zunächst zwei Vorbemerkungen. Den Ausdruck „Männlichkeit" für Willensstärke sollten wir billig fallen lassen; denn er enthält eine B e l e i d i g u n g d e r W ü r d e d e r F r a u e n, die echter Germanengeist von jeher hochgehalten. Wer an die Aufopferung gedenkt, deren das Weib fähig ist, oder des stillen Heldentums der leidenden Frauen, die für die Unzuchtsünden ihrer Gatten büßen müssen, oder der schweigsamen Kraft, mit der edle Kriegerwitwen ihr unsagbares Herzeleid um ihrer Kinder willen tragen, der schämt sich einfach sittliche Stärke allein der Männerwelt zuzugestehen, mit dem Begriff des Weiblichen aber das Merkmal der Schwäche zu verbinden.

Und zweitens: W i l l e n s k r a f t ist vom sittlichen Standpunkt aus a n s i c h noch gar k e i n s c h ä t z e n s w e r t e r V o r z u g. Auch der Verbrecher entwickelt Willensenergie. [...]

Die Zahl der Feinde, die es zu bekämpfen gilt, ist Legion: Alkohol und sexuelle Gefahr, Tuberkulose und Arbeitslosigkeit, Nervosität und Materialismus heißen die stärksten. Wahrlich, w i r b r a u c h e n k e i n e n V ö l k e r k r i e g, damit unser Blut nicht erschlaffe. Es ist dafür gesorgt, daß dem Menschengeschlecht nicht zu wohl werde, auch wenn ein Zeitalter dauernden Friedens käme. So ist die Religion der Schwachen doch eine Religion der Kraft. [...]

Die christliche Kraftreligion ist auch f r e i v o n d e r G e w a l t a n b e t u n g, die dem Schwerte den Beruf zuweist, gleich einem Gottesurteil in Fragen des Rechts zu entscheiden, und gegenseitige Zerfleischung für ein Gebot der nationalen Ehre hält. Aber darin, daß sie den Krieg verabscheut, erweist sich die innere Stärke der Religion Jesu.

S i e h a t d e n M u t, vor aller Welt laut und deutlich die klare Erkenntnis aus-zusprechen, daß d e r K r i e g, sofern er nicht das bessere Recht, nur die größere Macht offenbart, s i t t l i c h v e r w e r f l i c h i s t. Dann muß sie freilich mit aller Entschiedenheit dahin streben, daß der Krieg als Mittel der Auseinandersetzung unter den Völkern aus der Welt verschwindet. Und sie schreckt vor der K ü h n h e i t dieser Zielsetzung nicht zurück.

Man hält ihr entgegen, dies Ziel ließe sich nur erreichen, wenn es gelänge, die Sünde aus der Welt zu schaffen. Ja, wollen wir das denn nicht?

Und wenn es unmöglich ist, diese Unmöglichkeit entbindet uns doch nicht von der Pflicht, gegen das Böse zu kämpfen, geschweige daß sie uns nötigte, die Sünde heilig zu sprechen.

[...]

Dem Gewaltmenschen ist nur wohl in der Luft des H a s s e s. Hier verspürt er den angenehmen Reiz zu der Kraftbetätigung, die er für männlich hält. Hassen und gehaßt werden – das ist unserer Alldeutschen Element.

Niemals waren sie froher, als wenn über die Vogesen eine chauvinistische Her-ausforderung herüberscholl oder auf ihr eigenes Säbelrasseln von jenseits der

Grenzpfähle das erwünschte Echo zurückkam. Es gab gleichsam in allen Staaten eine internationale Gesellschaft zur Kultivierung des gegenseitigen Völkerhasses, und es ist nicht zu sagen, welche Filiale das traurige Geschäft begann. Den zweifelhaften Ruf darf wohl jede für sich beanspruchen.

[...]

Das Christentum verbietet die Rache. „Die Rache ist mein" spricht der Herr. Wer bist du, Menschlein, daß du es wagst, dich als mein Werkzeug aufzuspielen? Die Rache, die sich Gott vorbehält, nennen wir übrigens besser Strafe, da sie doch nicht bloß Aeußerung des Zornes ist, sondern einen erzieherischen Zweck verfolgt und die sittliche Weltordnung wahrt.

Das Christentum duldet auch keinen Haß gegen Mitmenschen. Wohl sollst du die Sünde hassen, aber dem Bruder, der sich an dir versündigte, vergeben – nicht nur siebenmal, nein siebenzigmal siebenmal. Das ist gewiß eine kühne Forderung. Versöhnlichkeit wird von unedlen Naturen leicht als Schwäche ausgelegt und kann zur Wiederholung des Unrechts führen. Aber die Menschheit im ganzen kommt nur vorwärts, wenn das Böse mit Gutem überwunden wird. Und wenn Christen demgemäß handeln, zeigen sie das Heldentümliche ihrer Religion, die etwas wagt, die den Mut hat, Haß nicht mit Haß, sondern mit Liebe zu besiegen.

Das alles, lautet ein bekannter Einwand, gilt nur für die Privatethik, nicht für das Völkerleben. Und warum nicht? Gewiß ist uns von Jesus kein ausdrückliches Wort über die Völkerbeziehungen erhalten. Aber seien wir doch nicht wie streitende Buben, die am Buchstaben kleben! Wer nur einen Hauch seines Geistes verspürt hat, der weiß, daß Jesus den Menschen nur als Kind des himmlischen Vaters kannte und deshalb Staat oder Nation nicht für Gebilde mit so wertvollem Selbstzweck hielt, daß er ihnen eine besondere Ethik zugestanden hätte. Die haben ihn recht verstanden, die sein Wort hinausriefen in die gesamte Menschheit, obwohl er sich in weiser Beschränkung zunächst an sein Volk gehalten hatte.

[...]

Wir also handeln dem Geiste Jesu gemäß, wenn wir [Björnsterne] Björnsons schönes Wort: „Einer muß den Anfang mit dem Vergeben machen", auch auf den Völkerzwist anwenden, und, wie Kaiser und Reichstag getan, immer wieder die Hand zum Frieden ausstrecken. Mögen das die feindlichen Kriegshetzer als Eingeständnis unserer Schwäche ausschreien – im Innern wissen sie nach mehr als dreijährigem Ringen genau, wie stark wir sind. Und die Wirkung hat sicher jede deutsche Erklärung der Friedensbereitschaft, daß den Entente-Völkern allmählich die Augen darüber aufgehen, wer an der Fortdauer des Jammers die Schuld trägt, und daß die Friedenswilligen unter ihnen gestärkt werden.

Den Gewaltmenschen lockt seine Stärke, sie auf Kosten anderer auszunützen. Das widerchristliche Kraftgefühl erzeugt die B e g e h r l i c h k e i t. [...]

Es ist nichts leichter, als die Begehrlichkeit der M e n s c h e n a n z u s t a c h e l n: so erklärt sich, daß die alldeutschen Eroberungsziele von vielen Nichtmitgliedern des Verbandes gebilligt werden. Nationale Begehrlichkeiten scheint zudem ethisch erlaubt; daher findet sie sich auch bei solchen, die im Privatleben zu anständig denken, um fremdes Gut zu begehren.

Wo aber die Vorspiegelung von „vitalen Volksinteressen" an der wachsenden Einsicht des Volkes scheitert, versucht man es mit der Spekulation auf die sonst so verwünschte S e n t i m e n t a l i t ä t. „Wofür sind eure Lieben draußen gestorben? Soll das edle Blut umsonst geflossen sein?" Dies ist das wirksamste Argument, mit dem die Annexionisten hausieren gehen. O, daß sich niemand mehr verblüffen ließe durch das Wort heuchlerischer Pietät! M ö c h t e n d i e W i t w e n u n d W a i s e n d i e A n t w o r t g e b e n: Die Befriedigung eurer Ländergier stillt unsere Tränen nicht! Was ist uns Belgien gegen den, den wir verloren.

Und wenn die Toten reden könnten, sie würden sagen: Zur Verteidigung des Vaterlandes sind wir hinausgezogen. Wenn sie gelang, ist unser Blut bezahlt. Und will man höheren Lohn, so gibt es nur einen. Wir haben geholfen, der Menschheit den Verbrecherwahnsinn des Krieges zum Bewußtsein zu bringen. Für das neue Zeitalter der Gerechtigkeit und des Friedens auf Erden sind wir gestorben. Denn der Weltfriede kommt. Kommt trotz der chauvinistischen Kriegshetzer hüben und drüben. Die Menschheit ist mündig geworden; ihre Vernunft ist aufgewacht unter dem Donner der Geschütze.

Wie aber antwortet das C h r i s t e n t u m? Ich habe nichts gemein mit eurer Begehrlichkeit. Ich heilige das Recht, auch das V ö l k e r r e c h t, von dem eure Propheten lästernd schreiben, nur der Vorteil habe es geschaffen, und je nachdem das Interesse es erfordere, müsse es gehalten oder gebrochen werden. [...]

Mit seiner Botschaft von der Gerechtigkeit hat das Christentum vielleicht mehr Erfolg als mit seiner Mahnung zur Liebe; denn die Geschichte zeigt, wie die Idee des Rechts immer weitere Kreise gezogen, wie sie nacheinander die Beziehungen der einzelnen, der Stämme, der Völker erfaßt hat – sollte sie nicht endlich auch die Beziehung der Mächtegruppen (denn um Kriege zwischen diesen handelt es sich ja in der Gegenwart nur noch) schrittweise regeln? Sollte Gottes Weltplan nicht auch diese letzte Stufe noch vorgesehen haben? Und kann der Christ zweifeln, daß jene höchste gottgewollte Stufe erreicht werde? Gewiß nicht, aber es fragt sich nur: Wann? – Wann?

Der Glaube, der ein Gottesziel klar vor sich sieht, kennt kein „Wann?"; er weiß nur, daß er sich einsetzen muß für dieses Ziel. Und wo er nur ein wenig an sich hat von der Kraft der Propheten, da hofft er auf Verwirklichung in der nächsten Zukunft. Es darf kein nächstes Mal geben. Ein Krieg muß der letzte sein. Der dreißigjährige war der letzte Krieg um der Religion willen; wäre es undenkbar, daß der Herrgott den Jammer und die Sünde dieses Weltkrieges zugelassen hätte, um der Menschheit das Verbrecherische patriotisch verbrämter Begehrlichkeit vor Augen zu führen?

Ein wenig idealistischer scheint der andere Beweggrund geartet, mit dem die Gewaltpolitik besonders besonders unter den Intellektuellen ihre Anhänger wirbt: d e r   R a s s e n s t o l z . [...]

Diese lautet: Es gibt Herrenvölker und Sklavenvölker. Die arische Rasse ist die auserwählte der Menschheit, und in ihr sind wir Germanen, sind wir Deutschen die berufenen Führer.

E i n e   r e l i g i ö s e   B e r e c h t i g u n g   h a t   d i e s e r   R a s s e n h o c h m u t   s e l b s t v e r s t ä n d l i c h   n i c h t .

[...]

Und die Mittel, durch die sich das Herrentum behauptet, s i n d   s i t t l i c h   v e r w e r f l i c h . Die Ausweisung der stammfremden Bevölkerung ist noch eins der harmloseren; den Gipfel der Schamlosigkeit ersteigt der Vorschlag, in den unterjochten Gebieten die Kinderlosigkeit durch Förderung des Dirnenwesens, Mithilfe des Klerus und staatliche Prämien zu pflegen. Der Alldeutsche Verband vermag die Verantwortung auch für diese frevelhaften Ideen nicht von sich abzuwälzen. [...]

Mit unverhohlenem Neid blickt man in jene Zeiten zurück, wo die Besiegten zu Sklaven gemacht wurden, und leitet aus dieser Maßregel die Größe des römischen Reiches ab. [...] Nach der Urzeit, welche die Besiegten einfach ausgemordet habe, und der Epoche der Sklaverei hofft man auf eine dritte große Entwickelungsperiode in der Zukunft, während dem Zeitalter der gegenwärtig noch herrschenden christlichen Humanität nur der Wert einer U e b e r g a n g s p e r i o d e zuerkannt wird, a u s   d e r   d e r   A u s g a n g   n o c h   n i c h t   g e f u n d e n   s e i .

Von solchen Anschauungen aus ergibt sich eine doppelte Stellung zum Christentum. Entweder b e k ä m p f t man die im Schoß der Kirche großgezogene N ä c h s t e n l i e b e , die geradezu „vergiftend" auf das gesamte Volkstum gewirkt habe.

[...]

Oder man d e u t e t   d a s   G e b o t der Nächstenliebe n u r   a u f   d e n   g e r m a n i s c h e n   N ä c h s t e n .

[...]

Das Verwerflichste an der alldeutschen Denkart ist die Methode, mit der sie heute für ihre Wünsche und Ziele wirbt. Sie sammelt Unterschriften unter dem Aushängeschild eines „deutschen" Friedens, weil sie die Wirkung des Zauberwortes „Frieden" kennt und weiß, daß die Friedenssehnsucht über die Weltherrschaftsfalle in dem Worte „deutschen" hinwegsieht. Man begründet [im September 1917] eine „Vaterlandspartei" und schreibt die Pflege der inneren Einheit auf die Fahne – und schon kommen, wie ich aus Beispielen weiß, Anhänger des

Verständigungsfriedens und zeichnen sich ein bei einem Bund, der unter der anziehenden Etikette weiter nichts als den Gewaltfrieden fordert und Mißtrauen zwischen das Volk und seine Vertreter sät. In der Naturwissenschaft nennt man solches Verfahren des täuschenden Aussehens M i m i k r y, in gutem Deutsch „Bauernfang".

Unwahrhaftig ist es, amtlichen Druck auf Untergebene auszuüben, damit sie der neuen Partei beitreten, oder mit vielem Geld Zeitungen kaufen, um sich brüsten zu können: hinter uns steht die Mehrheit des Volkes, während doch die w a h r e M a j o r i t ä t nur nicht die wirtschaftlichen Mittel und den Einfluß besitzt, um sich das ihrer Zahl entsprechende Gehör zu verschaffen.

Unehrlich ist es endlich, an K a i s e r w o r t u n d P a r l a m e n t s b e s c h l u ß solange z u d e u t e l n, bis ein ganz anderer Sinn als der dem Wortlaut entsprechende herauskommt.

[...]

Es bedarf keines Wortes, daß die christliche E t h i k wie alle Moral solche V e r l o g e n h e i t haßt und schlichte G e r a d h e i t fordert. [...]

Und nun deutsches Volk, wähle! Du sollst dein Vaterland lieben! Möchte diese Liebe, die wir teilen, nur immer tiefer und stärker werden!

Aber g e r a d e, w e i l d u d e i n V a t e r l a n d l i e b h a s t, s o l l s t d u v e r s t e h e n, d a ß a n d e r e V ö l k e r e i n G l e i c h e s g e g e n ü b e r i h r e r H e i m a t f ü h l e n, u n d s o l l s t n i c h t n a c h i h r e m L a n d, n a c h i h r e r F r e i h e i t t r a c h t e n.

Willst du mit denen gehen, die bald dich einfangen wollen mit verlockender Lüge, bald zu dir kommen mit stolz klingendem Kraftwort, die Rassenhochmut und Haß predigen, um doch dich willig zu machen, dich für ihre Begehrlichkeit zu opfern?

Oder willst du es mit dem Christentum halten, der Religion der Wahrheit, der echten Kraft, der Liebe, der Gerechtigkeit und Weltversöhnung? Willst du ein a l l deutscher oder ein c h r i s t l i c h e r Deutscher sein?

W ä h l e! H i e H a m m e r – h i e K r e u z!

Karl Aner: Hammer oder Kreuz? Eine Abwehr alldeutscher Denkart im Namen des Christentums. Berlin [7]1918, 9f., 14-19, 22-28, 31f. Hervorhebungen und Auslassung im Original. Anmerkungen bleiben unberücksichtigt.

Ein Brief Aners vom 25. Februar 1918 markiert den Übergang von der Centralstelle zur „losen Vereinigung" evangelischer Friedensfreunde.

Matth. 5,9 zum Gruß! [Selig sind die Friedensstifter, denn sie werden Gottes Söhne heißen.]

Unsere Gemeinschaft wächst stetig, und es ist eine Lust, den barmherzigen, tatkräftigen Eifer der Gleichgesinnten erleben zu dürfen. Besonderer Dank gebührt den Freunden, die durch verbreiten der Flugschrift „Hammer oder Kreuz" mitgeholfen haben, dass die erste Auflage völlig vergriffen ist. Die zweite befindet sich im Druck, und ich bitte – zumal die bisher noch nicht an der Verbreitung Beteiligten – um freundliche <u>Bestellungen</u> bei der Versandstelle, Herrn Dr. Hobohm, Charlottenburg., Königin Luisestr. 11.

Mehrfach schon ist die Anregung aufgetaucht, aus den anderthalbtausend Unterzeichnern der Oktobererklärung [der fünf Berliner Friedenspfarrer, s. u.] lokale oder provinzielle <u>Zusammenschlüsse</u> zu bilden, die in vertraulichen Konferenzen unsere Arbeit nach Kriegsende vorbereiten; deren Ziel wird sein, wie neulich jemand schrieb, dass in Zukunft das kleinste Dorf seinen Friedensverein habe. Wer sich bei der Organisation der Vorarbeit betätigen will, wird um briefliche Mitteilung gebeten. […]

Ueberhaupt müssen wir, wie viele unserer Freunde bereits tun, Fühlung mit verwandten Gruppen nehmen. Wenn wie eine „Vereinigung <u>evangelischer</u> Friedensfreunde" erstreben, so geschieht es ja nicht aus Vorliebe für Sonderbündelei oder in hochmütiger Abgrenzung gegen andere Konfessionen, sondern einmal um die bewusst evangelischen Kreise für die Friedensidee zu erwärmen und zweitens, um dafür zu sorgen, dass in der nach dem Kriege mächtig einsetzenden pazifistischen Hochflut die <u>evangelische und echt-nationale</u> Strömung nicht fehle.

Auch im privaten Verkehr dürfen wir nicht müde werden, jeder Aufreizung zum Völkerhass, dem kurzsichtigen Dilettantismus der Annexionisten, der nur den Kriegswillen der Feinde anstachelt und uns die noch wohlgesinnten Neutralen entfremdet, wie allen „patriotischen Phrasen", die den unsittlichen Grundsatz „Gewalt geht vor Recht" beschönigen und damit <u>die</u> <u>deutsche Ehre</u> gefährden, mannhaft entgegenzutreten. [...]

Endlich werbe ein jeder von uns im Laufe des März <u>wenigstens ein neues Mitglied</u> der „losen Vereinigung"!

In herzlicher Gesinnungsgemeinschaft

Lic. Dr. Karl Aner

Charlottenburg, Leibnizstr. 42

Geschäftsführer der Centralstelle.

Evangelisches Zentralarchiv Berlin, 51/F II a 7. Unterstreichungen im Original.

Auf der 224 Namen umfassenden Mitgliedsliste der „Losen Vereinigung" evangelischer Friedensfreunde standen folgende Personen aus Berlin:

Pfarrer August Bleier, Wilhelm von Braunbehres, Hauptmann von Beerfelde, Pfarrer Theodor Devaranne, Frau Joh. Ehler, Pfarrer Hans Francke, Paul Fernkorn, Pfarrer Falck, Hans Freimark, Rob. Gartz, Freifrau von Gaertner, Fräulein Gäding, Pfarrer Haecker, Dr. Heller, Redakteur Hermann Kötzschke, Dr. A. Krüger, A. Kahle, Pfarrer Lic. Kraatz, wiss. Hilfslehrer K. Landsberg, Pfarrer Carl Mennicke, Fräulein Käthe Marska, Schwester Emilie Mayer, Pfarrer Walther Nithack-Stahn, Lyceallehrer Pfordte, Pfarrer Otto Pleß, Pfarrer Lic. Dr. Friedrich Rittelmeyer, Redakteur Rackebrandt, Fräulein Käthe Rode, Fräulein Riehm, Lic. Friedrich Siegmund-Schultze, Dr. Spiero, Frau Luise Sommer, Gräfinnen H. und O. Schack von Wittenau, Freiin Nora von Schleinitz, Frau M. Stresow, Willy Thiemke, Pfarrer Lic. Rudolf Wielandt, Graf von Wartensleben, Buchhändler Paul Wustrow, Pfarrer Dr. Wegener, Landrichter von Zastrow.

Zusammenstellung nach Evangelisches Zentralarchiv Berlin, 51/F II a 7

Der Aufruf Berliner Friedenspfarrer vom Oktober 1917

Die Centralstelle evangelischer Friedensfreunde bot den notwendigen Rückhalt für eine öffentliche Stellungnahme, die Karl Aner angekündigt hatte. Fünf Berliner Friedenspfarrer publizierten im Oktober 1917 anlässlich des Jubiläums der Reformation einen pazifistischen Aufruf, der innerhalb des Protestantismus kontrovers diskutiert und überwiegend abgelehnt wurde.

Erklärung

Im Gedächtnismonat der Reformation fühlen wir unterzeichneten B e r l i n e r P f a r r e r, im Einverständnis mit vielen evangelischen Männern und Frauen uns zu folgender Erklärung verpflichtet, die zugleich Antwort auf mehrfache Kundgebungen aus neutralen Ländern sein soll.

Wir deutschen Protestanten reichen im Bewußtsein der gemeinsamen christlichen Güter und Ziele allen Glaubensgenossen, auch denen in den feindlichen Staaten, von Herzen die Bruderhand.

Wir erkennen die tiefsten Ursachen dieses Krieges in den widerchristlichen Mächten, die das Völkerleben beherrschen, in Mißtrauen, Gewaltvergötterung und Begehrlichkeit, und erblicken in einem Frieden der Verständigung und Versöhnung den erstrebenswerten Frieden. Wir sehen den Hinderungsgrund einer ehrlichen Völkerannäherung vor allem in der unheilvollen Herrschaft von Lüge und Phrase, durch die die Wahrheit verschwiegen oder entstellt und Wahn verbreitet wird, und rufen alle, die den Frieden wünschen, in allen Ländern zum entschlossenen Kampf gegen dieses Hindernis auf.

Wir fühlen angesichts dieses fürchterlichen Krieges die Gewissenspflicht, im Namen des Christentums fortan mit aller Entschiedenheit dahin zu streben, daß der Krieg als Mittel der Auseinandersetzung unter den Völkern aus der Welt verschwindet.

Lic. Dr. K. Aner, W. Nithack-Stahn, O. Pleß, Lic. Dr. Fr. Rittelmeyer, Lic. R. Wielandt.

Zustimmungen sind erbeten an Pfarrer Aner, Charlottenburg, Leibnizstraße 42.

Die Christliche Welt, 1917, Sp. 756. Hervorhebung im Original.
Otto Pleß, Pfarrer an der Christuskirche von 1898 bis 1926, trat pazifistisch nicht weiter hervor.

Auch das kirchlich-liberale *Protestantenblatt* druckte die Friedenserklärung ab, jedoch fügte die Redaktion noch folgende Stellungnahme hinzu.

Uns fiel, gerade weil wir selbst dem ehrsamen Pfarrerstande angehören, alsbald die Tatsache ein, daß der größte protestantische Meister der Politik, Otto von Bismarck, die „Politiker in den langen Röcken ablehnte". Nach Leopold von Rankes Auffassung von deutscher Geschichte ist dieser Widerwille gegen geistliche Politik urgermanisch und im deutschen Volkscharakter, wie in seiner geschichtlichen Erfahrung begründet.

Wozu aber hat man den Genius durch den Gott für uns andere auf einem Gebiet die uns unsichtbaren tiefsten Wesensgründe hervorheben läßt, wenn wir nicht auf ihn hören wollen. Dazu beweist der Wortlaut der Erklärung nur allzu deutlich, bei allem guten Willen, den wir anerkennen wollen, die Unzulänglichkeit dieses pastoralen Standpunktes für die Entscheidungsfragen dieser großen Zeit.

Wir erwarten, wie alle vernünftigen Menschen, daß die schäumende Wut der Feinde, auch der Glaubensgenossen jenseits der Grenze, einer objektiven Betrachtung der Dinge wird weichen müssen – aber wir strecken Tobsüchtigen nicht die Bruderhand entgegen, damit sie hineinspucken.

Wenn die tiefsten Ursachen dieses Krieges – wohlgemerkt „die tiefsten" – in Gottes Willen gefunden werden, so ist das christlich gedacht, wenn aber hier einige böse Zeit- bzw. allgemeine Erscheinungen der Sündhaftigkeit der Menschen herausgestellt werden und Wirtschafts- und Machtnotwendigkeiten, wie sie in der Entwicklung von Völkern liegen und ausgetragen werden müssen, übersehen werden, so ist das im engen und veralteten Sinn erbaulich geredet.

Wenn damit die ganz reale Forderung eines bestimmten Friedens mit Parteischlagworten verbunden wird, so sind diese Worte durch die von den Parteien gegebenen Deutungen als zwei- und mehrdeutig erwiesen, die Erklärung verläßt aber damit den Boden geistlicher Ermahnung und stellt sich in den Dienst einer innerlich sehr ungleichen Parteigruppierung von katholischem Zentrum, Freisinnigen, Sozialdemokraten, Elsässern, Welfen und Polen. Eine solche Vermischung ist unsachlich.

Wenn wiederum die Hinderungsgründe der Völkerannäherung nur in ethischen Verfehlungen gesehen werden, nicht auch in nationalen Besonderheiten und Vorgängen der Geschichte, so fehlt auch in diesem Absatz jene Weite und Vollständigkeit des Gesichtskreises, die bei der Beurteilung solcher Fragen in den realen Verhältnissen dieser irdischen Wirklichkeit notwendig und zu fordern ist, für solche, die führende Stellung einnehmen wollen.

Die gleiche Einseitigkeit stellt im letzten Absatz nur den blutigen Krieg unter die Verurteilung; begreiflich genug, angesichts der Dauer und der Blutverluste dieses Krieges. Wird aber der bereits angekündigte Wirtschaftskrieg nicht furchtbarer sein und wirken auf die Völker, kann nicht Pflicht gegen das eigene Volk, gegen Frauen und Kinder, für das uns anvertraute Land, eines Tages von unserm Gewissen den blutigen Krieg wieder fordern, um jenem unblutigen Würger das Handwerk zu legen?

Wir können diese Erklärung weder für zeitgemäß in höherem Gesichtspunkt (im Gesichtspunkt der Stimmung ist sie es gewiß und wird manchen bestechen), noch für glücklich in der Form, noch für Pflicht unseres Standes halten. Wir unterschreiben sie nicht und sind doch guten Gewissens. Hätten die Kollegen und Gesinnungsgenossen als Bürger des Landes eine solche oder ähnliche Erklärung erlassen, das konnten sie tun. Das Politiktreiben der Pfarrer ist wohl Stil in der Priesterkirche – nicht in der Gemeindekirche der Reformation.

Protestantenblatt, 1917, Sp. 656

Karl Aner antwortete unmittelbar auf diese Kritik in sieben Punkten.

1. Indem der Abdruck unsrer Erklärung im „Protestantenblatt" die Schlußbemerkung „Zustimmungen sind erbeten an Pfr. Aner, Charlottenburg, Leibnizstr. 42" wegläßt, erscheint diese Erklärung als anmaßliche Kundgebung Einzelner; sie ist aber nur als werbender Aufruf gedacht.

2. Der Vorwurf, wir seien „Politiker in langen Röcken", trifft uns nicht; wir haben keineswegs in politischen Einzelfragen dreinzureden versucht, sondern wollten nur die sittliche Gesinnungsbasis des zukünftigen Friedens schaffen helfen.

3. Die Bruderhand wird selbstverständlich nur den g l e i c h g e s i n n t e n , f r i e d e n s w i l l i g e n Glaubensgenossen gereicht, wie der Zusatz „im Bewußtsein der gemeinsamen christlichen Güter und Ziele" beweist; mit „Tobsüchtigen, die in die entgegengestreckte Hand spucken", verbinden uns weder gemeinsame Güter noch Ziele.

4. Die Ihrerseits aufgerollten Probleme theologischen oder nationalökonomischen Inhalts sind auch uns bekannt; nur halten wir weder die fatalistische Zurückführung menschlicher Sünde und Not auf den Willen Gottes für einen fruchtbaren Gesichtspunkt, noch glauben wir an das Vorhandensein von „Wirtschafts- und Machtnotwendigkeiten", die eine dauernde Rechtsverletzung rechtfertigen.

5. Wir verkennen durchaus nicht die „nationalen Besonderheiten" und geschichtlichen „Vorgänge" von trennender Wirkung, sondern behaupten nur, daß Lüge und Phrase im Augenblick die Völkerannäherung „v o r a l l e m " verhindern.

6. Der Wunsch, daß der Krieg als Mittel der Auseinandersetzung unter den Völkern verschwinde, bezieht sich natürlich auch auf den in Paris angekündigten

Wirtschaftskrieg, schließt aber keineswegs die Verwerfung des Verteidigungs-krieges in sich.

7. Sehr viele der täglich einlaufenden Zustimmungen sprechen es ausdrücklich aus, daß man von den Predigern des Evangeliums ein solches Wort längst erwartet hat; wir können mithin den Vorwurf, unser Aufruf verstoße gegen das reformato-rische Prinzip der Gemeindekirche, mit gutem Gewissen von uns abweisen.

Protestantenblatt, 1917, Sp. 688. Hervorhebungen im Original.

Eine Gegenposition zur Friedenserklärung vertrat auch Wilhelm Schubring. Vgl. Protestantenblatt, 1918, Sp. 80-84. Vgl. ferner Protestantenblatt, 1918, Sp. 151-153

Nur kurze Zeit später folgte die Reaktion von militaristischen Berliner Pfarrern auf die Friedenserklärung durch folgende Gegenerklärung. Diesem Aufruf schlossen sich 160 Pfarrer an.

Im Gedächtnismonat der Reformation haben 5 Berliner Pfarrer eine öffentliche Erklärung ihrer Bereitschaft zu einem „Frieden der Verständigung und Versöhnung" mit der Bitte um Zustimmungserklärung an die Berliner Amtsbrüder versandt.

Sind etwa auch von Protestanten der feindlichen Länder ähnliche Erklärungen der Friedensbereitschaft veröffentlicht worden? Die Kundgebungen, die bisher von Waldensern, Engländern und Franzosen (P. Charles Wagner in Paris!) zu uns gekommen sind, sind in einem Tone so maßloser Beschimpfung gehalten, daß wir, wie die Dinge zurzeit noch liegen, als deutsche Männer, die ihres Vaterlandes Ehre hochhalten, nicht imstande sind, als Antwort darauf um Versöhnung zu bitten und dem schamlosen Verleumder „von Herzen die Bruderhand zu reichen".

Die Erklärung hält einen Frieden der Verständigung und Versöhnung für erstrebenswert. Es wird demnach von den Berliner Geistlichen die Zustimmung zu der Reichstagsentschließung vom 19. Juli erwartet. In welch hohem Maße diese Entschließung dazu beigetragen hat, den Siegeswillen unserer Feinde zu stärken und dadurch den Krieg zu verlängern, ist jedem Zeitungsleser bekannt.

Die politischen Parteien nutzten die Kriegsnot des deutschen Volkes aus, um ihre parteipolitischen Ziele zu erreichen. Jetzt wird uns evangelischen Geistlichen zugemutet, im innenpolitischen Kampfe diesen Parteien zu Hilfe zu kommen. Dagegen muß mit aller Entschiedenheit Widerspruch erhoben werden.

Es gibt jetzt nur zweierlei für das deutsche Volk: Sieg oder Untergang! Wenn wir erst den Sieg errungen haben, wird es an der Zeit sein, den Engländern und Franzosen unsere Bereitschaft zur Versöhnung kundzutun, wie schwer es uns auch fallen mag, all das Fruchtbare zu vergessen, was sie uns in Haß und Lüge angetan haben. Wir können dann in erneute Erwägungen eintreten, auf welche Weise die

Sünde der Selbstsucht und des Hasses aus der Welt geschafft und ein ewiger Friede angebahnt werden kann.

Einstweilen haben wir noch ein Recht zum heiligen Zorn. Dieses Recht haben uns die Feinde vor Gott und den Menschen in vollem Maße gegeben. Wir wollen es wahren und mit den Versöhnungsangeboten warten, bis wir durch Kampf und Not den Feind besiegt und uns und unseren Kindern die Freiheit und den Frieden gesichert haben.

P. Max Braun. P. D. Von der Heydt. P. Mann. P. D. Philipps.

Auch der „Evangelische Bund" hat in einer Kundgebung des Gesamtvorstandes in folgender Weise Stellung zu der Friedensfrage genommen:

„Denselben Einspruch erheben wir, wenn ein unklarer, wirklichkeitsfremder sog. Pazifismus die päpstliche Friedensnote benützt, um seine Bestrebungen als Gottes Willen und als Erfüllung des Testaments Jesu hinzustellen.

Luther hat uns vielmehr gelehrt, „das Kriegsamt mit männlichen Augen angesehen" und „daß ein Kriegsmann im seligen Stande sein kann", daher erachten wir es auch für Christenpflicht, das Recht des Schwertes bei den großen Entscheidungen der Weltgeschichte nachdrücklich anzuerkennen."

Kirchlich-liberal. Nr. 9, Dezember 1917 (keine Seitenangabe)

Walther Nithack-Stahn wandte sich gegen die Kritik des liberalen Theologen Prof. Otto Baumgarten an dem Friedensaufruf.

Der Friedensaufruf der fünf Berliner Pfarrer wird im Novemberheft dieser Monatsschrift von Herrn Professor D. Baumgarten unter Berufung auf Luther aus demselben Grunde abgewiesen wie eine Empfehlung der „Vaterlandspartei" im „Pfarrerblatt": daß hier Religion und Politik unzulässig vermischt werden.

Mir scheint, daß diese beiden Pfarrerbekenntnisse nicht in dieselbe Kategorie gehören. Der Eintritt in die Vaterlandspartei bedeutet die Parteinahme für ein nationalpolitisches Programm, die Unterzeichnung unseres Aufrufs eine religiössittliche Stellungnahme zu Krieg und Frieden überhaupt.

Darf der Christ – denn daß wir fünf Pfarrer uns als „deutsche Protestanten" bezeichneten, erklärt sich aus dem geschichtlichen Anlaß des Aufrufes – sich kraft seines Glaubens in die Frage des Völkerfriedens einmischen? Er darf es, weil es sich hier um eine Konsequenz des Evangeliums handelt: eine religiöse, sofern wir nicht nur beten, sondern helfen sollen, daß das Reich Gottes zu uns komme; eine sittliche sofern die Nächstenliebe das Menschheitsleben umfaßt.

Freilich hat man Jahrtausende lang die Folgerung des Christentums für das internationale Leben nicht oder nur vereinzelt gezogen. Aber das ist auch auf anderen Gebieten nicht geschehen, auf denen der Christusgeist heute gesiegt hat. Wie lange hat es gedauert, ehe das Sklaventum – das ein Paulus noch duldete – dem christlichen Humanitätsgedanken wich! Selbstverständlich können auch Sklavenhalter und Sklave, Herr und Leibeigner christlich gegeneinander handeln, und ein Luther – mit dessen Autorität die Völkerethik des 20. Jahrhunderts nicht zu erledigen ist – hat gegen den Frondienst des Bauern als solchen keinen religiösen Protest erhoben.

Aber einmal „erfüllet sich die Zeit", wo auf irgendeinem Lebensgebiete die Kraft des Liebensgeistes durchbricht und neue Lebensformen gestaltet. Wer wollte heute bestreiten, daß die Würdestellung der Frau, wie in der neuzeitlichen Frauenbewegung zum Ausdruck kommt, eine mittelbare Folgeerscheinung der christlichen Idee ist?

Gewiß gibt es Christen, die sich gegen gesellschaftliche Neuerungen solcher Art sträuben und sie sogar mit biblischen Gründen bekämpfen: das beweist nur die zähe Macht gewohnter Gedankenkomplexe, wenn nicht gar der Bequemlichkeit und der Selbstsucht. Ist nicht der Geist sozialer Gerechtigkeit ein Abkömmling des Evangeliums?

Gewiß braucht nicht jeder Christenmensch soziale Fürsorge zu treiben, er kann sich mit privater Liebestätigkeit im alten Stile begnügen. Gleichwohl ist das Wort „evangelisch-sozial" keine Verkoppelung heterogener Begriffe, sondern die Andeutung eines innerlichen Weges von der Quelle zum Strome. Sagen wir: die Liebesbotschaft Jesu, in deren Urgestalt freilich nichts von einer Neuordnung der menschlichen Gesellschaft steht, muß immer wieder in das jeweilige Weltleben ü b e r s e t z t werden.

Was aber befiehlt uns, mit dieser Auswirkung halt zu machen vor dem internationalen Leben? Sind innere und äußere Politik überhaupt zu trennen? Uns dünkt, die Zeit für die Uebertragung der Ethik auf die Völkergemeinschaft ist erfüllt. Dieser Forderung entziehen wir uns nicht, indem wir in der Entstehung dieses Krieges „weit weniger Schuld als tragische Verwickelung" sehen.

Jeder sittlich anormale Zustand kann von ästhetisch-philosophischem Gesichtswinkel aus als Tragik angesehen werden. Sind Hauptmanns „Weber" keine Tragödie? Und doch hindern uns solche Konflikte, bei denen persönliche Schuld und überpersönliches Schicksal in unentwirrbaren Knäuel verflochten sind, keineswegs, von Menschensünde als der tiefsten Ursache des Menschheitsjammers zu sprechen und an der Beseitigung des ungerechten Zustandes zu arbeiten.

Aus „Gehorsam gegen die Wirklichkeit" stilleschweigen und als gottgewollte Realitäten stehen lassen, wogegen sich das christliche Gewissen empört – das führt zu einem Quietismus, der den Schein einer tiefen Innerlichkeit mit dem Verzicht erkauft, „das Licht leuchten zu lassen", das uns gegeben ist.

Als deutsche Protestanten sind wir so wenig auf Luthers Sozialethik wie auf seine Dogmatik eingeschworen. Um der evangelischen Kirche willen reden wir, damit sie nicht wieder einmal – wie schon so oft! – nur im Kämmerlein „hoffe, wünsche, bete", während draußen in der Welt kirchenfremde Geister das Banner eines Reichsgottesgedankens entfalten, den man in der Sprache der Gegenwart „Völkerverständigung" nennt. Und die Kirche betet nicht einmal überall für den Völkerfrieden.

Es gilt, in leider nur kleinem Kreise Front zu machen gegen die gefahrdrohende Tatsache, daß der deutsche Pfarrerstand in großer Zahl im Namen des Christentums eine Politik des Krieges ohne Ende unterstützt, wie es unter anderem das „Pfarrerblatt" beweist.

Walter Nithack-Stahn: Christ und Pazifist. In: Evangelische Freiheit, Januar 1918, 22f. Hervorhebung im Original.

Karl Aner zog eine positive Bilanz des Friedensaufrufs.

Über die Wirkung des Aufrufs von Berliner Pfarrern [...] äußert sich Liz. Dr. K. Aner u. a. wie folgt:

Der Aufruf ist, wie zu erwarten war, sowohl von grundsätzlichen Gegnern, als auch von solchen, die den Schritt nur für nicht opportun hielten, angegriffen worden. Dieser Kritik, auf die in verschiedenen Blättern Antwort gegeben wurde, steht die Tatsache gegenüber, daß aus allen Schichten des Volkes, von den Fronten wie aus der Heimat, auch aus beiden theologischen und kirchenpolitischen Lagern das lebhafteste Echo freudiger Zustimmung erklang. Herzerhebend wirkt der warmreligiöse Ton der „Laienstimmen", wie sie noch immer täglich in die Sammelstelle einlaufen.

Längst – so heißt es in diesen Briefen – wurde ein solches Wort im Namen des Christentums, das doch über dem Haß der Nationen steht, erwartet. Endlich, endlich kam es – auch der Kirche zum Segen, deren Schweigen das Volk nicht begreift. „Sie nützen dem Christentum mehr als hundert alldeutsche Feldprediger", wird uns aus dem Felde geschrieben.

Ebenso vernimmt man in Zuschriften aus der Heimat ernstliche Klage über [die] Verleidung des Gottesdienstes, da in ihm allzu häufig der religiöse Gehalt hinter dem Nationalismus zurücktrete; ja, es wird offen eingestanden, daß man, an der Kirche irre geworden, sich mit der Absicht des Austritts trug, bis der Aufruf erschien und das Banner entrollte, um das sich die friedenswilligen Evangelischen scharen konnten.

So tritt denn heute die ursprüngliche Pastorenerklärung als die Stimme weiter Kreise des evangelischen Volkes vor die Öffentlichkeit.

Völker-Friede, März 1918, 35

Der Erstunterzeichner Friedrich Rittelmeyer reagierte ebenfalls auf die vielen Kritiker des Friedensaufrufs.

Unsre Friedenserklärung hat unter den deutschen Theologen eine sehr starke Ablehnung erfahren. [...] Eine seltene Fülle von Verurteilungen seitens gewichtigster Männer ist über uns ergangen. Unsre Friedenserklärung ist unnötig, unzeitgemäß, unlogisch, unwürdig, unpatriotisch, unklar, unwirklich und unprotestantisch genannt worden. Was bleibt da noch von einem Menschen übrig? Jedenfalls nichts, womit man sich sehen lassen kann. Bei näherm Zusehn zeigt sich freilich, daß unsre Gegner unter sich selbst in ebenso scharfem Gegensatz stehen wie gegen uns. [...]

Vielmehr möchte ich hier in aller Offenheit erzählen, warum u n s die Erklärung nötig war. Dabei muß ich um Entschuldigung bitten, wenn ich es nicht anders als persönlich zu sagen weiß.

So herrlich der Kriegsanfang war und so rein unsre deutsche Sache erschien, so machte sich doch in der Tiefe der Seele ein ernster Druck recht deutlich fühlbar; Hast du auch in den vergangenen Jahren alles getan, was in deinen schwachen Kräften stand, um dieses Völkermorden zu verhüten? Es mag ganz, ganz wenig gewesen sein, was du hättest tun können, es mag praktisch gar nicht in Betracht kommen gegenüber dem gewaltigen Gang der Geschehnisse, aber eben dies, was du hättest tun können, hast du n i c h t getan!

Du bist, ehrlich gestanden, in deiner innersten Stimmung gar nicht mit der nahen und raschen Möglichkeit eines Krieges wirklich vertraut gewesen, und schon dies ist deine Schuld! Kann man es verstehen, daß dieser Druck sich nur in einer einzigen Richtung auswirken konnte: Es soll wenigstens von jetzt an alles geschehen, was zum Frieden unter den Völkern dienen kann!?

Doch dies hätte während des Kriegs noch Aufschub ertragen. Dagegen habe ich in diesen Kriegsjahren an einer großen Anzahl von Menschen, draußen und daheim, miterlebt, wie sie sich unter dem Widerspruch zwischen diesem Massenmorden des Krieges und dem Geist des Christentums innerlich erschütternd abquälten. Es waren gerade alleredelste und allerinnerlichste Menschen darunter.

Alles nun, was man diesen Menschen sagte über den göttlichen Willen, der auch Krieg sein läßt zum Segen der Menschheit, über den unverkennbaren göttlichen Willen, daß wir jetzt für unser Vaterland einzustehen haben bis zum Aeußersten, half nach meinen Erfahrungen nicht wirklich. Nur Eines half: das volle, runde

Eingeständnis, daß der Krieg sich mit dem Geist des Christentums im Innersten n i c h t verträgt – so wenig wir ihn heute abschaffen können – und daß wir vom Geist des Christentums aus an der Ueberwindung des Krieges in der Menschheit arbeiten müssen. Dann kämpften diese Menschen ruhig und stark für ihr Vaterland bis zur selbstverständlichen Selbstaufopferung. D i e s e Menschen – und die vielen, die in der Verborgenheit in ähnlichen Nöten zu vermuten waren – sind schuld daran, daß ich die Friedenserklärung unterschrieb! Und s i e haben auch verstanden! [...]

Spät ist unsre Erklärung allerdings gekommen. Am Anfang des Krieges war weder unsre Stimmung geklärt genug, noch unsre Erfahrung groß genug, noch die Lage frei genug, um mit einem ähnlichen Wort hervorzutreten. Auch als im letzten Sommer allerlei Stimmen aus neutralen Ländern wie fragend nach Deutschland herüberklangen, warteten wir immer noch, ob nicht Andere, besser Berufene, mit irgend einer Aeußerung des innerlichen Ueber-dem-Krieg-Stehens vorangehen.

Andrerseits durfte der Weltkrieg nicht zu Ende gehen, ohne daß ein ähnliches Wort gesprochen wurde, weil es sonst keinen vollen Wert als Erklärung zum Krieg wie als Gesinnungsäußerung gegenüber unsern Feinden, als persönliche Tat wie als Hilfe für die innerlich Erschütterten, nicht mehr gehabt hätte.

Was der Papst in der Richtung des Weltfriedens getan hatte, konnten ihm evangelische Christen nicht nachtun. Aber sie konnten etwas Anderes, Innerliches und Reineres tun und durften es nun erst recht nicht versäumen. Aus der damals gerade gegründeten „Deutschen Vaterlandspartei", die von der großen Mehrzahl der Theologen unterstützt wurde, klangen Stimmen in das deutsche Volk hinein wie diese: „Mögen sich's unsre Feinde gesagt sein lassen: wir haben nichts zu bereuen und nichts gut zu machen, sondern wir haben zu fordern." Da bot uns das herannahende Reformationsfest eine letzte Gelegenheit, Luther zu Ehren auszusprechen, was unser Gewissen sagen wollte.

Wer in unsrer Erklärung nur eine der vielen Friedensbereitschaftsäußerungen sieht, der verkennt, daß gerade die r e l i g i ö s e Stimme in der breiteren Oeffentlichkeit bisher gefehlt hatte und doch nicht fehlen sollte. Und eben sie, noch dazu in der bescheidenen Form von zunächst 5 Unterschriften, geht am ersten hinaus mit dem inneren heiligen Recht, nicht missverstanden zu werden, und darf und soll vertrauen, nach oben wie nach unten. Zu alledem haben wir uns aber noch nach zwei verschiedenen Richtungen hin an politisch möglichst weitschauender Stelle erkundigt, ob unser Wort im gegenwärtigen Augenblick dem Vaterland nicht Schaden bringen könne. Es ist uns bestimmt verneint worden. Was konnten wir mehr tun? [...]

Einen „klaren Verstoß gegen die Logik" sieht [Martin] Schian ferner darin, daß wir die Wurzel des Krieges zwar in der Sünde erkennen, aber dennoch damit zu rechnen scheinen, als könne der Krieg eher aus der Welt verschwinden als die Sünde. Ist diese Logik wirklich so viel besser als die unsrige?

Kam nicht z. B. auch die Sklaverei oder die Folterung aus der Sünde und sind doch eher aus der Welt verschwunden als die Sünde? Oder wenn sie in feineren Formen noch heute fortdauern – war nichts damit geschehen, daß die gröbste Form überwunden wurde? Wäre nichts damit geschehen, wenn der Krieg einmal in seiner gröbsten Form überwunden werden könnte?

Der Satz „Unternehmungen, die den Krieg ausrotten wollen, während seine Ursache, die Sünde andauert, sind von vornherein zum Scheitern verurteilt" trifft doch ebenso den Kampf gegen Trunksucht und Unzucht, wie uns. Wegen der Logik allein käme auf diese Punkte wenig an; aber mir scheint, daß wir aus der grundsätzlichen Einsicht Schians, daß der Krieg aus der Sünde kommt, doch nicht die Folgerungen ziehen, die wir auf andern Gebieten zu ziehen längst gewohnt sind. Das ist sehr wohl begreiflich, da es sich im Krieg nicht um die vermeidbare Sünde eines Einzelnen handelt, sondern um Massenauswirkungen der Menschheitssünde, die unter Umständen zu Gegenwirkungen zwingen, welche geradezu heilig genannt werden können.

Aber wenn man sich den Standpunkt, den mit Schian heute viele Theologen einnehmen, in den folgenden beiden ungemein charakteristischen Sätzen ansieht: Wir müssen „selbstverständlich dahin streben, dass der Krieg aus der Welt verschwindet", aber „unser Christentum verpflichtet uns nicht zu – ‚politischen' fügt Schian in unwillkommener Einschränkung unsrer wirklichen Absicht ein – Unternehmungen, die den Krieg ausrotten wollen, während seine Ursache, die Sünde, andauert" – wird dieser Standpunkt auf die Dauer haltbar sein? [...]

Wir wollen nicht empfindlich sein gegen einen Vorwurf, der aus Vaterlandsliebe erhoben wird, sondern uns zu verständigen suchen, indem wir uns auf das ruhigere Gebiet eines Vergleichs begeben. Wenn mich ein Gegner im Wald überfällt und ich weiß mich seiner kraftvoll zu erwehren, lasse ihm aber hernach in einer Atempause des Kampfes nach beiderseitiger schwerer Verwundung ein Wort der Versöhnlichkeit hinüberblitzen, m u ß das würdelos sein?

Es i s t würdelos, wenn es aus mangelndem Ehrgefühl hervorgeht. Es k a n n aber auch etwas ganz anderes sein. Würdelos ist doch niemals die Tat an sich, sondern die Gesinnung, aus der sie hervorgeht. Meine Gesinnung aber kennt kein Kritiker, nur Gott und allenfalls ich selbst. Wollen wir nun sagen, die Sache stehe anders, wenn der Feind beim Ueberfall meinen Bruder erschlagen hat – und ich ihm in der Gegenwehr den seinigen? Ich weiß wohl, wie ernst man sich vor seinen gefallenen Freunden fragen kann, ob man ein Wort des Friedens an die richten darf, die ihren Tod verschuldet haben. Aber ich weiß auch: Die Toten denken anders! Und die lebenden Kämpfer?

Darf ich nichts sagen, was ihnen in ihrer Augenblicksstimmung vielleicht unverständlich und schmerzlich ist, obwohl ich damit dem großen Ganzen und so mittelbar auch ihnen nach bestem Wissen dienen möchte? Selbst wenn unser

Entgegenkommen in den feindlichen Ländern gar kein Echo fände, leben wir in der Empfindung, daß dem deutschen Christentum gerade etwas von seiner höchsten Würde fehlte, wenn nicht mitten im Toben des Weltkriegs einmal die Bruderhand geboten worden wäre. Aus d i e s e r Empfindung heraus haben wir gehandelt. [...]

Drei Jahre lang haben wir in Wort und Schrift und Tat bewiesen, daß wir in diesem Krieg treu zum deutschen Volk stehen: war es ein Vergehen, daß es uns gegen die Empfindung ging, dies nochmals ausdrücklich und absichtlich vor der Oeffentlichkeit in Worten zu betonen?

[...]

Ich vermag nicht einzusehen, warum es eine Forderung der „Klarheit" sein soll, die evangelische Ethik in der inneren Politik geltend zu machen, ihr aber an der Grenze des Völkerzusammenlebens plötzlich Halt zu gebieten.

Nur dies ist allerdings aufs lebhafteste zuzugeben, daß das Gebiet des Völkerzusammenlebens noch ungleich schwieriger ist, noch ungleich mehr Wirklichkeitskenntnis und Zurückhaltung erfordert und noch später evangelisch-ethisch durchdrungen werden kann als das Gebiet des Volkszusammenlebens. Hierauf nachdrücklich immer wieder hingewiesen zu haben, sehe ich als [Otto] Baumgartens großes Verdienst an. Der Ruf nach Verständigung und Frieden unter den Völkern in unsrem Sinn ist aber Geist vom Geist des evangelischen Sozialismus, der erste schüchterne Laut auf einem noch höheren Gebiet als dem des Volkszusammenhangs.

[...]

Schon daß wir von den wirtschaftlichen und völkischen Gegensätzen, die zum Krieg führten, nicht ausdrücklich gesprochen haben, ist für die meisten unsrer Kritiker Beweis genug, daß wir sie gar nicht gesehen haben. Als ob es in einer „Welt ohne Sünde", mögen auch die wirtschaftlichen Schwierigkeiten, ja Kämpfe noch so groß sein, jemals hätte zum K r i e g kommen können! Und als ob wir nicht ausdrücklich von den „tiefsten Ursachen" gesprochen hätten! Gar aber, daß wir eine Ueberwindung der gegenwärtigen Auseinandersetzungs-Mittel unter den Völkern erstreben wollen, ist „weltenferner Idealismus".

Demgegenüber behaupte ich, die Wirklichkeit, die wir jetzt zu sehen haben, ist gerade die, daß der Christusgeist längst in der Welt am Werk ist und – wenn auch unendlich langsam und mühsam und mit vielen Schwankungen und Trübungen – an ihrer Durchdringung arbeitet.

[...]

Ja selbst im Krieg ist er drinnen, dieser Christusgeist, und regt sich z. B. in den Anschauungen, die sich über Gefangenenbehandlung immer wieder zur Geltung bringen, im Roten Kreuz u.A.m. Nicht um eine Beherrschung der Welt „nach den Normen des Evangeliums" handelt es sich – diesen Unsinn haben wir nirgends verlangt – sondern um eine Durchdringung der Welt mit dem Christusgeist. [...]

Nun, die Politik, die wir getrieben haben, besteht darin, daß wir „Verständigung" für „erstrebenswert" gehalten haben, ein Wort, das auch von politischen Parteien gebraucht worden ist. Aber wir haben einen guten Vorgänger für unsre Tat, Luther selbst. Wie war denn sein Verhalten im Bauernkrieg?

Er hat aus ethisch-religiösen Gründen einen Frieden der Verständigung für erstrebenswert gehalten, und erst hernach, als dieser ganz unmöglich wurde, einem Gewaltfrieden das Wort geredet. Was im Volkskrieg erlaubt war, sollte im Völkerkrieg verboten sein? Mag es sich in beiden Kriegen mehr um wirtschaftliche Gegensätze oder mehr um ethische Schuld handeln: die allgemein-christliche Gesinnungsrichtung, die Verständigung für erstrebenswerter hält als Vergewaltigung, kann uns im Namen Luthers wahrhaftig nicht verwehrt werden.

Handelt es sich aber um Ethisch-Religiöses, dann sind wir protestantischen Pfarrer gerade die Erst-Berufenen. Das deutsche Volk erwartet von seinen Pfarrern keine unfehlbaren Entscheidungen, aber es erwartet, daß sie überall vorangehen, wo Ethik und Religion in Frage kommen, auch dann, wenn sie dadurch in Gefahr kommen, zu irren, und gerade dann, wenn sie dadurch in Gefahr kommen, zunächst recht unfreundlich aufgenommen zu werden.

[...]

Friedrich Rittelmeyer: Ein Nachwort zu unsrer Friedenserklärung. In: Die Christliche Welt, 1918, Sp. 135-140. Hervorhebungen im Original.

In seinen Lebenserinnerungen reflektierte Rittelmeyer ebenfalls die Friedenserklärung.

Aus dem Auswärtigen Amt erfuhr man, eine Fühlungnahme der Christen in Deutschland mit den Christen der feindlichen Länder sei unerwünscht zur Bekämpfung des unchristlichen Vernichtungswillens unsrer Gegner. So ist unsre Erklärung zum Reformationsjubiläum 1917 entstanden, die man unrichtig „Friedenserklärung" genannt hat.

Sie sagt nichts anderes, als was im Grunde jeder Christ, ja jeder vernünftige Mensch sagen muß, was heute in Deutschland mit andern Worten auch von maßgebendster Seite gesagt worden ist, was die „Frontkämpfer" erreichen wollen: daß die verständigen Menschen in allen Völkern sich gegen Hetze und Verleumdung auflehnen sollten und nach Kräften darnach trachten, daß die Interessengegensätze zwischen den Völkern durch andre Mittel ausgeglichen werden als durch Völkervernichtung.

Auch wenn der Wortlaut unserer Erklärung vielleicht auf mögliche Missverständnisse mehr Rücksicht hätte nehmen sollen: nach meiner Überzeugung und Erfahrung bedurften damals viele Kämpfer einer solchen Stärkung ihres guten

Gewissens, gerade um durchzuhalten. Nur in einer einzigen religiösen Zeitschrift ist die Erklärung erschienen.

Sie führte aber dazu, daß die theologische Fakultät in Jena die Verleihung des theologischen Doktortitels an mich anläßlich des Reformationsjubiläums 1917, die bereits beschlossen und allen deutschen Fakultäten mitgeteilt war, wieder zurücknahm. Das war nur ein erschreckender Beweis, wie wenig schon damals eine theologische Fakultät sich selber ernst nehmen konnte als Pflegestätte eines rein wissenschaftlichen Werturteils.

Friedrich Rittelmeyer: Aus meinem Leben. Stuttgart ³1986, 379

Rudolf Wielandt, Erstunterzeichner der Friedenserklärung und Pfarrer an der Lutherkirche in Berlin-Schöneberg, erwähnt in der Geschichte seiner Gemeinde diese Erklärung nicht.

Über 350 Namen zählte im Sommer 1918 allein schon die Gefallenenliste des Bezirks von Pfarrer Wielandt; Seite auf Seite hatte er in seiner Mappe mit der Aufschrift „Es starben für das Vaterland" einlegen müssen. 120Mal hatte er bis dahin in seinem Bezirk an die Hinterbliebenen das Gedenkblatt des Kaisers für die Gefallenen überreicht. Es kam der September, es kam der Oktober 1918. Es darf der Luthergemeinde eine stolze Erinnerung bleiben, daß einer ihrer Pfarrer, Pfarrer Wielandt, in den allerschwersten Tagen noch einmal versucht hat, zum letzten Volkswiderstand, zu einer letzten Volkserhebung, aufzurufen.

Rudolf Wielandt: Die Berliner Luthergemeinde von 1894 bis 1939. Berlin o.J., 79.
Wielandt engagierte sich in der Weimarer Republik mit nicht mehr pazifistisch.

In der „Christlichen Welt" wurde mehrmals angekündigt, daß die Namen der Unterzeichner in Kürze veröffentlicht werden sollten. Die Zensurbehörden ließen das jedoch nicht zu. Erst im April 1918 konnte in einem Flugblatt ein Auszug der Namensliste publiziert werden. Unter den 226 Männern und Frauen, die er verzeichnete, befanden sich 169 evangelische Theologen.

Dem Appell hatten u. a. zugestimmt Martin Rade, Wilhelm Foerster und Hans Driesch [...], der Schauspieler Albert Bassermann, die Berliner Pfarrer Haecker (der 1919 versuchte, einen evangelischen Flügel der Zentrumspartei zu gründen), Hans Francke (der 1933 als einer der ersten Geistlichen von den Faschisten verhaftet wurde [...]) und August Bleier (der nach dem ersten Weltkrieg die „Vereinigung [der Freunde von] für Religion und Völkerfrieden" gründete).

Den Aufruf hatten auch unterzeichnet Johannes Herz und Alfred Dedo Müller (damals Pfarrer in Ziegra [...]) sowie die Thüringer Pfarrer Ernst Böhme (er war einer der mutigsten Vorkämpfer der Friedensbewegung in Deutschland) und Dr. Vogl (Unterneubrunn) [...].

Walter Bredendiek: „Im Gedächtnismonat der Reformation ...". Die Vorgeschichte der „Erklärung deutscher Protestanten zur Friedensfrage" vom Herbst 1917. In: Evangelisches Pfarrerblatt, 1967, 61f.

In einem zweiseitigen Flugblatt erläutert Karl Aner einige Aspekte des Friedensaufrufs.

Der im Gedächtnismonat der Reformation zunächst von fünf Pfarrern veröffentlichte Aufruf zu einer **Erklärung deutscher Protestanten zur Friedensfrage** ist, wie zu erwarten war, sowohl von grundsätzlichen Gegnern, wie auch von solchen, die den Schritt nur für nicht opportun hielten, angegriffen worden. Dieser Kritik, auf die in verschiedenen Blättern Antwort gegeben wurde, steht die Tatsache gegenüber, daß aus allen Schichten des Volkes, von den Fronten wie aus der Heimat, auch aus beiden theologischen und kirchenpolitischen Lagern d a s l e b h a f t e s t e E c h o f r e u d i g e r Z u s t i m m u n g erklang.

Herzerhebend wirkt der warmreligiöse Ton der „Laienstimmen", wie sie noch immer täglich an der Sammelstelle einlaufen. Längst – so heißt es in diesen Briefen – wurde ein solches Wort im Namen des Christentums, das doch über dem Haß der Nationen steht, erwartet. Endlich, endlich kam es – auch der Kirche zum Segen, deren Schweigen das Volk nicht begreift. „Sie nützen dem Christentum mehr als hundert alldeutsche Feldprediger", wird uns aus dem Felde geschrieben.

Ebenso vernimmt man in Inschriften aus der Heimat ernstliche Klage über Verleidung des Gottesdienstes, da in ihm allzuhäufig der religiöse Gehalt hinter dem Nationalismus zurücktrete; ja, es wird offen eingestanden, daß man, an der Kirche irre geworden, sich mit der Absicht des Austritts trug, bis der Aufruf erschien und das Banner entrollte, um das sich die friedenswilligen Evangelischen scharen konnten.

So tritt denn heute die ursprüngliche Pastorenerklärung als d i e S t i m m e w e i t e r K r e i s e d e s e v a n g e l i s c h e n V o l k e s vor die Öffentlichkeit.

Wir entbieten allen Glaubensgenossen auf dem Erdenrund den Brudergruß – natürlich nicht denen, welche nur äußerlich zu unserer Konfession gehören, sondern denen, die allein in wahrem Sinne Glaubensgenossen zu nennen sind, weil sie im Denken und Tun mit den Forderungen des Evangeliums wirklich Ernst zu machen trachten.

Wir wissen, daß es V e r s ö h n l i c h g e s i n n t e a u c h i n d e n f e i n d - l i c h e n S t a a t e n gibt, durch zahlreiche Zeugnisse wie den Protest des „Cahier Idealiste Français" gegen den französischen Haßbund „Souvenez-vous", die Kundgebungen der englischen Quäker für Uebernationalität der Mission und einen

„Frieden, der Wert hat", die Anregung amerikanischer Geistlicher zu einer internationalen Kirchenkonferenz, das Bekenntnis des nordamerikanischen Federal Council zu der trotz des Krieges „ungebrochenen Einheit in Christo" mit den Christen der feindlichen Länder und die soeben in Amerika laut gewordene Anerkennung Luthers und seines Volkes.

Diese wohlgesinnten Christen in den feindlichen Staaten durch unser Wort zu stärken, ihnen mehr und mehr die Augen für die Erkenntnis zu öffnen, wo die wirklichen Weltherrschaftsträumer und Kriegsverlängerer zu suchen sind, ist unsere v a t e r l ä n d i s c h e P f l i c h t .

Die W ü r d e d e s C h r i s t e n t u m s aber erfordert es, zur Schaffung der sittlichen Gesinnungsbasis für einen zukünftigen Frieden beizutragen. Wir wollen gewiß nicht im Namen des Christentums uns in den Streit um politische Einzelfragen einmischen. Aber eine Verständigung der Völker zu erstreben und die Idee des Rechts gegenüber dem Grundsatz der Gewalt zu vertreten – das ist noch kein Politisieren, das ist zunächst nur eine Geltendmachung der christlichen Ethik.

Mit Freude und Dank haben wir neben anderen wertvollen Kundgebungen aus neutralen Ländern den Reformationsfestgruß der Schweizer reformierten Theologen vernommen, der das deutsche Volk gegenüber den feindlichen Verleumdungen in Schutz nimmt. Diese Worte von neutraler Seite ehren uns und sind wirkungsvoller als jede Selbstverteidigung. Darum haben wir auf eine solche verzichtet, geschweige daß wir mit Gegenvorwürfen geantwortet hätten; vielmehr haben wir um der Versöhnung zu dienen, die Mahnungen des 2. und 3. Absatzes auch an das eigene Volk gerichtet.

Was endlich das Gelöbnis unseres Schlußsatzes betrifft, so sollten diejenigen, die uns darob Utopisten und Schwärmer schelten, sich lieber fragen, ob sie nicht mit ihrem Dogma vom ewigen Krieg allzuweit hinter einer neuen Zeitidee einherhinken, die aus den Trümmern der alten Welt emporstieg und von Kaiser und Parlament willig aufgenommen ward.

[Es folgt der Wiederabdruck der Friedenserklärung.]

Evangelisches Zentralarchiv Berlin, 51/F II a 7. Hervorhebungen im Original.

Aus dem Raum Berlin unterzeichneten folgende Personen den Friedensaufruf der fünf Berliner Pfarrer:

Schauspieler Albert Bassermann (Berlin), Pfarrer August Bleier (Berlin-Charlottenburg, wie Aner Pfarrer an der Trinitatiskirche), Schriftstellerin Elsa Maria Bud (Berlin), Pfarrer Theodor Devaranne (Berlin-Charlottenburg, wie Aner Pfarrer an der Trinitatiskirche), Pfarrer Falck (Berlin), Paul Fernckorn (Berlin), Professor Wilhelm Foerster (Barnim), Pfarrer Hans Francke (Berlin-Kreuzberg), Pfarrer Haecker (Berlin), Dr. ing. Heller (Berlin-Johannisthal), Architekt Hörisch (Berlin),

Sanitätsrat Dr. med. Justusburger (Berlin-Steglitz), Pfarrer Knief (Berlin-Neukölln), Schriftleiter Fr. Köppen (Berlin), Pfarrer Lic. Kraatz (Berlin-Charlottenburg), Professor Dr. Krassowsky (Luckenwalde), Institutsleiter Dr. Krüger (Berlin-Wilmersdorf), Fabrikant Kunz (Berlin), Fabrikant Lieberknecht (Berlin-Schlachtensee), Pfarrer F. Meyer (Berlin), Oberlyzeallehrer Pfordte (Berlin-Charlottenburg), Stadtverordneter Riesenberg (Berlin-Charlottenburg), Medizinalrat Dr. Richter (Berlin), Professor Dr. Saenger (Berlin), Gräfinnen Olga und Hertha Schack von Wittenau (Berlin-Charlottenburg), Pfarrer Schünemann (Borgsdorf), Pastor Stobwasser (Zühlen), Arzt Dr. med. S. K. Thoden van Belzen (Joachimsthal), Pfarrer Urbain (Berlin), Graf Wartensleben (Berlin-Lankwitz), Pastor Dr. Wegener (Berlin), Fräulein von Wins (Berlin-Wilmersdorf) und Pfarrer Ziemer (Berlin).

Zusammenstellung nach Evangelisches Zentralarchiv Berlin, 51/F II a 7. Aner wies auf der Liste ausdrücklich daraufhin, dass diese nur einen kleinen Teil der eingegangenen Unterschriften enthält. Es waren mindestens 1.500 Unterschriften. Dieser Friedensaufruf darf nicht als ein regionales Ereignis angesehen werden, sondern ging als ein mutiges Friedenssignal weit über Berlin hinaus.

Auch aus der Friedensbewegung gab es Reaktionen auf den Aufruf der Berliner Friedenspfarrer. So notierte Alfred Herman Fried in seinem Tagebuch vom 13. Oktober 1917.

Die Berliner Pastoren erlassen einen Aufruf für einen Verständigungsfrieden. Darin heißt es: „Wir sehen den Hinderungsgrund einer ehrlichen Völkerannäherung vor allem in der unheilvollen Herrschaft der Lüge und Phrase, durch die die Wahrheit verschwiegen oder entstellt und Wahn verbreitet wird, und rufen alle, die den Frieden wünschen, in allen Ländern zum entschlossenen Kampf gegen dieses Hindernis auf."

Ist damit nur die Lüge und Phrase gemeint, die in erster Linie und in widerlicher Weise gerade von deutschen Pastoren über den Krieg verbreitet wurde? Das hätte deutlich und unumwunden zum Ausdruck gebracht werden müssen, damit man dem Schlußsatz Glauben beimessen dürfte, der da lautet:

„Wir fühlen angesichts dieses fürchterlichen Kriegs die Gewissenspflicht, im Namen des Christentums fortan mit aller Entschiedenheit dahin zu streben, daß der Krieg als Mittel der Auseinandersetzung unter den Völkern verschwindet."

Schön! Sehr schön! Aber wir glauben euch nicht. Ihr habt die Jahre des Bluts hindurch geschwiegen, die Schlachten gesegnet und den Mord. Ihr habt als Berufsgemeinschaft (der einzelne mag jeder Schuld frei sein) allen Kredit für die Zukunft verwirkt. Wir lehnen eure Hilfe ab.

Alfred Hermann Fried: Mein Kriegstagebuch. 7. August 1914 bis 30. Juni 1919. Bremen 2005, 189f.

Der Pazifist und Journalist Hellmut von Gerlach bemerkte nach dem Kriegsende zum Friedensaufruf.

So haben die protestantischen Theologen mit ihrem Kriegswahnsinn wirklich vom ersten bis zum letzten Tage durchgehalten. Besser als die Oberste Heeresleitung selbst.

Nur ganz wenige blieben vernünftig oder wurden zum mindesten im Lauf des Krieges wieder vernünftig. So versandten im zweiten Teil des Krieges die Berliner Geistlichen Aner, Nithack-Stahn, Pleß, Rittelmeyer und Wielandt ein Rundschreiben, das in dem Satz gipfelte:

Wir fühlen angesichts dieses fürchterlichen Krieges die Gewissenspflicht, im Namen des Christentums fortan mit aller Entschiedenheit dahin zu streben, daß der Krieg als Mittel der Auseinandersetzung unter den Völkern aus der Welt verschwindet.

Vox clamatis in deserto! Die evangelischen Landeskirchen waren eine Kriegswüste geworden – und sind es nach dem Krieg geblieben, wie man leider hinzufügen muß. Man spricht zwar nicht mehr vom „deutschen" Gott, da er zu schmählich das während des ganzen Krieges in ihn gesetzte Vertrauen getäuscht hat. Aber man weiht munter Sonntag für Sonntag die Fahnen der Stahlhelmer und der Wehrwölfe und anderer Kriegsfanatiker ein.

Die Evangelische Kirche Deutschlands scheint in puncto Pazifismus eine hoffnungslose Sache zu sein.

Hellmut von Gerlach: Die grosse Zeit der Lüge. Der Erste Weltkrieg und die deutsche Mentalität (1871-1921). Bremen 1994, 57

Karl Aners pazifistisches Engagement führte zu Kontroversen mit militaristischen Kollegen, denen sich der Charlottenburger Pfarrer prompt stellte. Diese Auseinandersetzungen betrafen den wichtigen Aufruf der Berliner Friedenspfarrer (s. o.) sowie auch grundsätzliche friedenstheologische Aspekte. Zu letzterem zwei Beispiele vom Herbst 1917.

Wie auch bei der Unterstützung der Papstnote, so spielt der pazifistische Aufruf *Kirchen und Pfarrer hinein in die Arbeit für den Frieden!* des galizischen Pfarrers Fritz Seeberg eine zentrale Rolle. Dies zeigt wie wichtig, vielleicht sogar entscheidend, dieser Artikel für das Umdenken Aners war.

Gegen diesen Beitrag Seebergs wandte sich der Pfarrer Georg Schulz in der *Täglichen Rundschau* Nr. 187, Aner antwortete seinem Kollegen Schulz.

Als einer von denen, die dem Artikel in Nr. 30 der Christlichen Welt: „Kirchen und Pfarrer hinein in die Arbeit für den Frieden!" begeistert zugestimmt haben, nehme ich das Wort zur Abwehr eines Angriffs […].

Nicht als wenn diesem Angriff eine besondere geistige Bedeutung zukäme! Er besteht im wesentlichen darin, logische Irrtümer in jenem Artikel nachzuweisen. Man höre und staune! Unser Rufer zum Frieden soll die Friedensbedingungen, weil den Christen nichts angehend, zuerst den Diplomaten überlassen haben – aber im selben Atem fordere er einen Frieden ohne Eroberungen. Das sei ein Widerspruch: zuerst werde auf Angabe von „Bedingungen" verzichtet und dann doch eine „Friedensbasis" genannt. Wirklich? Muß man den Herrn Kriticus erst darauf aufmerksam machen, daß die von ihm gewählten Worte „Bedingungen" und „Basis" nicht Synonyma sind, sondern sachlich Verschiedenes bezeichnen?

Welcher ernste evangelische Christ wird nicht soziale Gesinnung im Privatleben wie von der Gesetzgebung des Staates verlangen und doch alle technischen Einzelheiten des Sozialismus den Fachleuten überlassen? […] Ebenso fordern wir im Namen der Religion Jesu einen Frieden nicht der Vergewaltigung, sondern der Verständigung, deren Einzelpunkte wir natürlich den Politikern überlassen.

Zweitens habe der Aufruf „eine objektiv nicht wahre Geschichtsbetrachtung" enthalten. Nämlich in dem Satz: „Jedenfalls sind sich alle Nationen einig: Niemand ist in den Krieg gegangen, um Eroberungen zu machen." Selbstverständlich kann der Sinn dieser Bemerkung nicht sein: Keine Nation glaubt von einer anderen, daß sie in den Krieg gegangen sei, um Eroberungen zu machen. Denn das werfen sie faktisch einander vor, und unser Galizier müßte auf dem Monde leben, wenn er das nicht ebenso gut wüßte wie ein reichsdeutscher Pfarrer.

Vielmehr ist der Sinn: Jede Nation versichert von sich, sie sei nicht in den Krieg gegangen, um Eroberungen zu machen; darin sind sich alle Nationen einig. Denn es schließt sich daran die Aufforderung: nun aus dieser Versicherung die Konsequenz der Bereitschaft zu einem Verständigungsfrieden zu ziehen. […]

Aber ist es nicht ein Jammer, daß sich reife Männer über dergleichen formalen Kleinkram unterhalten müssen? Herr Georg Schulz weiß ganz genau, worauf der Aufruf hinaus will: nämlich einen Protest des evangelischen Gewissens gegen jeden Annexionsfrieden. Aber statt nun die Sache anzugreifen, sucht er den Gegner mit dem Vorwurf formaler Mängel unschädlich zu machen. Um dieser Taktik willen halte ich überhaupt nur seine Kritik einer Erwiderung für wert.

Denn diese Taktik war von jeher die beliebte, um die Idee der Völkerversöhnung totzuschlagen. Aber es kommt eine neue Zeit, meine Herren von der Gegenseite! Das in der Not gereifte Volk läßt sich nicht mehr bieten, daß Schicksalsfragen in der Art behandelt werden, wie Sekundaner mit einander streiten, in einem Gefecht um Wort und Buchstaben. Wir verlangen, daß die Idee der Völkerversöhnung ernst genommen werde.

Denn diese Idee ist keine in müßigen Stunden erdachte, sondern durch die Geschichte, also von Gott gegeben, vor dem Sie zur Ehrfurcht mahnen. Nun eben diese Ehrfurcht verlangt heute nicht mehr, daß „Mauern zwischen den Nationen" gebaut werden. Das war einmal nötig. Aber jetzt hat uns der Herrgott durch den Krieg gezeigt, daß die Menschheit zu Grunde geht, wenn sie [eine] einstige Wohltat zur Plage werden läßt.

Wie sagte Lloyd George vom Krieg? „Es darf kein nächstes Mal geben!" Er ist ein Heuchler, wenn er mit diesem Bekenntnis zum Dauerfrieden die schändliche Absicht einer Beraubung Deutschlands verbindet. Wir wollen Ernst machen mit der Idee des Rechts, die doch wahrlich eine christliche Idee ist. Dazu zwingt uns die Ehrfurcht vor Gott, den wir freilich nicht als Nationalgott, sondern als Walter über der gesamten Menschheitsgeschichte kennen.

Dazu zwingt uns auch „die Dankbarkeit gegen das große Heer der Toten und der Lebendigen da draußen", die nicht für vergänglichen, den Kindern und Enkeln neue Lasten, neue Opfer aufbürdenden Gewinn geblutet haben, sondern für die Gerechtigkeit, die die unversehrte Erhaltung unseres Vaterlandes fordert, ebenso wie das Prinzip der Völkerbeziehungen überhaupt sein soll.

Uebrigens hat Herr Georg Schulz seinen Freunden einen schlechten Dienst erwiesen, wenn er sich über die „zwar nicht mehr des Zornes werte" Losung: keine Eroberungen! aufregt. Bisher glaubte man immer, daß auch die alldeutschen Kreise keinen Eroberungskrieg führen wollen, sondern nur „Sicherungen in Ost und West" begehren; aber wir lassen uns durch das vorliegende Eingeständnis gern belehren.

Bedauerlich ist endlich, daß Professor Rades Nachschrift im Studierzimmer unseres Kritikers so ganz unter den Tisch gefallen ist. Ausdrücklich hatte Rade ausgesprochen, daß von der evangelischen Kirche als solcher eine Friedensaktion weder geschehen werde noch erwartet werden dürfe. Die geschichtliche Entwicklung hat uns ja gelehrt, daß eine derartige Arbeit – ebenso wie die der Inneren und der Aeußeren Mission – nur von Einzelnen oder besonderen Vereinigungen, nicht vom Kircheninstitut getan werden kann. Wir wollen sie tun!

Geistreich ruft unser Gegner am Schluß: Also: Kirchen, Pfarrer und Christen werden nicht hineingehen in die Arbeit für den Frieden!" Antwort: Wir werden doch!

Charlottenburg   Karl Aner

Karl Aner: Wir werden doch – – ! In: Die Christliche Welt, 1917, Sp. 659f. Hervorhebungen im Original bleiben unberücksichtigt.

Nur kurze Zeit später wandte sich Aner gegen einen anderen Kriegstheologen. Es handelt sich dabei um die Erwiderung Aners auf Pfarrer Lasson, dessen Artikel im *Evangelisch-*

Kirchlichen Anzeiger von Berlin erschien. Da diese Zeitung Karl Aners Antwort nicht veröffentlichen wollte, druckte sie Martin Rades *Die Christliche Welt*.

Als Groß-Berliner Pfarrer möchte ich diesem Artikel widersprechen. Zwar möchte ich nicht mit dem Verfasser, Herrn Pfarrer G. Lasson, über die Friedensresolution des Reichstages streiten, in der er das handgreiflichste Dokument der „Unklarheit und Ungeübtheit im politischen Denken des deutschen Durchschnittsbürgers" erblickt.

Mir scheint jede deutsche Erklärung der Friedensbereitschaft vom kaiserlichen Angebot bis zu den gegenwärtigen Stimmen aus dem Hauptausschuß des Reichstages, mag sie von der feindlichen Kriegshetzer-Presse auch als Eingeständnis unserer Schwäche ausgeschrieen werden, faktisch doch die Wirkung zu haben, daß den „genasführten" Ententevölkern allmählich die Augen darüber aufgehen, wer an der Fortdauer des Jammers die Schuld trägt. Doch ich bin Laie in politics und will daher nur als Theologe zum Theologen reden.

Ich vermisse in Ihrem Artikel jeden christlichen Unterton.

Sie schreiben: „Das Ergebnis dieses wird in keinem Falle der Weltfriede sein." Auch ein sogenannter Verständigungsfriede werde ihn nicht bringen. Der Weltkrieg habe die Völker der Erde von einem dauernden Friedenszustand nur noch weiter entfernt. Sie prophezeien daher „eine unabsehbare Menge von weiteren Kriegen", die der gegenwärtige im Gefolge habe.

Das ist Ihre Meinung, und niemand wird Ihnen das Recht beanstanden, sie zu äußern. Aber daß Sie es mit so kühlem Herzen tun, so wirklich ohne jede Regung, die an die verwünschte „Sentimentalität" erinnern könnte, das befremdet mich und scheint mir weder mit dem christlichen Glauben noch mit der christlichen Liebe vereinbar. [...]

Man kann im Rahmen eines Artikels natürlich nicht das gesamte Problem des Pazifismus erörtern. Aber daß Sie in einem christlichen Blatt die Weltfriedensidee kurzerhand als sinnlosen Traum abtun, ohne mit einer Silbe vom Standpunkt unserer Religion aus der Frage näher zu treten, das ist in der Tat höchst bedauerlich.

Daß Sie, ohne an Matth. 18,22 zu denken, den Ruf zur Versöhnung nur mit dem Dichterwort beantworten „Zu tief schon hat der Haß gefressen, zu schwere Taten sind geschehen, die sich nie vergeben und vergessen" – daß Sie mahnen, „gegen alle Töne von Verständigung, Versöhnung und Verbrüderung voll Argwohn auf der Wacht stehen zu bleiben" – daß Sie mit der Bezeichnung des unmittelbar bevorstehenden Kampfes als des „letzten", der den Feind „endgültig" seiner Ohnmacht überführen werde, an die französische Vermessenheit anstreifen – an alledem nehme ich als Christ schweren Anstoß.

Sie berufen sich auf die Lehre der Geschichte und könnten sagen, darin liege ein religiöses Moment. Die Geschichte sei doch eine Offenbarung des göttlichen Willens. Das unterschreibe ich natürlich sofort; nur würde ich fortfahren: Die Geschichte spricht gegen Sie. Sie zeigt, wie die Idee des Rechts immer weitere Kreise gezogen, wie sie nach einander die Beziehungen der Einzelnen, der Stämme, der Völker erfaßt hat – sollte sie nicht endlich auch die Beziehungen der Mächtegruppen (denn um Kriege zwischen diesen handelt es sich ja in der Gegenwart nur noch) regeln? [...]

Ein Krieg muß der letzte sein. Der dreißigjährige war der letzte Krieg um der Religion willen. Wäre es undenkbar, daß der Herrgott den Jammer und die Sünde dieses Weltkrieges zugelassen hätte, um der Menschheit den Irrwahn eines überspannten Nationalismus vor Augen zu führen?

Ungeheure Opfer sind gebracht worden – nur damit einige reicher würden? Nur um vergänglichen Gewinns willen, der Söhnen und Enkeln neue Lasten, neue Opfer aufbürdete? Mein Glaube sagt: Nein.

Für das neue Zeitalter der Gerechtigkeit und des Friedens auf Erden sind die Toten gestorben. Das war Gottes Wille. Und an diesen Willen glauben, ist nicht feige Bequemlichkeit. Es ist dafür gesorgt, daß uns in dem neuen Zeitalter nicht zu wohl werde. Wunden müssen heilen; viel äußere und innere Not erfordert Anspannung unserer ganzen Kraft; in der Menschenbrust wird noch immer der Kampf zweier Seelen toben; und Naturmächte wie die Tuberkulose drohen weiter.

Was ich schrieb, schrieb ich, durchdrungen von der Heiligkeit der Friedensidee. Nicht aus politischer Klugheit im Blick auf unsere Kirche. Allein da ich diese Kirche liebe und ihr diene, kann ich nicht anders als bedauern, daß in einer Zeit, da neben der sozialistischen Friedensbestrebung sich die katholische zu regen beginnt, sich von evangelischer Seite noch immer so viele Kriegstheologen hören lassen.

Dadurch bewirkten sie, daß Viele an unserer Kirche sich ärgern. Gewiß kann die Rücksicht darauf keine Wahrheitsfrage entscheiden; aber die wachsende Entfremdung großer Volksteile von der Kirche vorauszusehen, schmerzt, und die Verantwortung derer, die schuld daran sind, ist groß.

Charlottenburg Karl Aner

Karl Aner: Weltkrieg und Völkerfriede. In: Die Christliche Welt, 1917, Sp. 687f. Hervorhebungen im Original bleiben unberücksichtigt.

Die Berliner Ortsgruppe der Deutschen Friedensgesellschaft 1916–1918

Die Überwachungen und Schikanen im innenpolitischen Belagerungszustand durch die militärischen Behörden, die mit Machtantritt der neuen, Dritten Obersten Heeresleitung (Hindenburg/Ludendorff) im Jahre 1916 de facto eine Militärdiktatur darstellten, schränkten die Arbeitsbedingungen der Deutschen Friedensgesellschaft stark ein. Gleichwohl wurde die Friedensarbeit couragiert fortgesetzt.

Deutsche Friedensgesellschaft, Ortsgruppe Berlin
    Berlin, im Januar 1916
Den verehrlichen Mitgliedern der hiesigen Ortsgruppe
zur Nachricht, daß uns das Kgl. Polizei-Präsidium auf Anordnung des Ober-kommandos zwei für den 20. November und 11. Dezember vorigen Jahres ange-zeigte Vortragsabende und im Anschluß daran die Abhaltung von Versammlungen überhaupt untersagt hat. Als Gründe dafür wurden allgemeine politische Rück-sichten genannt.

Auch das Weitererscheinen unseres Vereinsorgans, des in Stuttgart redigierten „Völkerfriedens", ist untersagt worden; gestattet ist dagegen, wie wir hören, die Herausgabe von „Monatlichen Mitteilungen", die wir unseren Mitgliedern regel-mäßig zustellen zu können hoffen. Die erste Nummer derselben ist bereits hier beigefügt.

Wir empfinden die unserer Arbeit widerfahrene Erschwerung als eine ungerecht-fertigte Beeinträchtigung und haben uns beschwerdeführend darüber an den Herrn Reichskanzler gewandt. Wir sind uns bewußt, mit unserer Wirksamkeit dem wahren Wohl des Vaterlandes zu dienen.

Diejenigen unserer Mitglieder, welche Wert auf ein wenigstens geselliges Zusammenhalten der Friedensfreunde legen, wollen davon Kenntnis nehmen, daß sie vom Februar ab an jedem 1. und 3. Donnerstag im Monat abends 8 ½ Uhr im Café Austria, Potsdamer Straße 28 eine Anzahl gesinnungsverwandter Freunde antreffen werden. [...]

Evangelisches Zentralarchiv Berlin, 51/F III a 3,2
Unterschrieben haben diesen Brief W. Foerster als Vorsitzender und H. Friedländer als Schriftführer.

Eine Abweisung der Friedensgesellschaft. Die Berliner Ortsgruppe der Deutschen Friedensgesellschaft hatte den Reichskanzler gebeten, ihr die Aussprache über die

Kriegs- und Friedensziele freizugeben mit der Begründung, daß auch der Nationalausschuß Redefreiheit genießt. Darauf hat die Ortsgruppe aus der Reichskanzlei
folgende Antwort vom Unterstaatssekretär Wahnschaffe erhalten:

„Der Ortsgruppe Berlin der Deutschen Friedensgesellschaft gestatte ich mir
auftragsgemäß auf das gefl. Schreiben vom 28. Juli dieses Jahres ergebenst zu
erwidern, daß der Herr Reichskanzler der dortigen Auffassung, daß durch das
Auftreten des Deutschen Nationalausschusses die Sach- und Rechtslage hinsicht-
lich der öffentlichen Erörterung der Kriegsziele verändert sei, nicht beizutreten
vermag.

Auch dem Deutschen Nationalausschuß gegenüber ist darauf hingewiesen
worden, daß dem Antrag auf Freigabe der Erörterung von Kriegszielen nicht
entsprochen werden könne, solange noch auf allen Fronten erbittert gekämpft wird.

Dementsprechend ist er ferner bedeutet worden, daß die Gestaltung eines die
Zukunft des Reiches sichernden und seine Stärke mehrenden Friedens nur in allgemeinen Umrissen, ohne Eingehen auf konkrete Forderungen und ohne
polemische Schärfe besprochen werden könne. Die unerläßliche Voraussetzung für
eine in dieser Beschränkung zugelassene Behandlung von Kriegszielfragen bleibt
ferner, daß die Erörterung vom Geiste entschlossenen Durchhaltens nach außen und
innen getragen ist.

Ebenso ist für die Veröffentlichung von Berichten über den Verlauf der Versammlungen und die Wiedergabe etwa gefaßter Resolutionen in der Presse Voraussetzung, daß darin nichts enthalten ist, was die innere Geschlossenheit unseres
Volkes stören, den Widerstand unserer Feinde anfeuern oder ihre Hoffnungen auf
ein Nachlassen unserer Kräfte stärken könnte. Diese Richtlinien besitzen gleiche
Geltung für die Veranstaltungen aller Organisationen und Parteien. Die Prüfung
und Entscheidung im Einzelfalle ist Sache der Behörden, die die Verantwortung für
den Verlauf derartiger Veranstaltungen zu tragen haben."

Auch die Geschäftsleitung der Deutschen Friedensgesellschaft ist mit einem
ähnlichen Gesuch abgewiesen worden.

Menschen- und Völkerleben, 1916, 218f. Hervorhebungen im Original bleiben unberücksichtigt.

Ortsgruppe Berlin der Deutschen Friedensgesellschaft
Berlin-Charlottenburg, den 22. September 1916
Petition.
Die Ortsgruppe Berlin der Deutschen Friedensgesellschaft richtet an den Reichstag
die Bitte: derselbe wolle die Reichsregierung zu bestimmen suchen, daß sie (im
Sinne der Schlußakte der zweiten Haager Konferenz Nr. 1 Tit. 2 Art. 3) ihre
prinzipielle Zustimmung zu jedem Anerbieten einer neutralen Macht ausspreche,

welches die schiedsgerichtliche Schlichtung des im gegenwärtigen Krieg aufgebrochenen Konflikts und damit die Beendigung des Krieges herbeizuführen will.

Der Reichstag wolle dies tun in der Erkenntnis,

1.) daß dieser Krieg auch über unser Volk trotz starker militärischer Erfolge eine unerträgliche Not und Verarmung gebracht hat;

2.) daß eine endgiltige Entscheidung der Waffen in unabsehbare Ferne gerückt ist, daß sie jedoch, auch wenn sie käme, keinen Beweis für die Gerechtigkeit unsrer Sache erbrächte, an der uns, als einem rechtlich denkenden Volk, doch alles liegen muß;

3.) daß eine schiedsgerichtliche oder sonst auf Verhandlungen gegründete Entscheidung, mag sie unsern vermeintlich berechtigten Erwartungen noch so wenig entsprechen, doch eine größere Wahrscheinlichkeit der Gerechtigkeit und Billigkeit in sich trüge, als die Entscheidung durch Waffengewalt;

4.) und daß wir endlich als wahrheitsliebende Nation den eignen Anteil an der allgemeinen Schuld, die diesen Weltkrieg heraufgeführt hat, nicht leugnen dürfen, damit die verhetzende Methode, die immer nur dem Gegner die ausschließliche Schuld zuschiebt, dadurch die Gehässigkeit schürt und jede Annäherung und Verständigung unmöglich macht, als Friedenshindernis beseitigt werde.

[Es folgt eine längere Begründung.]

Evangelisches Zentralarchiv Berlin, 51/F III a 3,2
Unterzeichner dieser Petition waren W. Foerster als 1. Vorsitzender, Hans Francke als 2. Vorsitzender und H. Friedländer als Schriftführer.

Deutsche Pazifisten an russische Friedensfreunde.
Der Vorstand der Deutschen Friedensgesellschaft und der Vorstand der Ortsgruppe Berlin (unterzeichnet Dr. L. Quidde und Pastor Francke) haben an das Internationale Friedensbureau in Bern und an den Ständigen Ausschuß der Schwedischen Friedensvereine in Stockholm ein Schreiben gerichtet, [Hellmut] v. Gerlach wendet sich an die „Parteien und Gruppen, die im neuen Rußland in so hervorragender Weise tätig sind, um auf möglichst sofortige Beendigung des Krieges hinzuwirken und zugleich allen militaristisch-machtpolitischen und imperialistischen Bestrebungen energisch entgegenzutreten".

Sie sprechen diesen russischen Friedensfreunden die herzlichen Sympathien der deutschen Pazifisten aus, versichern, daß sie im eigenen Lande mit allen ihren Kräften in der gleichen Richtung tätig sind und bekunden ihren Glauben an den Sieg der gemeinsamen Sache, an dem, wie sie überzeugt seien, auch Deutschland trotz des im Auslande vorherrschenden Mißtrauens mitwirken werde.

Am Schluß heißt es: „Wir bitten daher die pazifistisch gesinnten Kreise der russischen Demokratie, nicht abzulassen von ihren auf den Frieden gerichteten Bemühungen. Sie werden damit allen im Kriege befindlichen Völkern ein leuchtendes Beispiel und eine machtvolle Anregung geben."

Völker-Friede, Juli 1917, 10

Johannes Müller erhebt im 8. Kriegsheft seiner „Grünen Blätter" einen eigentümlichen Vorwurf gegen die Friedensgesellschaften. Er hält ihnen vor, daß sie sich zum Kriege lediglich negativ verhalten, daß sie nichts als Verdammung für ihn übrig haben, daß sie vom Geist, der stets verneint, besessen „uns um die Frucht des Krieges bringen würden, wenn das möglich wäre."

Wie sieht die Frucht aus, die sich J. M. vom Kriege verspricht, den übrigens auch er als „Verbrechen, Wahnsinn und Schande" brandmarkt? – J. M. glaubt an die Möglichkeit, angesichts dieser „verabscheuungswürdigen Katastrophe", den Gottesgedanken zu bejahen, – ihn zu bejahen unter dem unmittelbaren Eindruck des entsetzlichen gegenwärtigen Geschehens, und er fordert zu dieser Bejahung auf als zu einer Errungenschaft, die zwar nur unter Blut und Tränen erkämpft werden mag, die uns aber zu einer höheren Stufe der Religiosität emporheben wird. [...]

Wir können eine Erbarmungslosigkeit und Härte bei Gott nicht gutheißen, die wir uns selbst zum schwersten Vorwurf machen würden. Was bei uns Schuld heißt, weil es sich mit sittlichen Geboten nicht verträgt, muß auch bei Gott Schuld heißen. Alles Gerede von der Erhabenheit Gottes, von der himmelhohen Ueberlegenheit seiner Mittel und Wege, seiner Zwecke und Ziele, hebt uns nicht über das Empfinden hinweg: Unrecht ist Unrecht, Grausamkeit ist Grausamkeit, und all die millionenfachen Scheußlichkeiten dieses Krieges sind nicht einen Deut weniger scheußlich und verabscheuungswürdig, wenn wir sie zu Gott in Beziehung setzen, als wenn wir sie, wie's uns das Gewissen gebietet, uns Menschen zurechnen. [...]

Es gibt nur zwei Möglichkeiten, der Revolutionierung des Gottesglaubens zu entgehen, d. h. seiner Durchdringung mit Aufruhrgedanken. Entweder die Abkehr vom Glauben überhaupt, die Hinwendung zum Atheismus (dieser Weg bleibt dem, der Gott in seinem Denken einmal erlebte, verschlossen), oder die völlige Auseinanderhaltung von Gott und Krieg, die Geltendmachung der ausschließlichen Verantwortung der Menschen für den Krieg.

Und wenn wir von letzterem Standpunkt uns keinerlei Beschränkung in der bedingungslosen Verdammung des Krieges aufzuerlegen brauchen, so ist das kein Manko, sondern ein Gewinn für alle Zukunft. Wir danken dafür, aus dem Entsetzlichen, das die vergangenen 3 ½ Jahre erfüllt hat, uns irgendwie seelisch zu bereichern

Für uns sind es verlorene Jahre gewesen, fluchwürdige Jahre, in denen Wahnsinn, Frevel und Verbrechen ihre Orgien gefeiert haben, wie nie zuvor. Die Einsicht aber, daß diese Dornen- und Leidenskette von Menschenhänden um unseren Planeten gewunden wurde, daß Gott seine Hand dabei n i c h t im Spiele hatte, ermöglicht uns den Ausblick, daß wir uns aus diesem Labyrinth der Qualen herausfinden können. Es mußte ja nicht sein; es war nicht schicksalsnotwendig, daß dieser Weg gegangen wurde.

Je mehr die Erkenntnis seiner Verkehrtheit zu den Menschen durchdringt, desto größer die Wahrscheinlichkeit, daß sie ihn nie wieder gehen werden, daß sie einen Strich unters Vergangene machen und mit einer Neuordnung der Welt, mit einem Neuaufbau derselben beginnen werden, der den Zusammenhang mit der Vergangenheit überhaupt, je gründlicher, desto besser, verleugnet. […]

Hans Francke: Krieg und göttliche Allwirksamkeit. In: Völker-Friede, Dezember 1917, 2f.

Im Jahre 1918 wollte die Deutsche Friedensgesellschaft ein zweiseitig bedrucktes Flugblatt verbreiten, jedoch verbot dies das Pressereferat des Kriegsministeriums. Hans Francke gehörte zu den 32 Frauen und Männern, die diesen Aufruf unterzeichneten, und zeigte damit, dass er auch im letzten Kriegsjahr als aktives Mitglied dieser Friedensorganisation wirkte.

Aufruf.

Die Bestrebungen, die die Deutsche Friedensgesellschaft vertritt, stehen im Brennpunkt des öffentlichen Interesses. Was die Friedensfreunde viele Jahre lang vor dem Kriege in Wort und Schrift eindringlich, aber leider mit wenig Erfolg, verkündet haben, das haben die schrecklichen Lehren des Krieges als richtig erwiesen.

Wir stehen schon im fünften Kriegsjahre. Millionen von Menschen sanken schon in den Tod oder wurden zu Krüppeln, der Wohlstand Europas wurde vernichtet, Not und Teuerung pochen an die Tür – und immer noch tobt der Krieg. Dem Toben an den Fronten, der sich automatisch steigernden Furchtbarkeit der militärischen Machtmittel entsprechen Haßgesänge und maßlose Kriegszielforderungen hinter den beiderseitigen Fronten. Fanatiker predigen die Fortführung des Krieges bis zum äußersten. Der Gegner soll wirtschaftlich und militärisch zur Ohnmacht verurteilt sein, weite Gebiete seines Landes sollen abgetrennt und dem Sieger angegliedert werden.

Niemand, der nüchtern und vorurteilslos, die Entwicklung des Krieges verfolgend, die Machtverhältnisse bei Freund und Feind prüft, kann darüber im Zweifel sein, daß derartige Forderungen geeignet sind, den Krieg zum Schaden Aller ins Ungemessene zu verlängern oder, wenn verwirklicht, neue furchtbare Kriege heraufzubeschwören.

Alle Völker aber verlangen einen dauernden Frieden.

In Erkenntnis dieser Sachlage haben sich in Deutschland die Mehrheit des Reichstages und die Reichsregierung wiederholt für den Gedanken eines Friedens der Verständigung und der dauernden Versöhnung der Völker ausgesprochen. Auch in den feindlichen Ländern ringt diese Auffassung nach stärkerer Geltung.

Soll die Menschheit, sollen Europa und seine Völker nicht dem unabwendbaren Verfall entgegentreiben, so muß am Ende dieses Krieges ein Friede stehen, der die Lebensnotwendigkeiten jedes Volkes sicherstellt und zugleich die Erfüllung alter pazifistischer Forderungen bringt. Sie sind nunmehr glücklicherweise Gemeingut weitester Kreise geworden: Schiedsgericht, Vermittlungsamt, Abrüstung und einen Völkerbund, der die gemeinsamen Kulturgüter pflegt, jedem Fri[e]densbrecher aber mit überwältigender Macht entgegentritt.

Nur eine Politik, die diesen wirklichen und dauernden Interessen der Völker, den Idealen der Menschheit und dem Fortschrittsbedürfnis aller ihrer Einrichtungen Rechnung trägt, ist wirkliche und echte Realpolitik.

Nur sie wird auch dem deutschen Volke Friede und Freiheit seiner Entwicklung verbürgen. Der Verständigungsfriede, den wir fordern, wird ihm inmitten der Völkergemeinschaft größere Macht und größere Sicherheit verleihen, als es ein Gewaltfriede mit noch so gewaltiger Steigerung äußerer Machtmittel in der Vereinsamung einer feindlich gesinnten Welt gegenüber jemals vermöchte.

Wer darin mit uns übereinstimmt und eine besser gesicherte Zukunft des deutschen Volkes will, trete ein in die Reihen der deutschen Friedensfreunde.

Die Deutsche Friedensgesellschaft besteht schon seit über 25 Jahren, sie ist die älteste und größte pazifistische Organisation Deutschlands, sie hat ihre Mitglieder im ganzen Reich. [...] Der Mitgliedsbeitrag richtet sich nach der Vermögenslage. Mindestens 4 M (1 M vierteljährlich). Die Monatsschrift „Völker-Friede" wird den Mitgliedern unentgeltlich geliefert.

BayHStA/Abt.IV, MKr 13374. Hervorhebungen im Original bleiben unberücksichtigt.

Selbst im Ersten Weltkrieg führte die Deutsche Friedensgesellschaft eine Liste mit Referenten und Referentinnen sowie ihren jeweiligen Themen.

Deutsche Friedensgesellschaft e.V.
(Sekretariat)
Stuttgart, den 29. Mai 1918

R e d n e r l i s t e.
[...]
Pfarrer Lic. Dr. Karl Aner
Charlottenburg, Leibnitzstr. 42
    Themen aus der Geschichte der Friedensbewegung oder Krieg und Religion,
oder Geschichte der Humanitätsidee (Wolfram von Eschenbach, Herder, Curt
Lasswitz)
[...]
Pastor Francke
Tempelherrenstr. 3, III., Berlin S. 61
    Verhältnis von Religion, Christentum und Kirche zur Friedensbewegung/Schieds-
gerichtsidee/Gemeinsame Verwaltung der Erde/Politik und Moral/Völkerver-
söhnung
[...]
Rudolf Wielandt,
Lic. theol. Pfarrer an der Lutherkirche in Berlin,
Berlin W. 57, Bülowstr. 61
    Christentum u. Krieg/Jesus und der Krieg/Jesus u. d. Weltfriede/Christentum u.
Weltfriede/Der Beitrag d. Christentums zum Pazifismus

BayHStA/Abt.IV, MKr 13374 . Hervorhebungen im Original bleiben unberücksichtigt.
Neben den drei Berliner Friedenspfarrern finden sich noch acht weitere Theologen auf der
insgesamt 39 Personen umfassenden Liste.

Die Ortsgruppe Berlin der Deutschen Friedensgesellschaft erklärt sich bereit, die
Politik der gegenwärtigen deutschen Regierung, soweit sie auf Durchführung
pazifistischer Grundsätze in der Weltpolitik, auf die Gründung eines Völkerbundes,
die Anerkennung einer obligatorischen Schiedsgerichtsbarkeit, auf eine allgemeine
Abrüstung und auf Sicherung einer allgemeinen Welthandelsfreiheit gerichtet ist,
tatkräftig zu unterstützen.
    Sie fühlt sich besonders aber mit allen denen eins, die diese Grundsätze bereits
vor Kriegsausbruch und besonders auch während des Weltkrieges, ungeachtet aller
Wechselfälle des Waffenglücks, nie verleugnet haben, und spricht über nationalistische Entgleisungen, die in der Kriegszeit auch in ihren Reihen sich ereignet
haben, ihr Bedauern aus.

Es ist der Ortsgruppe, die den kriegsrechtlichen Verhältnissen Rechnung tragen mußte, nicht möglich gewesen, öffentlich dagegen aufzutreten und überhaupt zu den Zeitereignissen kritisch Stellung zu nehmen.

Sie betont aber, daß die Mehrzahl ihrer Mitglieder, soweit ihr ein geistiger Zusammenhalt trotz Nichtabhaltung von Versammlungen und sonstiger Fesseln überhaupt möglich war, bei aller Liebe und gerade aus ihrer Liebe zu ihrem angestammten Volkstum, nie vergessen hat, daß sie Zugehörige einer internationalen Gemeinschaft sind, die, genau wie die Vertreter aller echten Kunst, Religion und Wissenschaft, keine nationalen Schranken und keinen Völkerhaß kennt.

Berlin, im Oktober 1918

Evangelisches Zentralarchiv Berlin, 51/F III a 3,2
Unterzeichnet ist die Erklärung vom Vorstand: Wilhelm Foerster (1. Vorsitzender), Hans Francke (2. Vorsitzender) und dem Schriftleiter H. Friedländer.

In der Ortsgruppe Berlin wurde am Montag, den 18. November, im Lehrervereinshaus, Alexanderstraße 41, nach dem Referat von Frau Dr. phil. Helene Stöcker folgende Resolution angenommen:

„Die Versammlung erwartet von der Revolutionsregierung energisches Fortschreiten auf dem durch die Revolution angebahnten Wege zu einer wahrhaften äußeren und inneren Befreiung des Volkes und die schärfste Bekämpfung und Beseitigung jeder Art von Gewaltherrschaft und Gegenrevolution.

Sie fordert daher:

Eine organische, völlige Neugestaltung der deutschen Verfassung und Verwaltung in sozialem demokratisch-freiheitlichen Geiste zur Vollendung der begonnenen Befreiung von Willkür und Gewalt, die den Frieden mit anderen Völkern hindern.

Der Einberufung der gesetzgebenden Nationalversammlung muß daher eine durchdringende Aufklärung des Volkes vorausgehen, die den Wust von Lüge und Vergiftung einigermaßen zu beseitigen vermag, den vier Jahre Belagerungszustand geschaffen haben.

Die Friedensgesellschaft tritt für Abschaffung jeder Gewalt- und Klassenherrschaft ein, wie für die Herbeiführung der internationalen Versöhnung und sozialen Gerechtigkeit. Erst beide vereint vermögen den Weltfrieden wie den Völkerbund wahrhaft zu sichern."

Völker-Friede, 1918, 120. Hervorhebung im Original.

Die letzten Monate des Krieges

Die sich abzeichnende Niederlage des Kaiserreichs, die allgemeine Kriegsmüdigkeit und zunehmende Streiks verstärkten die Forderungen nach einem Kriegsende. Die russische Oktoberrevolution von 1917 beschleunigte die Bereitschaft zu Massenstreiks in den Betrieben mehrerer deutscher Städte. So streikten Ende Januar 1918 Hunderttausende und brachten damit das System der Monarchie in eine schwerwiegende Krise.

Niederdrückend war auch eine Pastorenversammlung, die etwa im Januar 1918 vom Oberkommando in den Marken einberufen worden war. Es gärte damals schon bedenklich in der Arbeiterschaft. Man hatte nun den protestantischen Pastoren einen katholischen Hauptmann geschickt, der sich vorstellte: Ich bin der Mann, der die Stimmung in den Marken „zu beaufsichtigen und zu beeinflussen" hat; ich möchte den Herrn Pastoren sagen, wogegen sie jetzt zu kämpfen haben: gegen die rote Internationale, gegen die schwarze Internationale, gegen die goldne Internationale und – hier gingen die Farben aus – gegen die intellektuelle Internationale. Diese Rede wurde mit uneingeschränkter Zustimmung aufgenommen.

Als ich im Lauf der Aussprache unter anderem die Frage stellte, ob die Vorstadtpastoren, aus ihrer Fühlung mit dem Volk heraus, nicht die Gelegenheit benützen wollten, um die Regierung aufzuklären über alles, was im Volk an Stimmungen lebt? – da antwortete ein bekannter Militärpfarrer: „Aufklären? Die Regierung aufklären? Das sind doch unsre Vorgesetzten!"

Keine andre Stimme regte sich. Daß es auch eine Übernationale gibt, an die wir täglich erinnert werden durch die Worte „Vater*unser*", wurde ausdrücklich, ohne Widerspruch aus der Versammlung, vom Vorsitzenden abgelehnt. Mit dunklen Sorgen ging ich nach Hause.

Friedrich Rittelmeyer: Aus meinem Leben. Stuttgart [3]1986, 379f. Hervorhebung im Original.

Eine Liste der Berliner Landespolizei vom 31. Januar 1918 umfasst 31 bekannte Pazifistinnen und Pazifisten. Darunter befinden sich u. a.:

Graf Georg von Arco, Eduard Bernstein, Elsbeth Bruck, Minna Cauer, Albert Einstein, Friedrich Wilhelm Foerster, Hans Francke, Hugo Friedländer, Hellmut von Gerlach, Hanna Hamburger, Julius Hart, Magnus Hirschfeld, Lilly Jannasch, Gustav

Landauer, Otto Lehmann-Rußbüldt, Georg Nicolai, Friedrich Siegmund-Schultze, Oskar Stillich, Helene Stöcker, Kurt von Tepper-Laski.

Zusammenstellung nach Dokumente aus geheimen Archiven, 243f.

Wie weit der Einfluss der Militärbehörden reichte und welchen Druck Militärs auf Friedensbewegte gezielt ausübten, veranschaulicht ein Schreiben des Oberkommandos in den Marken an das Königliche Konsistorium vom 30. März 1918.

Der Pfarrer Dr. Aner, Charlottenburg Leibnitzstr. 42, beteiligt sich in der letzten Zeit öffentlich in auffälliger Form am politischen Leben. Abgesehen davon, daß er die bekannte „Erklärung" der 5 Berliner Pfarrer gegen den Krieg verfaßt und herausgegeben hat, soll er jetzt vorhaben, zusammen mit den Pfarrern Fran[c]ke und Wielandt gemeinsame Kundgebungen mit der „Zentralstelle Völkerrecht" und der „Deutschen Friedensgesellschaft" zu veranstalten und durch Druckschriften eine Massenpropaganda im Sinne der genannten pazifistischen Vereinigung in die Wege zu leiten.

Das Oberkommando ist der Ansicht, daß derartige Bestrebungen mit der Wahrnehmung des geistlichen Amtes in keinen Beziehungen stehen und unter den jetzigen Zeitverhältnissen in weiten Kreisen als anstößig empfunden werden müssen.

Unter Bezugnahme auf die dortigen Vorgänge […] wird daher um [eine] geeignete Maßnahme gegen die genannten Pfarrer gebeten.

Evangelisches Zentralarchiv Berlin, Bestand 14/22.334

Diesem Anliegen folgte das Königliche Konsistorium treu ergeben und antwortete am 17. Mai 1918.

Wir haben die betreffenden Pfarrer zur Sache gehört. Nachdem sie darüber verständigt waren, daß jede öffentliche Kundgebung oder Werbung zu Gunsten der pazifistischen Bestrebungen unzeitgemäß und deshalb unerwünscht sei, haben sie sich im Einzelnen wie folgt geäußert:

Pfarrer Dr. Aner legt wert darauf, zu betonen, daß er die Erklärung der 5 Berliner Pfarrer zwar herausgegeben, aber nicht ausschließlich selbst verfaßt habe.

Er steht nicht in Verbindung mit der Zentralstelle Völkerrecht. Er ist zwar Mitglied der Deutschen Friedensgesellschaft, beabsichtigt aber in keiner Weise, sich an etwaigen gemeinsamen Kundgebungen oder einer pazifistischen Massenpropaganda zu beteiligen. Ausdrücklich hebt er hervor, daß er vor kurzem in einer Predigt sich (wörtlich) dahin geäußert habe: auch wer den Krieg an sich für Sünde hält, kann jetzt nicht anders, als für den Sieg der Deutschen Waffen beten, da die Hartnäckigkeit und gesamte Haltung unserer Feinde eine offenbare Gottlosigkeit ist.

Pfarrer Francke bekennt sich gleichfalls als Mitglied der Deutschen Friedensgesellschaft, bezeugt aber, daß in diesem Kreise keinerlei Absicht besteht, mit öffentlichen Kundgebungen für Propagandazwecke hervorzutreten, die als unzeitgemäß empfunden würden.

Pfarrer Liz. Wielandt ist Mitglied der oben genannten Gesellschaften. Es ist ihm aber von gemeinsamen Kundgebungen, bezw. Massenpropaganda durch Druckschriften, die jene Gesellschaften beabsichtigen und an denen er beteiligt wäre, nicht das Geringste bekannt. Auch er hält es gegenwärtig für Pflicht der Geistlichen, müde gewordenen [sic] Hände zu stärken und Trauernde aufzurichten, und fügt noch hinzu, daß es sich bei seiner Stellungnahme zum Pazifismus und zu den Bestrebungen der erwähnten Gesellschaften, soweit er sie kenne, lediglich un [sic] eine Sache der christlichen Überzeugung und Gesinnung und nicht um politische Machenschaften handle.

Nach diesen Erklärungen glauben wir von Weiterem zur Zeit absehen zu können.

Evangelisches Zentralarchiv Berlin, Bestand 14/22.334.

Friedrich Rittelmeyer hielt im thüringischen Trieglaff am 24. Mai 1918 bei der Tagung von Siegmund-Schultzes Sozialer Arbeitsgemeinschaft einen Vortrag über Christentum und Frieden.

In unsrer Frage sind sich zuletzt zwei Auffassungen so schroff wie möglich gegenübergestanden. Merkwürdigerweise haben sie beide ihre schärfste Zuspitzung in der Schweiz erhalten, in Zürich, […]. Die eine Mahnung kommt am zugespitztesten zum Ausdruck in dem Wort des Schweizer Pfarrers Bollinger: Wenn Jesus heute lebte, so würde er ein Maschinengewehr bedienen. Die andere dringt vor allem in den Aeusserungen von Ragaz herüber. Sie könnte sich wohl in den Satz kleiden: Wenn Jesus heute lebte, würde er ganz gewiss kein Gewehr anrühren.

Von diesen beiden Meinungen ist die zweite unsres Wissens bei uns praktisch kaum vertreten worden. Es sind mir zwar als Seelsorger Menschen begegnet, die unter vier Augen gestanden, dass sie es nicht fertig bringen, bewusst und absichtlich auf einen Menschen zu schiessen. Aber bis zu der Folgerung, nun auch den Waffendienst äusserlich sich zu verweigern, haben es nur ganz wenige getrieben. […]

Was nun diesen letzteren Radikalismus betrifft, so konnte man es als eine grosse Wohltat empfinden, wenn man schon vor dem Krieg diese ganzen Fragen in aller

Ruhe und Grundsätzlichkeit durchlebt hatte, etwa mit einem Mann wie Tolstoi. Keiner hat wohl je unbedingter und entschlossener dem Krieg den Krieg erklärt als Tolstoi. Wer es aber miterlebt, was in dieser starken, ehrlichkeitsdurstigen Seele vorgegangen ist bis in alle äussersten Folgerungen hinein, der konnte gerade durch ihn bekehrt werden – zu seinem Gegner.

Was geschähe – so fragt Tolstoi in seiner Erzählung „Iwan der Narr" – wenn in einem Land, das von Feinden angegriffen wird, die Bürger aus christlicher Friedfertigkeit den Heeresdienst verweigerten? Die angreifenden Soldaten würden Greueltat über Greueltat begehen, die Bürger würden erwidern mit Wohltat über Wohltat; schliesslich würde die grosse Beschämung über die Soldaten kommen; sie würden ihren Führern den Gehorsam versagen; und ohne dass ein Schwertstreich gefallen wäre, würde das siegreiche Heer entfliehen; das Land wäre frei, mit geringeren Opfern als sie der Krieg gefordert hätte.

Ich gestehe, dass ich mein Vaterland diesem Experiment nicht ausgesetzt hätte in diesem Krieg, auch nicht und gerade nicht gegen die Russen.

Tolstoi fragt auch einmal in einer seiner Schriften: Was würde ich tun, wenn die Zulukaffern kämen und meine Kinder braten wollten? „Das einzige, was ich tun könnte, wäre dies, sie davon zu überzeugen, dass ihnen diese Tat nicht nützlich und nicht gut wäre." Vor dem entschlossenen Ernst, mit dem solche Sätze ausgesprochen wurden, kann man alle Achtung haben.

Aber für das Unmögliche dieses Standpunkts hat doch Tolstoj selbst gelegentlich eine Empfindung verraten. Er, der radikalste aller „Pazifisten", sieht sich doch, wenn auch nur an wenigen, versteckteren Stellen seiner Werke, zu dem Zugeständnis genötigt: gegen die Barbaren braucht man allerdings ein Heer, nur genügt da ein Hundertstel – an anderer Stelle sagt er: ein Tausendstel – der bestehenden Heere. Wenn aber gegen die Barbaren doch ein Heer unvermeidlich ist, dann ist dieser ganze Standpunkt als unhaltbar abgetan.

[...]

Der Mangel ist leider, dass uns die deutsche Theologie eine ganz klare und befriedigende Auseinandersetzung des Machtgedankens mit dem Liebesgedanken bisher schuldig geblieben ist. Welche Wohltat wäre es für unsre deutschen Männer gewesen in diesem Krieg, wenn sie diese Fragen vor dem Krieg in sich zur völligen Durchsicht gebracht hätten! Es ist ja doch nichts mit der Auffassung, dass wir j e t z t dem Machtgedanken zu dienen hätten, um später wieder dem Liebesgedanken dienen zu dürfen.

Diese Auffassung, die in dem bekannten Wort vom Moratorium der Bergpredigt während des Krieges besonders zugespitzt zum Ausdruck gekommen ist, erinnert bedenklich an das Wort Nietzsches: Man muss auch seinen Tugenden Ferien geben. Aber dann sind sie nicht m e i n e   T u g e n d e n. Da scheint mir die Frau klarer zu sein, die mir einmal gesagt hat: Wenn das Christentum Feindesliebe verlangt, dann höre ich eben an diesem Punkt mit meinem Christentum auf! [...]

Hier gibt es nur eins: Der Machtgedanke muss dem Liebesgedanken völlig eingeordnet und untergeordnet werden. [...]

Wenn darum jetzt die christlichen Theologen allermeist kapituliert haben vor dem Machtgedanken, so halten wir das nicht für ein Zeichen der Stärke ihres Wirklichkeitssinnes, sondern – leider muss es gesagt werden – für ein Zeichen der Schwäche unsres Christentums. Was wir gebraucht hätten in dieser weltgeschichtlichen Stunde, wäre ein Christentum gewesen, eine Darstellung, eine Verkündigung des Christentums, die den grossen Gedanken der Liebe mit aller Entschlossenheit vorgeordnet hätte, und das ohne Heuchelei und ohne Künstelei. Das Christentum in seiner ganzen Grösse zu erfassen und es in die Wirklichkeit in ihrer ganzen Nüchternheit hineinzustellen, das ist eine Aufgabe, die erst noch erfüllt werden muss. Das Christentum ist noch viel zu wenig mit der Wirklichkeit zusammengedacht.

[...]

Nun kann es doch wohl keine Frage sein, dass eine Welt in der das Christentum herrschend wäre, keine Kriege mehr erleben könnte. Mögen wir dies Ziel auf dieser Erde für erreichbar halten oder nicht für erreichbar, das ist ganz gleichgültig: in dieser Richtung muss unser Streben gehen.

Wenn man schon von Kant hat sagen können, seine Gedanken zum Frieden seien nicht das Ergebnis greisenhafter Schwäche, sondern gerade der Schlussstein seines ganzen Denkgebäudes, so muss man noch viel mehr vom Christentum sagen, dass der Friede unter den Menschen ganz selbstverständlich zu seinen Zielen gehört. [...]

Unser Ziel bedeutet praktisch zunächst eins: dass wir uns auch im Weltkrieg bemühen müssen um die volle Höhe der christlichen Friedensgesinnung. Man kann gewiss fragen und muss fragen: schwächen wir dadurch nicht die Kraft zum Kampf? Wer aber so fragt, der kennt die christliche Friedensgesinnung garnicht.

Treten wir an Jesus nur einmal mit der Frage heran, ob ihm die Höhe der Friedensgesinnung etwa die Kraft zum Kampf geschwächt habe, da fühlen wir sofort, wie unnötig unsre Frage war. „Friedensduselei" schwächt. Und ich gestehe offen, wo Friedfertigkeit hervorgeht aus innerer Schwäche, aus heimlicher Bequemlichkeit, aus verborgener Selbstsucht, da ist mir die rücksichtslose Kraft viel lieber.

Die Friedensgesinnung, von der wir jetzt sprechen, bedeutet zunächst, dass man im Gegner den Menschen sieht und achtet, dass man Unwahrheit über ihn und Hass gegen ihn innerlich ablehnt, dass man das Waffenwerk in tragischer Stimmung vollbringt, dass man die Stimmung nicht aus der Seele verliert, dass der Feind eigentlich unser Bruder sein sollte, und die Hoffnung dass er einmal unser Bruder werden könnte. Wir wünschen unsrem Vaterland recht viele Männer, denen es gelingt, die ungebrochene Kraft der Abwehr mit der unverkümmerten Höhe der christlichen Friedensgesinnung zu vereinigen. [...]

Es wird geradezu von Weltbedeutung für das Christentum sein, ob es in dieser grössten Probe wenigstens in einigen wenigen bewiesen hat, dass es dies vermag: grösste Kraft in der Abwehr und reinste Friedensgesinnung zu vereinigen. Gelingt dies, dann ist ein Beweis für das Christentum geführt, wie ihn kein Apologet, kein wissenschaftlicher Verteidiger zu führen vermag. Dieser weltgeschichtliche Beweis steht dann d a für die kommenden Jahrhunderte. Und das sind Weltzeichen, auf die einmal die Zukunft mehr schauen wird, als auf manche Einzelheit, die jetzt alles Interesse in Anspruch nimmt.[...]

Wenn aber die Friedensgesinnung uns als zweifellos christliche Gesinnung in den Seelen lebt – kann es dann anders sein, als dass wir auch ein Friedensz i e l hoch über den Völkern ausrichten? Es wäre ein kümmerliches Christentum, das nichts Höheres in der Welt zu erstreben hätte als den äusseren Friedenszustand. Es wäre auch ein kurzsichtiger politischer Blick, der ein Aufhören der Kriege in den nächsten Jahrhunderten für wahrscheinlich hielte. Dennoch, wenn Christentum Vaterglaube und Bruderliebe ist und wenn wir dies Christentum nicht bloss haben wollen für unser Herz oder für unsere Heimat, sondern für die Welt, dann sehe ich schlechterdings nicht, in welcher Richtung wir sonst streben könnten unter den Völkern, als in der Richtung auf Brüderlichkeit und damit auch in der Richtung nach dem Weltfrieden. [...]

Doch wie soll man denn auskommen ohne den Krieg, herauskommen aus dem Krieg? So lang es Staaten gibt, wird es immer Kriege geben! Und alle die schönen Worte: Völkerabrüstung, Völkerrecht, Völkerschiedsgericht sind ja alles nur neue Versuche, Deutschland zu knebeln. Ganz gewiss: Gott behüte uns vor aller Unklarheit auf diesem gefährlichen Gebiet, gerade uns Deutsche. Was von allen diesen einzelnen Vorschlägen zu halten ist, zu erwarten ist, das muss juristisch und politisch aufs gründlichste durchgeprüft werden. Hier darf nicht rasch j a , aber auch nicht rasch n e i n gesagt werden.

Doch selbst, wenn alle bisherigen Vorschläge nicht ausreichen, – heisst nicht ein Sprichwort echt deutschen Geistes: Wo ein Wille ist, da ist auch ein Weg? Muss nicht zuerst der Wille gut sein? Wird dann nicht auch der Weg gefunden werden? Nicht deshalb ist das Streben nach dem Frieden unter den Völkern unklar, wenn es die Wirklichkeit darüber falsch einschätzt. [...]

Auch hier wollen wir uns aber darüber klar sein, dass schon der Wille eine Tat ist, eine erste Tat, eine innerste Tat, aber eine wichtige Tat. Und es ersehnen viele, viele Menschen, dass diese Glocke einmal klingt. Ich habe erschütternde Briefe gelesen, nicht von jungen Mädchen, sondern von jungen Männern, Soldaten, Offizieren, die unsagbar gelitten haben unter dem Widerspruch zwischen dem Geist des Christentums und dem Geist des Krieges. Nichts half, wenn man mit ihnen sprach, nicht der Hinweis auf das gute Gewissen bei Kriegsanfang, nicht der Hinweis auf den Segen des Kriegs, nicht der Hinweis auf die unerbittliche Notwendigkeit, nur eines: das schlichte, feste Versprechen: wir werden nach dem Krieg, auch wenn ihr gefallen seid, alles tun, was geschehen kann, dass der Krieg in der Welt überwunden wird. [...]

Zum ersten Mal während dieses Krieges ist der Krieg selbst eine sittliche Frage gewesen. Das war noch nicht 1813, noch nicht 1870. Damals dachte überhaupt noch kaum ein Mensch daran – Kant war einer der wenigen – dass es jemals eine Welt ohne Krieg überhaupt geben könne. Jetzt zum ersten Mal während dieses Krieges haben weitere Kreise gefragt: Muss denn das überhaupt sein? Muss es immer Kriege geben?

So hat es eine Zeit gegeben, wo man Sklaverei, Folterung, Ketzerverbrennung für ein unentbehrliches Handwerkszeug der Menschheit hielt; und dann kam eine Zeit, wo man sich die Augen rieb und sich fragte: Kann ich nicht auch ohne dies Handwerkszeug auskommen?

Kann ich mir nicht besseres anschaffen?

Wenn jetzt viele den Krieg empfinden als etwas, das eigentlich nicht sein soll, so schient mir das doch ein geschichtlicher Augenblick zu sein, den das Christentum wohl beachten sollte, wenn es nicht wieder zu spät kommen will, wie beim Sozialismus. Gewiss, es spielt alles Mögliche herein, wie beim Sozialismus: Handelsinteresse, moderne Wehleidigkeit, anfechtbare politische Ideale.

Aber es fragt sich, ob an diesen Bedenken gegenüber dem Krieg nicht auch eine gewisse Verfeinerung des Gefühls für Menschlichkeit und Brüderlichkeit Anteil hat, ein Stück Christentum, vielleicht ganz unbewusstes Christentum, eine Nachwirkung und weitere Auswirkung des Anstosses, der der Welt auf Golgatha gegeben worden ist. Und diese Frage glaube ich meinerseits doch bejahen zu müssen.

Dann aber soll das Christentum sich auch dessen bewusst werden, was es da gewirkt hat, und nicht sein eignes Kind verleugnen, nicht die Bewegung bloss denen überlassen, die mehr, wie so oft beim Sozialismus, die egoistischen und eudämonistischen Motive in den Vordergrund schieben. Das bedeutet aber nichts anderes, als dass wir selbst die sogenannte Friedensbewegung nicht ohne christliche, vernünftige und innerliche Einflussnahme lassen dürfen. [...]

Sprechen wir die neue Sprache, die wahre Menschheitssprache, von der uns das Pfingstfest redet, die Menschheitssprache der Liebe, und vielleicht bildet sich so von innen her das Volk, das über alle Völker geht, das Menschheitsvolk, das ein Recht hat und eine Kraft, den Krieg zu überwinden!

Friedrich Rittelmeyer: Christentum und Frieden. In: Die Eiche, 1918, 398-410. Hervorhebungen im Original.

Der französische Physiologe Charles Richet (1850–1935, Nobelpreis für Medizin 1913) gehörte zu den Medizinern des 20. Jahrhunderts, die sich pazifistisch engagierten. Sein Buch *Le passé de la guerre et l'avenir de la paix* (1907) wurde von Bertha von Suttner 1912 ins Deutsche übersetzt. Der Arzt wollte mit dieser Schrift die Sinnlosigkeit des Krieges veranschaulichen und eine Weltordnung entwickeln, die auf dem Recht basiert.

Während des Ersten Weltkrieges erschienen Richets Überlegungen zur bisherigen Entwicklung der Menschheit in der deutschen Übersetzung unter dem Titel *Allgemeine Kulturgeschichte. Versuch einer Geschichte der Menschheit* (Leipzig 1918, 498 Seiten). Deutlich wird darin Richets Überzeugung von einem Fortschrittsideal. So sei die Geschichte der Menschheit, trotz diverser Kriege, eine positive Entwicklung, besonders in den Bereichen Kultur und Wissenschaft.

Hans Francke rezensierte dieses Buch des pazifistischen Arztes im Sommer 1918.

Er hat uns etwas zu sagen in seinem Werk; und wenn es auch nur e i n e Tendenz ist, die dieses Werk durchdringt, diese eine ist so stark und bedeutsam, daß es sich lohnt, um ihretwillen eine „Menschheitsgeschichte" zu verfassen. Richet läßt uns nämlich erkennen [...], daß es eine „Geschichte der Menschheit" bis auf die Neuzeit gar nicht gibt. Eine Menschheit hat es gegeben seit den Steinzeittagen und längst vorher; und Geschichte hat es gegeben seit den Zeiten des Gründers der ersten Ägypter-Dynastie. Aber eine Geschichte der Menschheit gab es nicht, sondern immer nur eine Geschichte ihrer Führer, Fürsten und Häupter, bei der die Menschheit selbst als der zertretene Schauplatz ihrer Kämpfe die denkbar traurigste Rolle spielte.

Diese Geschichte läßt uns Richet nun erkennen als ein Geflecht von Irrtümern und Zufällen, so wirr und trostlos, daß schon mehr als bloß guter Wille dazu gehört, um sich ihr anders als protestierend gegenüber zu stellen. Es gehört geistige und sittliche Stumpfheit dazu, an dem „Spiel der Mächtigen" so viel Interesse zu nehmen, daß man um der Niederschläge willen, die es in Kunst, Literatur und Wissenschaft gefunden hat, seine Fortsetzung zu wünschen wagt. [...]

Wer nun glauben wollte, daß Richets „Geschichte der Menschheit" in hoffnungslosem Pessimismus endete, befände sich in einem Irrtum. Das Überraschende und wahrhaft Originale an der Richetschen Darstellung ist der Nachweis, daß es nun doch eine Geschichte der Menschheit gibt – trotz allem! – allerdings noch nicht lange.

Mit dem Aufdämmern der Neuzeit steigt sie am Horizonte herauf – langsam und qualvoll, unter tausenderlei Geburtswehen, aber sie kommt! Seit Klassen und Schichten der Bevölkerung im Völkerleben bestimmend zu werden beginnen, seit sie Faktoren werden von stärkerem Einfluß, als die Interessen der einzelnen, seit den großen Massenbewegungen in Reformationen und Revolutionen, seitdem gibt es nicht nur eine Menschheit, sondern sie fängt an, in die Geschichte einzutreten,

Geschichte nicht bloß zu erleben und erleiden, sondern Geschichte selbst zu gestalten. […]

Es ist spannend zu verfolgen, wie Richet in den letzten Kapiteln durch Zusammenhänge gefeierter Namen aus allen möglichen Kultur- und Wissensgebieten den Nachweis führt, daß es sich hier – bei den Fortschritten und Errungenschaften der Kultur – nicht um Verdienste einzelner handelt […], sondern um Kollektivwirkungen einer von Wissenschaft und Aufklärung befruchteten, menschlichen Gesellschaft. Wo das ungeübte Auge zunächst nur Sterne sehen kann – Sterne erster Größe! –, offenbart sich dem geschulten Blick ein Lichtzusammenhang, eine Anhäufung von Sternen, so dicht, daß keine Lücke mehr am Firmament bleibt und sich die Sternenmassen unterschiedslos zusammenschließen zum Kosmos, zum tagerfüllten Universum.

Es ist freilich einseitig, wenn Richet, der exakte Forscher, ausschließlich der Wissenschaft und Aufklärung den Beruf zuschreibt, die menschliche Gesellschaft in diesem Sinne zu befruchten. Er überschätzt die Kraft des Intellekts und unterschätzt die Mächte des sittlichen und des Gemütslebens. Für das Religiöse vollends hat er gar kein Verständnis. Auf einem Gebiet, auf dem er sich mit Vorliebe bewegt, hätte er sich seines Irrtums bewußt werden müssen, auf dem Gebiet des Pazifismus.

Es ist selbstverständlich, daß Richet hier sein reiches Wissen in die Waagschale wirft zur Förderung der Weltfriedensidee, zur Kritik der Kriege und aller jemals betätigten Machtpolitik. Es ist sein Hauptthema in verschiedenen Kapiteln der verschiedenen Zeitalter, zu zeigen, wie die Kriege stets nur dem Machtgelüst menschlicher Einzelwillkür oder den Instinkten einer Herrenkaste gedient haben. Kein Wort von Konzessionen an die korrupte Idee von der „Geschichtsnotwendigkeit" der Kriege und Völkergegensätze. –

Um so verwunderlicher, daß Richet bei seinem Eintreten für Weltschiedsgerichtsbarkeit und zwischenstaatliche Organisation nicht auch an den Willen appelliert. Einseitig dem Wissen überträgt er die Vermittlung zur Herbeiführung neuer Weltzustände. Sieht Richet denn nicht, daß das Wissen um die Verkehrtheit der menschlichen Zustände längst vorhanden war? Dennoch hat es uns nicht die Befreiung gebracht, von der auch Richet wünscht und glaubt, daß sie einmal kommen müsse. Inzwischen ist ihr Vorbote eingetroffen; im merkwürdigen Geleit eines Krieges, wie ihn die Welt noch nicht erlebte! Ein Herold geht durch die Lande und verkündet das Evangelium vom Zusammenschluß der Nationen zur gemeinsamen Verwaltung der Erde. Wie kam das doch? –

Durch die Entfesselung der Leidenschaften ist es gekommen, durch die Aufpeitschung des Willens zur Gerechtigkeit. In den Massen der Menschheit war dieser Wille schon da; aber er schlummerte. Er lag übermüdet und angekettet an einem Marterpfahl. Vom Getöse des Krieges ist er erwacht und hat sich losgerissen. Und nun kommt's darauf an, daß er sich nicht wieder einfangen läßt, daß sie ihn nicht wieder einschläfern und anketten!

Dazu bedarf es nicht so sehr vermehrten Wissens […], dazu bedarf es vor allem eines machtvoll gesteigerten sittlichen Empfindens und einer daraus erwachsenden Entschlossenheit, der ruchlosen bisherigen Welt- und Gesellschaftsordnung Schluß zu gebieten und ihr eine neue Ordnung der Dinge entgegenzustellen, für die sich Moral und Ethik einsetzen, Kunst und Dichtung begeistern können, ohne daß sie die Stimmen des Gewissens und des Herzens zuvor zum Schweigen bringen müssen.

In dieser Auffassung werden wir uns letztlich zweifellos mit Richet begegnen. Das Gemütsleben dieses „Verstandesmenschen" verrät sich doch zu deutlich in der Wärme und Größe seiner Prophetie, die er zum Schluß davon schwärmen läßt: es werde der Begriff einer Menschheitsgeschichte einmal gerechtfertigt dastehen, wenn nicht in der Gegenwart, so doch in der Zukunft.

Wenn aber nicht alle Zeichen trügen, so hat die Menschheit bereits angefangen, selbsttätig in die Geschichte einzutreten; sie hat die alten Tafeln abgeschlossen und neue selbst zu schreiben begonnen. Und diese neuen Tafeln werden sich mit einem anderen Inhalt füllen, als die bisherigen.

Hans Francke: Eine „Geschichte der Menschheit". In: Völker-Friede, 1918, 65-67. Hervorhebung im Original.

Im unmittelbaren Vorfeld der Novemberrevolution erlebte Friedrich Rittelmeyer eine Konferenz von Berliner Pfarrern.

Noch bedrückender war der Eindruck einer Groß-Berliner Pastorenversammlung kurz vor der Revolution in der Nikolaikirche. Ein Pfarrer trat auf und schlug eine Resolution vor, die in überschwänglichen Worten den Kaiser ganz persönlich feierte, „dessen goldenes Gemüt", „dessen ernstes Gewissen …". Bemerkenswerterweise waren es zunächst die „hohen" Geistlichen, die zu bremsen suchten. „Weniger wäre in dieser Stunde mehr". Dann aber kamen andre Stimmen zu Wort, und man konnte deutlich sehen: die Erklärung wird von einer überwältigenden Mehrheit angenommen werden.

Mit schwerem Herzen fühlte ich, daß ich jetzt reden mußte. Ich ging davon aus, daß ich auch Monarchist sei und nicht Republikaner, Monarchist etwa im Sinn Friedrich Naumanns. Doch dürfe man nicht vergessen, daß Christentum und Monarchismus nicht einfach ein und dasselbe seien. Es könne Christen geben, die politisch ganz anders dächten als wir und doch gute Christen sein wollten. Ihnen dürfe man eine bestimmte politische Anschauung, so anständig sie sei, nicht ohne weiteres von der Religion her zur Pflicht machen. Darum sei in dieser Stunde eine *religiöse* Erklärung am Platz, nicht eine politische.

Wenn man in einer solchen Erklärung dem Kaiser Verehrung, Dankbarkeit und ehrfürchtigen Gehorsam ausspreche, so sei ich von ganzem Herzen dabei. Aber eine Erklärung von Pfarrern, die sich nur zum Monarchismus bekennt, Christentum und Monarchismus völlig miteinander verquickt und in dieser Stunde dem Volk das religiöse Wort schuldig bleibt, könne ich nicht mitmachen. – Der Sturm, der sich nun erhob, war der stärkste, in dem ich persönlich je gestanden bin.

Zunächst erhoben sich die hohen Geistlichen. [Oberhofprediger] Dryander ergriff das Wort: „Herr Kollege, ich gebe Ihnen nachher wieder die Hand, aber jetzt muß ich mit Ihnen abrechnen ... Wir sind preußisch, wir sind hohenzollerisch, uns machen Sie nicht anders!" Leidenschaftlicher Beifall!

Als einer der Generalsuperintendenten sich ebenfalls entschieden gegen mich wandte, rief ich ihm zu: „Bitte, sagen Sie mir doch einen einzigen Gedanken, der das Christentum unauflöslich mit dem Monarchismus verbindet!" Er erwiderte: „Für mich liegt die Verbindung darin, daß Preußen nach göttlicher Führung sichtbar unter den Hohenzollern groß geworden ist." „Aber dieselbe göttliche Führung kann Sie morgen darüber hinwegführen!" „Sie tun mir weh", war die Antwort, „was morgen ist, kümmert mich nicht!"

Immer bewegter wurde die Versammlung. Schließlich rief ich wiederholt in die Versammlung hinein: „Meine Herren, das Christentum ist Ihnen anvertraut! In einer wichtigen weltgeschichtlichen Stunde ist Ihnen *das Christentum anvertraut!* Was würden Sie denn tun, wenn etwa in 14 Tagen eine Revolution käme? Sie würden ja alle an Ihren Plätzen bleiben!" „Nein, nein!" rief es von vielen Seiten mit erhobenen Händen. „Ich sage Ihnen, Sie würden *bleiben*, so schwer es Ihnen wird, und Sie *müßten* auch bleiben um des Volkes willen! *Das Christentum ist Ihnen anvertraut!*" – Ich blieb allein.

Nur wurde schließlich der Vorschlag gemacht und angenommen, die Erklärung noch einmal durch eine Kommission überprüfen zu lassen. – Als ich nach Hause ging, kam mir ein junger Hilfsgeistlicher nach, der heute ein bekannter Universitätsprofessor ist, und sagte: „Ich glaube, Sie haben uns heute vor einer großen Dummheit bewahrt." Aber ich hatte nicht „bewahren" können. Die Erklärung blieb auch nach der Überprüfung ein ausgesprochener Personalhymnus. Das religiöse Wort, das zu sprechen gewesen wäre, blieb aus.

Friedrich Rittelmeyer: Aus meinem Leben. Stuttgart ³1986, 380-382. Hervorhebungen im Original.

Quellen- und Literaturverzeichnis

Ungedruckte Quellen

Evangelisches Zentralarchiv Berlin
Bestand 14/22 334
Bestand 51
  – D I b 2
  – F II a 7
  – F III a 3,2
  – F III a 6
  – G III a
Bestand 626/7

Landesarchiv Berlin
E Rep 300-66, Nr. 1

Bayerisches Hauptstaatsarchiv München
Abt. IV Mkr. 13370
Abt. IV Mkr. 13371
Abt. IV Mkr. 13374

Zeitschriften

Akademisch-Soziale Monatsschrift 1917, 1918
Die Eiche 1913, 1914, 1916, 1918
Evangelische Freiheit 1918
Friedensblätter 1904, 1908
Die Friedens-Warte 1910, 1911, 1913
Kirchlich-liberal 1913, 1917
Mitteilungen der Deutschen Zentrale für Jugendfürsorge 1915
Monatsschrift für das Kinderhortwesen 1916
Monatsschrift für Pastoraltheologie 1910
Nachrichten aus der Sozialen Arbeitsgemeinschaft 1914, 1915
Protestantenblatt 1911, 1913, 1917, 1918
Süddeutsche Blätter für Kirche und freies Christentum 1911, 1913, 1914
Völker-Friede 1910, 1911, 1912, 1913, 1914, 1915, 1917, 1918
Die Christliche Welt 1910, 1915, 1917, 1918

Gedruckte Quellen und zeitgenössische Schriften

V. Deutscher Friedenskongress am 26. und 27. Oktober 1912 in Berlin. o.O., o.J. (Esslingen 1912)

Aner, Karl: Hammer oder Kreuz? Eine Abwehr alldeutscher Denkart im Namen des Christentums. Berlin ²1918,

Bebel, August: Ausgewählte Reden und Schriften, Band 9, Briefe 1899 bis 1913. Bearbeitet von Anneliese Beske und Eckhard Müller. München 1997

Deissmann, Adolf: Evangelischer Wochenbrief. Berlin 1914–1921

Dokumente aus geheimen Archiven. Berichte des Berliner Polizeipräsidenten zur Stimmung und Lage der Bevölkerung in Berlin 1914–1918. Bearbeitet von Ingo Materna und Hans-Joachim Schreckenbach unter Mitarbeit von Bärbel Holtz. Weimar 1987

Fried, Alfred Hermann: Mein Kriegstagebuch. 7. August 1914 bis 30. Juni 1919. Herausgegeben, eingeleitet und ausgewählt von Gisela und Dieter Riesenberger. Bremen 2005

Fünfter Weltkongress für Freies Christentum und Religiösen Fortschritt. Berlin, 5. bis 10. August. Protokoll der Verhandlungen. Herausgegeben von Max Fischer und Friedrich Michael Schiele. Berlin 1910

Gerlach, Hellmut von: Die große Zeit der Lüge. Der Erste Weltkrieg und die deutsche Mentalität (1871–1921). Bremen 1994

Herpel, Otto: Die Frömmigkeit der deutschen Kriegslyrik. Gießen 1917

Lehmann-Rußbüldt, Otto: Der Kampf der Deutschen Liga für Menschenrechte vormals Bund Neues Vaterland für den Weltfrieden 1914–1927. Berlin 1927

Nithack-Stahn, Walther: Kirche und Krieg. Halle/Saale o.J. (1913)

Ders.: Barbareien. Gedanken zur Gegenwart. Berlin 1913

Ders.: Der Christ und der Völkerfriede. Stuttgart 1913

Ders.: Völkerfriede? Ein Streit-Gespräch. Stuttgart 1913

Ders.: Kriegsandachten. 2 Bde. Halle (Saale) 1914/15

Quidde, Ludwig: Der deutsche Pazifismus während des Weltkrieges 1914–1918. Hg. von Karl Holl und Helmut Donat. Boppard 1979

Rittelmeyer, Friedrich: Aus meinem Leben. Stuttgart ³1986 (Erstausgabe: Stuttgart 1937)

Siegmund-Schultze, Friedrich: Vor 50 Jahren: Weltbund für Internationale Freundschaftsarbeit der Kirchen. In: Die Zeichen der Zeit, 1964, 372-375

Ders.: Friedenskirche, Kaffeeklappe und die ökumenische Vision. Texte 1910–1969. München 1990

Die Verhandlungen des sechsundzwanzigsten Evangelisch-sozialen Kongresses abgehalten in Berlin vom 11. bis 12. April 1917. Göttingen 1917

Der Wehrverein – eine Gefahr für das deutsche Volk. Hg. von Otto Umfrid.
　　Eßlingen o.J. (1914)
Wielandt, Rudolf: Die Berliner Luthergemeinde von 1894 bis 1939. Berlin o.J.
　　[1939/40]

Literatur

Bailey, Stephen: The Berlin Strike of January 1918. In: Central European History,
　　1980, 158-174
Beiträge zur Berliner Kirchengeschichte. Hg. von Günter Wirth. Berlin 1987
Berliner Geschichtswerkstatt (Hg.): August 1914. Ein Volk zieht in den Krieg.
　　Berlin 1989
Besier, Gerhard: Die protestantischen Kirchen Europas im Ersten Weltkrieg. Ein
　　Quellen- und Arbeitsbuch. Göttingen 1984
Boebel, Chaja/Lothar Wentzel (Hg.): Streiken gegen den Krieg. Die Bedeutung der
　　Massenstreiks in der Metallindustrie vom Januar 1918. Hamburg 2008
Brakelmann, Günter: Der deutsche Protestantismus im Epochenjahr 1917. Witten
　　1974
Ders.: Krieg und Gewissen. Otto Baumgarten als Politiker und Theologe im Ersten
　　Weltkrieg. Göttingen 1991
Bredendiek, Walter: Irrwege und Warnlichter. Anmerkungen zur
　　Kirchengeschichte der neueren Zeit. Hamburg 1966
Ders.: Die Friedensappelle deutscher Theologen von 1907/08 und 1913.
　　Burgscheidungen 1963
Ders.: „Im Gedächtnismonat der Reformation ...". Die Vorgeschichte der
　　„Erklärung deutscher Protestanten zur Friedensfrage" vom Herbst 1917. In:
　　Evangelisches Pfarrerblatt, 1967, 58-62
Ders.: Pfarrer Hermann Kötzschke – Verbündeter der Arbeiterklasse und der
　　werktätigen Bauern. In: Standpunkt, 1975, 216-221
Ders.: Für eine Welt des Friedens. Zum 35. Todestag von Pfarrer Hans Francke. In:
　　Neue Zeit vom 1. September 1973
Chickering, Roger: Imperial Germany and a World without War. The Peace
　　Movement and German Society 1892–1914. Princeton 1975
Ders.: The Peace Movement and the religious Community in Germany 1900–1914.
　　In: Church History, 1969, 300-311
Ders.: We Men Who Feel Most German. A Cultural Study of the Pan German
　　League 1886–1914. London 1984
Conway, John S.: Friedrich Siegmund-Schultze (1885–1969). In: Evangelische
　　Theologie, 1983, 221-250

Dam, Harmjan: Der Weltbund für Freundschaftsarbeit der Kirchen 1914–1948. Eine ökumenische Friedensorganisation. Frankfurt/Main 2001

Davis, Belinda: Home fires burning. Food, politics, and everyday life in World War I Berlin. Chapel Hill 2000

Dies.: Geschlecht und Konsum. Rolle und Bild der Konsumentin in den Verbraucherprotesten des Ersten Weltkrieges. In: Archiv für Sozialgeschichte, 1998, 119-139

Deckart, Gerald: Deutsch-englische Verständigung. Eine Darstellung der nichtoffiziellen Bemühungen um eine Wiederannäherung der beiden Länder zwischen 1905 und 1914. Phil. Diss. München 1967

Delfs, Hermann (Hg.): Aktiver Friede. Gedenkschrift für Friedrich Siegmund-Schultze (1885–1969). Soest 1972

Durchfall in Zabern. Eine Militärdemontage. Eingerichtet von Rainer Nitsche und Gudrun Fröba. Berlin 1982

Eisenbeiß, Wilfried: Die bürgerliche Friedensbewegung in Deutschland während des Ersten Weltkrieges. Organisation, Selbstverständnis und politische Praxis 1913/14–1919. Frankfurt/Main 1980

Enzyklopädie Erster Weltkrieg. Hg. von Gerhard Hirschfeld, Gerd Krumeich und Irina Renz. Paderborn u. a. [2]2003

Epting, Karl-Christoph: Die erste internationale Konferenz der Kirchen für Frieden und Freundschaft in Konstanz 1914. In: Ökumenische Rundschau, 1985, 7-25

Evangelisches Pfarrerbuch für die Mark Brandenburg seit der Reformation. Hg. vom Brandenburgischen Provinzialsynodalverband. Bearbeitet von Otto Fischer. 3 Bde. Berlin 1941

Frevert, Ute: Ehrenmänner. Das Duell in der bürgerlichen Gesellschaft. München 1991

Gaede, Reinhard: Kirche-Christen-Krieg und Frieden. Die Diskussion im deutschen Protestantismus während der Weimarer Zeit. Hamburg-Bergstedt 1975

Gerth, Franz Jakob: Bahnbrechendes Modell einer neuen Gesellschaft. Die Soziale Arbeitsgemeinschaft Berlin-Ost 1911–1940. Hamburg 1975

Geyer, Martin H.: Teuerungsprotest und Teuerungsunruhen 1914–1923. In: Manfred Gailus/Hans Volkmann (Hg.): Der Kampf um das tägliche Brot. Nahrungsmittel, Versorgungspolitik und Protest 1770–1990. Opladen 1994, 319-345

Glatzer, Dieter und Ruth: Berliner Leben 1914–1918. Eine historische Reportage aus Erinnerungen und Berichten. Berlin 1983

Greschat, Martin: Der deutsche Protestantismus im Revolutionsjahr 1918/19. Witten 1974

Ders.: Krieg und Kriegsbereitschaft im deutschen Protestantismus. In: Jost
    Dülffer/Karl Holl (Hg.): Bereit zum Krieg. Kriegsmentalität im wilhelminischen
    Deutschland 1890–1914. Göttingen 1986, 33-55
Grotefeld, Stefan: Friedrich Siegmund-Schultze. Ein deutscher Ökumeniker und
    christlicher Pazifist. Gütersloh 1995
Hagenlücke, Heinz: Deutsche Vaterlandspartei. Die nationale Rechte am Ende des
    Kaiserreichs. Düsseldorf 1997
Hamann, Brigitte: Bertha von Suttner. Ein Leben für den Frieden. München 1986
Hammer, Karl: Deutsche Kriegstheologie 1870–1918. München 1974
Handbuch der Friedensbewegung. Zweiter Teil. Geschichte, Umfang und
    Organisation der Friedensbewegung. Hg. von Alfred H. Fried. Zweite, gänzlich
    umgearbeitete und erweiterte Auflage, Berlin und Leipzig 1913
Handbuch zur „Völkischen Bewegung" 1871–1918. Hg. von Uwe Puschner,
    Walter Schmitz und Justus H. Ulbricht. München u. a. 1996
Holl, Karl: Pazifismus in Deutschland. Frankfurt/Main 1988
Ders.: Die „Vereinigung Gleichgesinnter". Ein Berliner Kreis pazifistischer Intel-
    lektueler im Ersten Weltkrieg. In: Archiv für Kulturgeschichte, 1972, 364-384
Ders.: Walter Nithack-Stahn. In: Die Friedensbewegung. Organisierter Pazifismus
    in Deutschland, Österreich und in der Schweiz. Hg. von Helmut Donat und Karl
    Holl. Düsseldorf 1983, 289f.
Jenkins, Julian: Christian Pacifism confronts German Nationalism – The
    Ecumenical Movement and the Cause of Peace in Germany, 1914–1933.
    Lewiston 2002
Jung, Martin H.: Der Protestantismus in Deutschland von 1870 bis 1945. Leipzig
    2002
Kantzenbach, Friedrich-Wilhelm: Friedrich Rittelmeyers Zusammenstoß mit dem
    bayerischen Kirchenregiment und sein Weggang nach Berlin (1916). In:
    Zeitschrift für Religions- und Geistesgeschichte, 1969, 152-165
Koch, Christoph (Hg.): Vom Junker zum Bürger. Hellmut von Gerlach – Demokrat
    und Pazifist in Kaiserreich und Republik. München 2009
Kocka, Jürgen: Klassengesellschaft im Krieg. Deutsche Sozialgeschichte 1914–
    1918. Frankfurt/Main 1988
Kraft, Heinz: Karl Litzmann. In: Neue Deutsche Biographie, Band 14, Berlin 1985,
    715f.
Krebs, Bernd: Friedrich Siegmund-Schultze. In: Demokratische Wege. Deutsche
    Lebensläufe aus fünf Jahrhunderten. Ein Lexikon. Hg. Von Manfred Asendorf
    und Rolf von Bockel. Stuttgart, Weimar 1997, 592-594
Kreuz und Pickelhaube. Großstädtische Gesellschaft und Kirche zwischen 1850
    und 1945 am Beispiel der Heilig-Kreuz-Gemeinde in Berlin. Hg. im Auftrag des
    Gemeindekirchenrats von Georg Uehlein. Berlin 1995

Krumeich, Gerd/Hartmut Lehmann (Hg.): „Gott mit uns". Nation, Religion und Gewalt im 19. und frühen 20. Jahrhundert. Göttingen 2000

Laschitza, Annelies: Die Liebknechts. Karl und Sophie. Politik und Familie. Berlin 2007

Lebendige Ökumene. Festschrift für Friedrich Siegmund-Schultze zum 80. Geburtstag. Witten 1965

Lindenberger, Thomas: Straßenpolitik. Zur Sozialgeschichte der öffentlichen Ordnung in Berlin 1990 bis 1914. Bonn 1995

Lipp, Karlheinz: Der Thüringer Friedenspfarrer Ernst Böhme (1862–1941). Ein Lesebuch. Nordhausen 2010

Ders.: Religiöser Sozialismus und Pazifismus. Der Friedenskampf des Bundes der religiösen Sozialisten Deutschlands in der Weimarer Republik. Pfaffenweiler 1995

Ders.: Friedensinitiativen in der Geschichte. Herbolzheim 2002

Ders.: Pazifismus im Ersten Weltkrieg. Ein Lesebuch. Herbolzheim 2004

Ders.: Friedenspädagogik im Kaiserreich. Ein Lesebuch. Baltmannsweiler 2006

Ders.: Klare Absage an die Kriegshetzer. Friedenspfarrer contra Deutscher Wehrverein im Frühjahr 1914. In: Forum Pazifismus, I/2004, 15-17

Ders.: Pazifismus im Ersten Weltkrieg. Der Bund Neues Vaterland. In: Wissenschaft und Frieden 3/2004, 42-44

Ders.: August Bleier. In: Demokratische Wege. Deutsche Lebensläufe aus fünf Jahrhunderten. Ein Lexikon. Hg. Von Manfred Asendorf und Rolf von Bockel. Stuttgart, Weimar 1997, 58f.

Ders./Reinhold Lütgemeier-Davin/Holger Nehring (Hg.): Frieden und Friedensbewegungen in Deutschland 1892–1992. Ein Lesebuch. Essen 2010

Manrique, Matthias: Trinitatis im Wandel der Zeit 1896–1961. Berlin 1992

Mauch, Christof/Tobias Brenner: Für eine Welt ohne Krieg. Otto Umfrid und die Anfänge der Friedensbewegung. Schönaich 1987

Mehnert, Gottfried: Evangelische Kirche und Politik 1917–1919. Die politischen Strömungen im deutschen Protestantismus von der Julikrise 1917 bis zum Herbst 1919. Düsseldorf 1959

Michalka, Wolfgang (Hg.): Der Erste Weltkrieg. Wirkung, Wahrnehmung, Analyse. München, Zürich 1994

Nagel, Anne Christine: Martin Rade – Theologe und Politiker des sozialen Liberalismus. Eine politische Biographie. Gütersloh 1996

Nationalprotestantische Mentalitäten. Konturen, Entwicklungslinien und Umbrüche eines Weltbildes. Hg. von Manfred Gailus und Hartmut Lehmann. Göttingen 2005

234 Quellen- und Literaturverzeichnis

Nehring, Jutta: Evangelische Kirche und Völkerbund. Nationale und internationale Positionen im deutschen Protestantismus zwischen 1918/19 und 1927. Hamburg 1998

Noormann, Harry: Protestantismus und Pazifismus. In: Die Friedensbewegung. Organisierter Pazifismus in Deutschland, Österreich und in der Schweiz. Hg. von Helmut Donat und Karl Holl. Düsseldorf 1983, 309-314

Nottmeier, Christian: Adolf von Harnack und die deutsche Politik 1890–1930. Tübingen 2004

Peter, Ulrich: Der 'Bund der religiösen Sozialisten' in Berlin von 1919 bis 1933. Geschichte – Struktur – Theologie und Politik. Bern, Frankfurt/Main, Berlin 1995

Ders.: Hans Francke. In: Demokratische Wege. Deutsche Lebensläufe aus fünf Jahrhunderten. Ein Lexikon. Hg. Von Manfred Asendorf und Rolf von Bockel. Stuttgart, Weimar 1997, 181f.

Peters, Michael: Der Alldeutsche Verband am Vorabend des Ersten Weltkrieges (1908–1914). Ein Beitrag zur Geschichte des völkischen Nationalismus im spätwilhelminischen Deutschland. Frankfurt/Main u. a. 1992

Pressel, Wilhelm: Die Kriegspredigt 1914–1918 in der evangelischen Kirche Deutschlands. Göttingen 1967

Rade, Martin: Protestantische Kirche. In: Die Friedensbewegung. Ein Handbuch der Weltfriedensströmungen der Gegenwart. Hg. von Walter Fabian und Kurt Lenz. Berlin 1922 (Ndr. Köln 1985), 67-72

Ribhegge, Wilhelm: Frieden für Europa. Die Politik der deutschen Reichstagsmehrheit 1917–18. Essen 1988

Riesenberger, Dieter: Geschichte der Friedensbewegung in Deutschland. Von den Anfängen bis 1933. Göttingen 1985

Scheer, Friedrich-Karl: Die Deutsche Friedensgesellschaft (1892–1933). Organisation, Ideologie, politische Ziele. Ein Beitrag zur Geschichte des Pazifismus in Deutschland. Frankfurt/Main ²1983

Schildt, Axel: Radikale Antworten von rechts auf die Kulturkrise der Jahrhundertwende. Zur Herausbildung und Entwicklung der Ideologie einer „Neuen Rechten" in der Wilhelminischen Gesellschaft des Kaiserreichs. In: Jahrbuch für Antisemitismusforschung, 1995, 63-87

Schmid, Manfred: Otto Umfrid. In: Biographisch-Bibliographisches Kirchenlexikon, Band XII, Herzberg 1997, Sp. 910-916

Schönemann-Behrens, Petra: Alfred H. Fried. Friedensaktivist – Nobelpreisträger. Zürich 2011

Scholz, Robert: Ein unruhiges Jahrzehnt: Lebensmittelunruhen, Massenstreiks und Arbeitslosenkrawalle in Berlin 1914–1923. In: Manfred Gailus (Hg.):

Pöbelexzesse und Volkstumulte. Zur Sozialgeschichte der Straße (1830–1980). Berlin 1984, 79-124

Schwab, Ulrich: Friedrich Rittelmeyer. In: Biographisch-Bibliographisches Kirchenlexikon, Band VIII, Herzberg 1994, Sp. 407-410

Schweitzer, Wolfgang: Erwägungen zur kirchlichen Friedensarbeit vor und nach dem Ersten Weltkrieg. In: Ökumenische Rundschau, 1963, 22-39

Shevin-Coetzee, Marylin: The German Army League: Popular Nationalism in Wilhelmine Germany. New York 1990

Steglich, Wolfgang: Der Friedensappell Papst Benedicts XV. vom 1. August und die Mittelmächte. Wiesbaden 1970

Tenorth, Heinz-Elmar u. a. (Hg.): Friedrich Siegmund-Schultze (1885–1969). Ein Leben für Kirche, Wissenschaft und soziale Arbeit. Stuttgart 2007

Trotnow, Helmut: Karl Liebknecht und der „Deutsche Hilfsverein für die politischen Gefangenen und Verbannten Russlands". In: Internationale wissenschaftliche Korrespondenz zur Geschichte der deutschen Arbeiterbewegung, 1976, 353-368

Ullrich, Volker: Die nervöse Großmacht 1871–1918. Aufstieg und Untergang des deutschen Kaiserreichs. Frankfurt/Main ²1999

Voigt, Karl Heinz: Friedrich Siegmund-Schultze. In: Biographisch-Bibliographisches Kirchenlexikon, Band XXIV, Nordhausen 2005, Sp. 1349-1366

Vollnhals, Clemens: „Mit Gott für König und Reich." Kulturhegemonie und Kriegstheologie im Protestantismus 1870–1918. In: Krieg und Christentum. Religiöse Gewalttheorien in der Kriegserfahrung des Westens. Hg. von Andreas Holzem. Paderborn u. a. 2009, 656-679

Wehberg, Hans: Die Führer der deutschen Friedensbewegung (1890 bis 1923). Leipzig 1923

Wehler, Hans-Ulrich: Deutsche Gesellschaftsgeschichte 1914–1949. Bonn 2009 (Erstausgabe: München 2003)

Wehr, Gerhard: Friedrich Rittelmeyer. Religiöse Erneuerung als geistiger Brückenschlag zwischen den Zeiten. Wies/Südschwarzwald 1985

Weyer, Adam: Kirche im Arbeiterviertel. Gütersloh 1971

Wiegand, Brigitte: Krieg und Frieden im Spiegel führender protestantischer Presseorgane Deutschlands und der Schweiz in den Jahren 1890–1914. Bern, Frankfurt/Main 1976

Wolfes, Matthias: Walter Nithack-Stahn. In: Biographisch-Bibliographisches Kirchenlexikon, Band XX, Nordhausen 2002, Sp. 1119-1125

Ders.: Kirchenreform und demokratischer Staat. Eine Untersuchung zum kirchenpolitischen und politischen Wirken liberaler Theologen am Beispiel des

Berliner Pfarrers Karl Aner (1879–1933). In: Jahrbuch für Berlin-
Brandenburgische Kirchengeschichte, 2001, 129-148

Ders.: Karl August Aner. In: Biographisch-Bibliographisches Kirchenlexikon,
Band XVIII, Herzberg 2001, Sp. 70-87

Ders.: August Hermann Johannes Bleier. In: Biographisch-Bibliographisches
Kirchenlexikon, Band XVIII, Herzberg 2001, Sp. 180-190

Ders.: Theodor Devaranne. In: Biographisch-Bibliographisches Kirchenlexikon,
Band XVIII, Herzberg 2001, Sp. 344-348

Zirnstein, Gottfried: Charles Richet (1850–1935). In: Bekenntnisse zum Frieden.
Naturwissenschaftler und Mediziner des 20. Jahrhunderts im Kampf um Frieden
und Abrüstung. Hg. von Irene Strube, Ingrid Kästner und Sonja Brentjes. Berlin
1989, 30-40

Personenregister

Namen der Antike und der Bibel sowie in den Bemerkungen zu den Quellen bleiben unberücksichtigt.

Centaurus Buchtipp

Hans H. Lembke

Bankier, Fälscher, Historiker
Der Weg des Isaac Lewin durch die
Geschichte seiner Zeit

Reihe Geschichtswissenschaft, Bd. 60,
2012, 370 S., br., ISBN 978-3-86226-176-5
€ 23,80

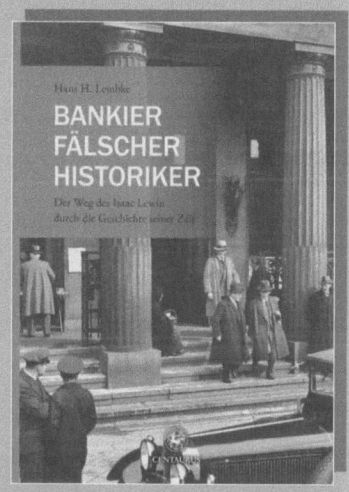

Isaac Lewin (1887–1945), Wirtschaftswissenschaftler in St. Petersburg, schreibt kritisch über Lenins ökonomisches Denken und muss ins Exil. Im Russischen Berlin ist er bald ein erfolgreicher Bankier, wird aber 1929, am Beginn der Bankenkrise, als Wechselfälscher entlarvt. Er flüchtet nach Brasilien, ändert dort Namen und Alter, und beginnt seine zweite Hochschulkarriere in Harvard. Bis die Berliner Justiz ihn entdeckt – im Januar 1933.

Der Leser folgt Isaac Lewin – später J. F. Normano – in seinem Lebenslauf, er liest, was der Mensch tut und was mit ihm geschieht. Dies ist spannend und unterhaltsam; streckenweise ist die Erzählung ein Krimi, in anderen Abschnitten eine Fluchtstory. Aber das Buch bietet mehr: es führt den Leser durch die Jahrhunderthälfte, vom revolutionären Russland zur Roosevelt-Ära, von der deutschen Inflation zur Bankenkrise, von der professionellen Falschmünzerei in Grauzonen der Wirtschaft zum Verfälschen politischer Dokumente in Geheimdienstmilieus. So erscheinen die biographischen Bilder vor ihrem historischen Hintergrund – und fügen sich in die Zeitgeschichte ein.

Das Buch ist für all diejenigen geschrieben, die gerne auf Wanderung durch die Geschichte gehen, mit Sprüngen zwischen den Kontinenten und zu den Brennpunkten des Weltgeschehens. Wer zudem Wirtschaftshistorie mag, ob als Geschichte von Ländern, Unternehmen oder auch Lehrmeinungen, der wird an der Lektüre ein besonderes Interesse finden.

Centaurus Buchtipps

Rüdiger Hachmann, Susanne Kitschun, Rejane Herwig (Hrsg.)
1848. Akteure und Schauplätze der Berliner Revolution
Reihe revolution revisited, Bd. 1, 2013, ca. 100 S.,
ISBN 978-3-86226-219-9, € **18,80**

Erich Fromm
Aggression
Warum ist der Mensch destruktiv?
Centaurus Paper Apps, Bd. 23, 2012, 54 S.,
ISBN 978-3-86226-175-8, € **5,80**

Peter Schulz-Hageleit
Geschichtsbewusstsein und Psychoanalyse
Geschichte und Psychologie, Bd. 15, 2012, 320 S.,
ISBN 978-3-86226-119-2, € **24,80**

Lena Sachs
Die Zusammenarbeit zwischen Bundeswehr und Bildungseinrichtungen
Eine kritische Analyse
Soziale Analysen und Interventionen, Bd. 1, 2012, 100 S.,
ISBN 978-3-86226-134-5, € **18,80**

Julianne Spitta, Hanns-Fred Rathenow
Trauma und Erinnerung
Oral History nach Auschwitz
Reihe Geschichtswissenschaften, Bd. 55, 2010, 130 S.,
ISBN 978-3-8255-0730-5, € **18,00**

Hanns-Fred Rathenow (Hrsg.)
Essays nach Auschwitz
Ein Seminar 40 Jahre nach Adornos Radiovortrag
Norbert H. Weber zum 65. Geburtstag
Reihe Geschichtswissenschaften, Bd. 52, 2007, 132 S.,
ISBN 978-3-8255-0688-9, € **18,50**

Karlheinz Lipp
Friedensinitiativen in der Geschichte
Aufsätze – Unterrichtsmaterialien – Service
Geschichte und Psychologie, Bd. 11, 2002, 218 S.,
ISBN 978-3-8255-0391-7., € **18,90**

Karlhans Lipp
Religiöser Sozialismus und Pazifismus
Reihe Geschichtswissenschaften, Bd. 35, 1994, 320 S.,
ISBN 978-3-8255-5909-7, € **24,80**

Informationen und weitere Titel unter **www.centaurus-verlag.de**

MIX
Papier aus verantwortungsvollen Quellen
Paper from responsible sources
FSC® C105338

If you have any concerns about our products,
you can contact us on
ProductSafety@springernature.com

In case Publisher is established outside the EU,
the EU authorized representative is:
Springer Nature Customer Service Center GmbH
Europaplatz 3, 69115 Heidelberg, Germany

Printed by Libri Plureos GmbH
in Hamburg, Germany